未来新零售业的
发展与市场营销管理

林瑜彬　**著**

卢伟丽　马欢欢　**参著**

中国商务出版社
CHINA COMMERCE AND TRADE PRESS

图书在版编目（CIP）数据

未来新零售业的发展与市场营销管理 / 林瑜彬著. --北京：中国商务出版社，2020.5
ISBN 978-7-5103-3392-7

Ⅰ．①未… Ⅱ．①林… Ⅲ．①零售业－市场营销－研究－中国 Ⅳ．①E724.2

中国版本图书馆 CIP 数据核字(2020)第 099278 号

未来新零售业的发展与市场营销管理
WEILAI XINLINGSHOUYE DE FAZHAN YU SHICHANG YINGXIAO GUANLI
林瑜彬　著

出　　版：	中国商务出版社
地　　址：	北京市东城区安定门外大街东后巷 28 号　邮编：100710
责任部门：	教育培训事业部（010-64243016　gmxhksh@163.com）
责任编辑：	丁海春
总 发 行：	中国商务出版社发行部（010-64208388　64515150）
网购零售：	中国商务出版社考培部（010-64286917）
网　　址：	http://www.cctpress.com
网　　店：	https://shop162373850.taobao.com/
邮　　箱：	cctp6@cctpress.com
印　　刷：	河北正德印务有限公司
开　　本：	787 毫米×1092 毫米　1/16
印　　张：	15.5　　　　　　　　字　数：310 千字
版　　次：	2020 年 5 月第 1 版　　印　次：2020 年 5 月第 1 次印刷
书　　号：	ISBN 978-7-5103-3392-7
定　　价：	60.00 元

凡所购本版图书有印装质量问题，请与本社总编室联系。（电话：010-64212247）

版权所有　盗版必究　（盗版侵权举报可发邮件到此邮箱：1115086991@qq.com 或致电：010-64286917）

前　言

　　伴随着我国社会主义市场经济的迅猛发展，消费者更大的选择自由冲破了金钱与产品之间传统的营销观念和方式，随之兴起的是以高品质、优服务、好形象接近、争取消费者的全方位营销，它的起点是适应消费者的要求，终点是使消费者满意、企业获利，这是当今中国企业生存和发展的基本准则。当然，营销者也应处理好消费者的要求、欲望及企业自身利益与社会长远利益的关系，方能取得长远的发展。

　　现今我国零售企业如雨后春笋般遍布大街小巷，越来越多的外资零售巨头在中国零售市场大肆攻城略地，使零售市场的竞争变得更加激烈，这就要求零售商业企业认清形势，全面加强企业管理，特别注意加强市场营销的管理。市场营销是企业在变化的市场环境中，为满足消费者，实现企业目标的商务活动过程，企业要在激烈的市场竞争中不断扩大商品销售，努力增加利润，就要加强市场营销管理，为完成企业的经营目标，对市场进行分析、评价、选定目标市场，对市场营销的各种活动进行计划、组织、实施和控制。

　　本书首先介绍零售业的基本概念，对零售业业态形式与消费者进行分析，接着阐述了零售业市场营销管理的过程与方法，并在此基础上对未来新零售业的核心竞争力、信息化发展及营销新模式进行探索，随后结合我国零售业发展概况对未来我国零售业发展思路进行了规划，最后分析研究美欧及日本零售业发展的前景并探寻其对我国未来零售业发展的启发。本书内容丰富，逻辑清晰，希望能够为我国未来零售业的发展与进步有所贡献。

目　　录

第一章　导论 ... 1
第一节　零售业概述 ... 1
第二节　零售业的变革历程 ... 7
第三节　零售业在国民经济中的地位 ... 11

第二章　零售业业态形式与消费者分析 ... 22
第一节　零售业业态形式分析 ... 22
第二节　零售业消费者分析 ... 42

第三章　零售业市场营销管理 ... 58
第一节　市场营销管理过程 ... 58
第二节　市场营销管理方法 ... 60

第四章　未来新零售业核心竞争力 ... 74
第一节　企业核心竞争力的概念与特征 ... 74
第二节　零售业核心竞争力战略管理 ... 81
第三节　零售业核心竞争力的提升策略 ... 86

第五章　未来新零售业信息化发展 ... 92
第一节　零售业信息化与信息系统 ... 92
第二节　零售业信息化模式创新 ... 102
第三节　中国零售业信息化发展战略 ... 119

第六章 未来零售业营销新模式 ··· 126

第一节 零售业的品牌营销 ··· 126
第二节 "互联网+"背景下的网络营销 ··· 132
第三节 大数据时代的精准营销 ··· 145
第四节 零售业的数字营销 ··· 149
第五节 合作营销与竞争营销 ··· 151

第七章 中国零售业发展状况 ··· 157

第一节 中国零售业发展规模与现状 ··· 157
第二节 中国零售业的产业结构 ··· 166
第三节 中国零售业发展存在的问题 ··· 170

第八章 未来中国零售业发展思路 ··· 174

第一节 中国零售业未来发展的制度设计 ··· 174
第二节 零售业绿色经营战略与策略 ··· 183
第三节 中国零售业国际化发展战略 ··· 191
第四节 新媒体时代零售营销战略创新 ··· 205

第九章 国际零售业的发展前景及其对中国的启发 ··· 221

第一节 美欧零售业发展前景 ··· 221
第二节 日本零售业发展前景 ··· 230
第三节 国外零售业发展前景对中国的启发 ··· 235

结论 ··· 239

参考文献 ··· 240

第一章 导 论

零售业在现代人类生活中占据着重要地位,本章对零售业的基本概念、变革历程及其在国民经济中的地位进行介绍。

第一节 零售业概述

现代零售业是社会生活的重要组成部分,人们在日常生活中的衣、食、住、行所需的绝大部分产品都需要通过零售业获得。那么,什么是零售?零售业具有哪些特征呢?对这些问题的深入了解,是学习零售业营销的前提和基础。

一、零售的定义

零售是指把商品或劳务直接出售给最终消费者的销售活动。广义的零售,既涉及有形的商品销售,也包括各种劳务的出售。零售是商品流通的最终环节。商品经过零售,卖给最后消费者,就从流通领域进入消费领域。零售企业是生产者与消费者或批发企业与消费者之间的中间环节,因此,零售商业经营情况如何,不仅关系到能否满足人们生活需要,而且会影响整个经济的增长和社会的发展。零售业处于分销链中最后的环节。过去,生产企业比它的分销商权力大,生产企业有着较大的运营空间,而零售企业仅仅是连接生产者与消费者的纽带,并且是依附于生产企业的。现如今,伴随着信息技术、物流技术等在零售企业的广泛应用,零售业在分销链中的地位日益重要,零售商正在限定、指导和控制整个供应链的许多活动,事实上,渠道的领导零售商主要从事零售业务,当然也可以从事批发甚至生产。零售商一般不向制造商、中间商、各种机构或政府部门销售商品,它们也不销售生产资料类的工业品。零售商的主要任务是面向消费者而不是批发商或生产厂家。零售主要由零售商完成,制造商、进口商和批发商也可兼营零售。零售商或零售企业是向最终消费者出售商品,直接为消费者服务的商业企业。零售商出售的商品是用作直接消费,而不是转售或加工。

二、零售业的特征

零售业是生产力进步和社会分工发展的产物。在当今社会，现代零售业的特征主要表现为以下几方面。

（一）现代零售业是高投资产业

投入大已经成为现代零售业的一个显著特征。现代零售业为了满足人们日益增长的物质和精神需求，为了适应工业大量生产、大量销售的要求，其店铺向大型化和连锁化方向发展。与传统店铺相比，现代零售企业的设施投入显著增加，如楼层滚动电梯、升降电梯、中央空调、防火装置和保护商品安全的监控装置等。大型百货商店在地板、灯光、货架和店面装潢等方面的投资也远远大于传统的零售店，此外，零售企业在实现现代化的过程中，普遍从传统的管理模式向以运用现代信息技术和管理技术为中心的现代管理模式转变，从过去单体的小店向规模化的大店和组织化程度高的连锁店发展。许多零售企业纷纷投入巨资开发了电子信息系统、物流配送系统，这也导致零售业成为高投入的产业。

（二）现代零售业的科技含量日益提高

伴随着现代零售业管理水平和现代化程度的不断提高，现代零售业的科技含量日益提高。

1. 科学的营销策划

随着经济发展水平的提高和科学技术的快速发展，零售企业的外部环境变得越来越富有挑战性：零售企业不得不应对由于对店铺形态更严格的限制、激烈的竞争、国际化、新的供应链系统、电子商务等所产生的威胁与机遇。因此，现代零售企业要经营成功，需要进行科学严密的市场调查，科学准确地确定企业在市场中的位置，并以此为基础制订一整套科学严谨的营销计划，来开展零售企业的经营活动。这就需要运用许多专业学科的科学知识，如市场营销学、广告学、消费心理学、市场调查技术、购物场所的布局和陈列技术等等。可以说，现代零售业成功的经营，是各种学科科学地综合运用的结果。

2. 现代技术在零售企业中广泛运用

现代零售业之所以能在流通中成为主导产业，与现代科学技术在零售业中的广泛运用有直接关系。因为从绝对意义上说，零售业对上游产业的拉动与主导，就是因为它大量地掌握着第一手的市场信息资料。可以这样说，现代的零售业从其商流和物流的运行状况来看，信息技术是其良好运行和飞速发展的支撑。世界最大的零售商美国的沃尔玛公司世界第一零售商地位的确立，依靠的支柱之一就是世界第一流的信息系统，该系统是一个投资

7亿美元,通过美国休斯公司的通信卫星进行全球联网的信息系统。此外,电子商务和现代物流配送技术日益普及,也都充分证明现代零售业的科技含量日益提高。

3. 竞争日趋激烈,对管理人员素质的要求越来越高

现代零售业的科技含量日益提高的另一个标志是,零售企业对管理人员素质的要求越来越高。因为,在极度动荡的竞争环境中,零售企业成功经营的关键性要素是企业高层管理人员的管理水平、技巧和能力。现代零售业的运行管理,涉及许多现代管理技术与应用技术,包括市场营销技术、信息技术、物流技术、网点布局和卖场布局技术、商品陈列技术、各种流通环节作业流程技术等等,所以,现代零售企业,特别是大型零售企业,必须依靠具有较高管理水平与管理经验的专家来进行经营与管理,专家的技术水准直接决定着企业的经营成败。需要说明的是,现代零售企业的成功,企业家的作用是巨大和关键的,但一个企业的运作光依靠企业家一个人是不可能成功的,它需要一个专家化的领导管理层,由各方面的专家组成的团队是零售企业竞争取胜的法宝。

(三) 现代零售业是专业化的产业

传统的零售业由于实行的是人对人的柜台销售方式,一个营业员可以完成整个的商品介绍、展示、称重、计价、包装、收款等一系列销售过程。由于这些商业劳动与顾客的购买活动是同步进行的,而且是一系列无法储存的商业劳动。所以,这种传统的经营方式无法导入分工机理,并存在两个明显的缺陷:一是劳动效率低,无法为顾客提供标准化的服务。特别是当营业员面临许多顾客时,往往无法满足顾客快捷便利的购物需求。二是增加了商业劳动成本,影响了零售业现代化的进程。由于营业员在接待顾客时,要完成商品介绍、展示、称重、计价、包装、收款等一系列劳动,因此传统的零售业对营业员的劳动技能要求较高,需要进行系统的培训,致使商业劳动力的训练成本和培养成本提高。另外,由于商业劳动与顾客购买活动无法分离,零售业的组织化、现代化发展均受到限制。但是当零售业引入自助式销售方式后,零售业就将大工业的专业化分工机理导入零售业中了,从而推进了零售业的效率化和现代化。因为采用自助式的销售方式,使零售企业从销售计划的制订,到商品的采购、组合和配送,直至促销完成都有专门的部门和专业人员按统一经营管理的原则,各司其职专业化合成。

(四) 零售业是一个注重细节的行业

零售业的顾客是一个个的消费者,是没有任何理论和机器可以控制的人,因此,重视这些千差万别的个人需求,并进行细节化的处理与综合,是零售企业区别于其他产业的重要特征,也是零售企业培育核心竞争力的重要环节。所以零售业又是一个注重细节的行业。零售业面对的是整个供应链中的最后一个环节——消费者。影响最终消费者购物行为

的因素包罗万象，其中既有社会和经济环境方面的，也有生活习惯和人文风俗等方面的。在这些影响因素中，有许多不确定因素，这些不确定因素受各种市场供求条件、消费者心理状态、时节的变化、气候的变化等影响，常常以不可预计的形式出现，对这些不可预计的、不确定的因素，需要经营者及时地抓住一些细节的变化，做出相应的对策，使管理疏而不漏。从本质上讲，一个零售企业对细节关注的程度取决于企业的领导人和这个企业的文化。现在，西方的顶级企业里流行这样一种观念，不要把企业当作产品和服务的组合来管理，也不要把它当作部门的组合来管理，而要把它看作是客户的组合。这种理念的提醒我们不要把客户仅仅看成交易的对象，更重要的是把他们看成企业的资产。既然是资产，我们就必须精心经营，细化管理，以保证其能不断增值。因此，确立正确的理念，是确保细节管理到位和有效的前提。

（五）现代零售活动是居民生活的一部分

零售业是最古老的行业之一。当我们的祖先从生产自己所需的全部物品走到为己所需交换剩余产品之时，零售就具备了早期的雏形，从那时起，零售活动就与人们的生活息息相关。在现代，伴随着经济发展水平的不断提高和社会分工的日益深化，人们所需的消费品几乎全部要由零售企业提供。可以说，零售业提供人人所需，日日必用的各式商品，商店不仅仅是一个购物的场所，还是居民生活轨道中的一个点，购物也不仅是一个商业活动，更是居民生活的一部分。

三、零售业营销组合

（一）零售业营销组合的关键性要素

零售业的营销组合与一般的生产企业的市场营销组合既有相似性，也有一定的区别。对于零售企业来说，营销组合的关键性要素主要包括以下几种。

1. 产品设计

以前，零售商总是从制造商设计的产品中进行挑选，现在零售商更严格地规定产品要求，有时甚至规定产品的设计。如英国的马狮百货公司对服装的设计和制作工艺都有十分严格的要求。并在此基础上形成了马狮百货公司独有的"圣米高"品牌。在发展零售商自有品牌时，服装零售商会雇用时尚设计师；而超级市场则会雇用食品科学家。

2. 产品组合

零售商现在已经十分擅长以目标市场为导向安排产品组合，利用多元化的既有国内的也有国外的产品来源。产品组合是决定零售企业市场定位是否清晰、经营特色是否突出的重要因素。由于零售企业经营的商品众多，因而零售业的产品组合是一个既重要又复杂的问题。

3. 商品货架价格

在大多数零售业态中，定价被认为是零售营销中最重要的并且最困难的决策之一。对于制造商来说，100种产品已经是相当多的品种了，但对于零售商来说，为几万个、十几万个或更多的单品定价是很正常的事。对于大型连锁集团来说，根据不同的零售市场采取不同的定价策略使得定价过程更加复杂。受消费者类型、市场环境、财务状况、政策法规等因素变化的影响，价格每天都在发生一些变化。组织内部的其他事项也能引起定价策略的改变，例如大量采购、自有品牌、新开店铺等，都需要不同的定价策略。在现代，当一些大型零售企业日益成为制造业的主导时，百货店、超级市场以及其他以拥有众多品类为特点的大型零售业态中，定价方式与传统的以制造商为导向的定价方式有很大的不同。零售企业必须以消费者的需求、企业的市场环境、竞争者的实力与优势和企业的成本作为制定价格策略的依据。

4. 品牌形象

如今，大型零售商的品牌资产甚至超过了一流的供应商。像可口可乐和宝洁（洗衣粉品牌）的品牌虽然十分强大，但也仅限于非常狭窄的种类。另一方面，一些大型零售商的品牌又被其拥有的商店、员工、顾客忠诚培养计划和零售企业的自有品牌产品以及许多金融服务项目不断强化着。零售商已经从单纯的商人进化为零售品牌管理者。

5. 广告

如今，在制造商广告赞助的支持下，大型零售商的广告支出已经超过了大多数制造商。其多渠道沟通战略也更为复杂，具体包括广播媒体、印刷媒体、直邮和因特网等。不同的零售企业对广告的重视程度是不一样的，有些零售企业将主要促销费用放在广告上，而另一些零售企业则在广告上投入很少。如在美国的零售企业中，西尔斯的年度广告费用最高，其在美国地区约39%的销售额花在了广告上。而沃尔玛只把销售额的0.4%投入到广告上，它更多的是依赖于口传信息和一贯性的低价策略。

6. 货架空间

主要是指如何进行产品的陈列与展示。商场货架空间的布局合理与否对零售企业的营销效率有较大的影响。现在零售商多使用复杂的模型使商店空间的分配效能最大化。然而，在使用品类管理的地方，相关制造商对零售商的货架空间管理具有较大影响力。

7. 商品采购与物流

采购是将零售商的战略定位转化为保证该定位战略得以实现的具体产品和各种商品组合。在零售企业中，采购到合适的产品是企业"成功的发动机"。采购是零售业营销组合的一个重要因素，零售企业的采购员在整个零售战略中扮演着关键的角色，采购员是企业战略实施的支柱，采购员的工作支撑着价格、商品和沟通等方面的决策。零售商利用自己的运输工具和配送中心或者第三方物流提供商，对库存管理和供应链进行了严密的控制。高效客户反应策略，即 ECR：通过关注整个供应链系统的效率，而不是关注其中某一个组成部分的效率。ECR 可以减少系统成本、存货成本和资本成本，还能提高顾客对质量、新鲜商品的选择性。ECR 是关于品类管理和合作管理库存的技术，这是 ECR 的核心，将两者成功结合到一起，就是 ECR 能带来的好处。

8. 信息

在销售时点扫描（point-of-sale scanning）出现之前，信息与权力的均衡稳定地偏向于制造商一方。如今，零售商拥有了大量有关产品潮流、促销弹性、顾客支出等方面的数据储备，他们可以出售这些信息，或者有选择地与他人共享。现代化的信息管理也是零售企业实施连锁经营的必备条件。

9. 客户关系

当买方市场到来后，零售企业之间的竞争十分激烈，顾客成为稀缺资源，客户关系管理因此也成为零售企业营销组合的重要因素。在连锁店出现的早期，商店通常是没有人情味的，客户关系很差，而大型制造商总是直接与消费者对话。现在，零售商更关注客户关系管理，通过顾客忠诚度培养计划以及其他一些手段将消费者对品牌的忠诚转移到对商店的忠诚上。

（二）零售业营销组合的特点

1. 可控性

即零售企业可以根据需要调节、控制和运用的各种市场营销组合因素。比如企业能根据目标市场情况，自主决定采购什么产品，制定什么价格，选择什么陈列方式，采用什么方式促销。市场营销手段的这一特性，决定了市场营销组合的可能性。市场营销中的各种不可控制的因素，构成的是市场营销环境的内容，单个的企业也就谈不上对它们的整合、协调使用。市场营销管理过程的核心，正是通过艺术地运用市场营销的可控制因素，在动态适应市场营销的不可控制因素的过程中，实现预期目标。

2. 动态性

市场营销组合不是固定不变的静态组合，而是变化无穷的动态组合。组成特定市场营销组合的手段或因素，受到内部条件、外部环境变化的影响，必须能动地做出相应的反应。比如同样的产品、同样的价格和同样的销售渠道，企业根据需要改变了促销方式，或其他因素不变，企业提高或降低了产品价格等，都会形成新的、效果不同的市场营销组合。

3. 复合性

构成市场营销组合的各类因素或手段，各自又包括了多个次一级或更次一级的因素或手段。如促销手段，包括人员促销、广告、公共关系促销和营业推广。其中广告依据传播媒体不同，有电视广告、广播（电台）广告、报纸广告、杂志广告和网络广告等，每一种还可继续细分。市场营销组合不仅要求各种手段的协调配合，而且每种手段的组成因素之间、每个因素的更次一级组成单位之间都必须协调配合。

4. 整体性

市场营销组合的各种手段及组成因素，不是简单地相加或拼凑成集合，而应成为一个有机整体，在统一的目标指导下，彼此配合、相互补充，能够求得大于局部功能之和的整体效应。

5. 市场营销组合要受到企业市场定位战略的制约

即上述种种市场营销组合要素在选择和确定时，必须以零售企业的市场定位为依据。根据企业的市场形象，选择相关的营销组合策略。

第二节 零售业的变革历程

零售业是最古老的行业之一。当我们的祖先从生产自己所必需的全部物品走到为己所需交换剩余产品之时，就意味着他们向我们今天所见到的零售形态迈出了第一步。经过漫长的历史演变，现今时代的零售业已经成为社会经济中的主导产业，在人们的社会生活中占有越来越重要的地位，发挥着越来越大的作用。纵观西方国家零售业 100 多年的历史，我们可以发现，零售业的经营形式和销售方式随着社会经济的变动，相应地发生了变革，各种商业组织机构与经营形式的产生、发展与衰退，无不受社会政治、经济、文化和科学技术等因素的直接影响，也是社会生产力发展和进步的必然结果。零售业体系及商店类型的变革和演化，在欧美、日本和其他一些西方经济发达的国家，走过了一条大致相同的道路，在零售业的发展史上被称为零售业经营形式的三次革命。

一、 百货店的兴起

19 世纪中期以前，传统的零售经营方式是以肩挑小贩、摊贩、集市自制自售、乡村杂货店等形式为特征的。欧洲产业革命后，机器代替了手工劳动，生产的集中化导致了农村人口向城市集中，人们的生活方式也发生了很大的变化，促使市场交易频繁。此时，落后的零售经营方式，已经适应不了新形势的需要。百货商店作为零售业最早的商品流通革新形式，随着资本主义经济的发展和建设新城市的需要应运而生。1852 年在法国出现了世界上第一家百货店，称为"邦·马尔谢"商店。"邦·马尔谢"商店的创始人 A. 布西哥以崭新的经营方式对旧的商业进行了重大改革，摆脱了小生产的经营方式，零售由店铺形态进入了商场形态，消除了零售店的许多陋习。零售业的经营方式也由夫妻店型的家庭企业，发展成社会经济组织，适应了当时经济发展的需要。在"邦·马尔谢"百货店，顾客可以毫无顾虑地、自由自在地进出商店；商品销售实行"明码标价"；陈列大量的商品，以便于顾客挑选；商品销售采取"薄利多销"的原则。由于"邦·马尔谢"的经营方式比之传统的经营方式有许多进步，很快便在欧美等经济发达的国家产生了影响。

西方国家进入19世纪80年代，城市化进程大大加快，许多中小城市迅速发展，逐步成为大城市。城市的繁荣为百货业带来了机会。百货店在与其他零售商的竞争中，以新的经营方法和手段，很快就取得了经营优势，赢得了市场地位，迅速地得到了发展。1860—1920年是百货店发展的黄金时期。在这一时期，零售业经营形式发生了第一次革命，百货店以崭新的姿态进入市场，逐步发展为大型零售业。百货店的经营方式摆脱了当时杂货店的小生产经营方式，其优势体现为拥有大面积营业场地，营业设施趋于完善；以经营日用百货为主，实行综合经营；组织管理系统化，按商品部、商场实行专业化分工，按商品品种和部门组织进货和销售；明码标价售货和现金交易，并实行退货保证制度。明码标价售货和现金交易这两项节省了以往和顾客之间烦琐的交涉事务和赊欠账杂务。特别是明码标价售货免除了与顾客讨价还价、盘算盈亏的事务把售货人员从繁杂的交易事务中解脱出来，为实现多品种、大量售货提供了条件。由于百货店的经营管理方式适应了顾客的购买心理，从而赢得了消费者的信任和好评，百货商店也因此很快在世界各地，尤其是在欧美各国迅速发展起来。

二、超级市场的诞生

超级市场的出现，是零售商业组织形式和经营形式的第二次重大变革。1930年8月，世界上第一家超级市场在美国纽约市牙买加皇后区开业。到1935年，美国在77个城市中，超级市场发展到了600多家。二战后，超级市场进入快速发展时期，数量不断增加，规模扩大。现在，超级市场已遍布于世界各大、中、小城市及至乡镇农村。超级市场的销售总额早已超过百货商店，成为零售业中占有重要地位的业态类型之一。

超级市场一问世，便获得社会承认。其重要原因在于：（1）消费者自我服务。超级市场的自助自选售货方式给了消费者以更大挑选自由，大大节省了购物所需时间和精力，提高了购物效率，节省了时间，大大方便了顾客。（2）低成本、低价格。自助售货方式减少了售货服务人员，销售费用下降，从而使超级市场能以低于一般市价的价格销售商品，成为吸引顾客的一个重要条件。（3）舒适的购物环境。超级市场售货方式使顾客自主性增强，比之以往依靠售货人员递送和介绍商品的方式，购买决策的情境更为自如、舒适，创造了一种全新的购物方式。超级市场由于适应了社会化大生产、城市化进程、消费者个性化需求、便利性购物的要求和日益加快的生活节奏，因此，超级市场出现后深受消费者的欢迎。

三、连锁商店的普及

如果说，零售业第一、第二次变革是以零售业专业化经营和运用现代技术来推动商业的进步的话，那么，以连锁经营为主要内容的零售业第三次革命，则是在更大范围内和更高的层次上，影响了整个社会的生产和经营格局，推动零售业向现代化产业转变的重要变革。连锁经营看似仅是一种零售业的经营方式和组织形式，但实际上它是一种能把大规模生产体制与分散和单体性的零售业结合起来，形成大规模销售体制的经营方式。在这种结合中，连锁经营创造了既不违背零售经营本质要求，又能实现大规模经营，适应大规模生产的零售形式，推动了零售商业向现代化产业发展。连锁商店是现代大工业发展的产物，是与大工业规模化的生产要求相适应的。其实质就是通过将社会化大生产的基本原理应用于流通领域，达到提高协调运作能力和规模化经营效益的目的。连锁商店的基本特征表现在以下几个方面。

（一）标准化管理

在连锁商店中，各分店统一店名，使用统一的标志，进行统一的装修，在员工服饰、营业时间、广告宣传、商品价格方面均保持一致性，从而使连锁商店的管理模式和整体形象标准化。

（二）专业化分工

连锁商店总部的职能是连锁，而店铺的职能是销售。表面上看，这与单体店没有太大的区别，实际上却有质的不同。总部的作用就是研究企业的经营技巧，并直接指导分店的经营，这就使分店摆脱了过去靠经验管理的影响，大大提高了企业管理水平。

（三）集中化进货

连锁总部集中进货，商品批量大，从厂家可以得到较低的进货价格，从而降低进货成本，取得价格竞争优势。由于各店铺是有组织的，因此，在进货上克服了盲目性，不需要过大的商品库存，就能保证降低库存，满足销售的需要。各店铺专门负责销售，就有更多的时间和手段组织推销，从而加速了商品周转。

（四）简单化作业

连锁经营模式使连锁商店的作业流程、工作岗位上的商业活动尽可能简单，减少了经验因素对经营的影响。由于连锁体系庞大，在各个环节的控制上都有一套特定的运作规程，要求精简不必要的过程，达到事半功倍的效果。

连锁商店的出现早于超级市场，但连锁商店的真正大发展是在20世纪40年代以后，故称为零售业第三次变革。随着战后经济的高速增长，居民收入水平和购买力不断提高，其消费需求日趋多样化。消费者不仅要求商品价格适宜，种类繁多，而且对消费环境、购物方式、卫生条件等方面提出了不同层次的要求。在这种形势下，零售业的发展受到来自两个方面的严峻挑战。一个是现代化工业大批量生产与消费需求多样化的矛盾；另一个是商业活动分散化经营与规模效益的矛盾。这两方面的问题长期困扰着零售业的发展。而连锁商店的出现，使上述矛盾迎刃而解。它将分散的、单个的店铺组织起来，达到大规模生产要求零售业实现的大规模销售，同时也促进了零售商业组织化程度的提高。所以，连锁商店经营方式大大推进了零售业整个现代化进程，在流通史上具有划时代的意义。

四、信息技术已经拉开了零售业第四次变革的序幕

现代信息技术在零售业的广泛应用，已使现代零售业正在孕育着一次更大范围的、影响更为深远的巨大变革。这种影响现在已经初露端倪。

（一）信息技术将使销售方式发生变化，网上购物应运而生

在信息时代，网络技术的快速发展，将使人们的购物方式发生巨大变化，网上购物在人们的购买活动中所占的比例将越来越大。根据美国商业部2005年10月21日公布的报告，2005年第三季度的美国网上零售额比2004年同期激增近27%。40%的美国网民都表示，会在2005年的圣诞节期间进行网上购物。可以说网络技术使人们实现了足不出户、在家里购物的愿望，零售企业的目标市场的时空界限被互联网给打破了。任何一家商店，都可以通过互联网将自己的目标市场范围扩大到全国乃至全世界。

（二）信息技术使零售业成为名副其实的主导产业

在相当长的时期里，零售业一直是依附于制造业的。因为，零售业的前三次变革均是伴随着同期技术革命所引发的产业革命而诞生的孪生兄弟。零售商店出售的商品是由制造业生产和提供的，零售商们只能根据消费者对商品的需求情况对制造商生产的商品进行选择，所以，零售商与制造商之间的关系是零售商依附于制造商。然而，第四次零售业变革的真正动力来自于信息技术的广泛运用所引起的消费者购物方式的改变。这就使得目前的零售业变革与前三次有了根本性的不同，即消费者的地位发生了根本性的变化。特别是信息技术在零售企业的广泛应用，使零售企业可以随时随地地了解和掌握消费者的消费信息，并据此来分析消费需求的发展趋势和流行动态，像沃尔玛、家乐福等大型零售企业已经运用消费需求的分析结果来指导制造商的产品生产，再加上大型零售企业的巨大销售能

力和其在国民经济中越来越重要的地位，都使零售业摆脱了对制造业的依附地位，成为真正的国民经济主导产业。

（三）信息技术将改变零售业的管理模式和竞争模式

信息技术在零售业中的广泛应用与发展，将使零售企业组织形式发生变化，单体店数量减少，连锁店数量大幅度增加，零售企业组织的层次减少，企业管理幅度增大；零售企业的信息管理日益成为企业管理的重要组成部分等，这些，都会使零售业在管理模式上逐渐摆脱传统方式，而广泛应用现代管理模式。

信息技术的广泛应用与发展，还将对零售业的竞争模式产生巨大影响。店面选择在传统零售商之间的竞争中曾占据了极其重要的地位，有人甚至将传统零售企业经营成功的首要因素归结为"Place place place"（选址，选址还是选址），因为，商店选址是否得当，会直接影响客流，而没有客流就没有商流。客流量的多少，成了传统零售企业经营至关重要的因素。但是，当现代信息技术在零售企业应用之后，以信息技术为依托的消费需求信息管理、客户关系管理和供应链管理将成为零售企业能否赢得竞争优势的关键因素。也就是说，现代零售企业的竞争优势，在很大程度上取决于企业对信息技术的应用和利用信息技术对传统管理模式的更新与改造的能力及水平。

第三节　零售业在国民经济中的地位

零售业在国民经济中的地位至今尚未被许多人认识，就连 2003 年由国务院发展研究中心和上海证券报联合发布的《中国产业发展景气报告》也对零售行业只字未提（报告列举了全国 21 个行业的景气情况，这 21 个行业甚至包括烟草行业在内）。笔者认为，零售业在国民经济中的重要性是毋庸置疑的。但是，这里我们不想落入一般的俗套来大谈零售业的重要性，而只想分析一下零售业作为国民经济的一个行业的特殊性。

一、零售业——最接近"上帝"的行业

在计划经济年代，零售业处于所有经济活动的末端。这是因为，当时中国经济的流程是：首先，由国家计划委员会制订产品的生产计划；其次，产品由生产企业生产出来后由批发企业加以收购；最后，经过一级批发站—二级批发站—三级批发站—零售企业的链条销售给消费者。零售业处于经济活动的末端，对国计民生而言是相对最不重要的行业。然而，自十一届三中全会以来，中国走上了一条社会主义市场经济的道路。而市场经济的特点就是一切经济活动围绕着市场需要进行。在市场经济中，消费者被认为是"上帝"。因

此离消费者最近的零售企业也开始受到重视。在中国的封建社会里，地方官员为了让"天子近臣"在天子面前为自己说好话，或者是无奈、或者是心甘情愿地送钱给"天子近臣"；现在消费者是"上帝"，离消费者最近的零售企业也就成了"天子近臣"，而制造商们为了能使自己的产品被推荐给"上帝"，也或者是无奈、或者是心甘情愿地送"通道费"给零售企业，希望零售企业不但能够把自己的产品摆上货架，而且要摆在最能够吸引上帝眼球的地方。有趣的是，"通道费"这种做法在美国也很普遍，而且早在20世纪70年代就开始了。据统计，美国超市每年向供货商收取的通道费为90亿美元左右。由于零售业是最接近"上帝"消费者的行业，而消费者的数量又十分庞大，因此，零售业无论是从业人员还是销售量，在国民经济中的比重都十分显要，而且越来越显要。

二、 零售业——最能产生企业巨人的行业

在一个相当长的时期内，人们把零售业的劳动看作是简单的买进卖出，认为这样的行业是无论如何也产生不了巨型企业的。即使是通过较大规模联合重组而成立的"百联集团"，其年销售额也不到1000亿元人民币；而中国最大的企业——中国石化2001年的销售额就已经达到了3040亿元人民币。中国的大零售企业与中国的大制造企业相比，差距极大。但是，自从美国的沃尔玛公司在20世纪末超越制造业、金融业中的大企业而成为美国第一、也是世界第一的巨型企业后，人们才发现：必须对零售业刮目相看了——这是一个能够产生巨人的行业！

事实确实如此。其实，道理也很简单：零售业通过向制造业学习，实施了连锁经营，实现了零售业的工业化。而零售业一旦工业化，它的潜力就比工业要大多了：对工业企业来说，由于多元化经营比较困难，它生产的产品至多是一类产品：电器生产企业很少有去生产服装的，文具生产企业也不会去生产牙膏……而零售企业就不同了，大零售企业销售的东西恰恰是多元化的。即使是专卖店，到了一定规模，在有了实力以后，也会向综合化方向发展。如美国的建材家居专卖店 HOME DEPOT（"家居货栈"）现在的年销售额已经达到600亿美元，居全球零售企业第三位，美国零售企业第二位。据报道，现在它也开始销售电器商品。可以说，除了汽车等少数特殊的商品以外，现在的巨型零售集团是能销售什么就销售什么，因此，规模越来越大。随着科技的进步，新产品将层出不穷，尽管这些产品大多由不同的工厂生产，但其销售却大多由同一个零售集团销售。这样，可以预料，在每一个大国，大零售企业的规模都必将越来越大，其超过生产企业而坐上头把交椅也只是一个时间问题。而且，现在的大零售企业大都采用PB（Private brand）战略，也就是通过建立自己的自有品牌介入制造业，这就使大零售企业的规模进一步膨胀。我们可以进一步断言，一个大国的企业排行榜的头几位完全可能由零售企业占据。由于中国是一个人口大国，也将成为一个经济强国，我们可以预测，在今后50年内，中国企业排行榜的

前几位都将是零售企业。当然，预测的是结果，我们关心的更是过程——如何才能实现这个结果？怎样才能做大零售企业呢？自从市场取向的改革在中国开始以来，中国的计划经济日益"礼崩乐坏"。大大小小的各路"诸侯"，正在商场上征战攻伐，中国的经济开始经历一场真正的"春秋战国时代"。诚如古代的春秋战国一样，在争霸战中，最终目标是开疆拓土，实现扩张。那么，对中国的零售企业来说，如何才能成功地进行商业扩张呢？从理论上说，关于商业扩张，可以有两种形式：农村包围城市，城市辐射农村。农村包围城市的模式在一部分企业家中很有市场。例如，中国的胶片之王——乐凯集团，就奉行这一模式。乐凯胶片销售的重点是在中国的"农村"——"三北"地区（东北、华北、西北），并取得了30%左右的市场份额；而在中国的沿海发达地区如上海、广州、深圳，则市场份额很小。这说明，乐凯集团的策略是农村包围城市，并最终夺取城市，获得全国胜利（最近，乐凯集团开始在大中城市开设连锁店，加快了夺取城市的步伐，但它是否能够成功，尚待观察）。

但另一部分企业家则认为，农村包围城市的策略，是在中国武装斗争的特定环境中产生的，其特点是通过长期力量的积聚，使力量对比发生质的变化，最后夺取城市。采用这一策略，往往需要很长的时间和锲而不舍的努力。而若采用"城市辐射农村"的战略，则可以充分利用城市消费对农村消费的示范和引导作用，像俄国革命一样，"一鼓而定乾坤"。因此，在商战中必须首先占领城市，而后利用城市对农村的影响实行城市辐射农村的策略，进而"征服全国"。海尔公司、TCL公司、柯达公司等企业，都采用了这一策略。上述两种论点，可以说是各有千秋，关键是要看应用在什么地方。

笔者认为，在当代中国，由于城市人口的聚集性、城市消费的超前性和领导潮流的特征，一种新的消费品的推出，必须采取"城市辐射农村"的策略。也就是说，对生产消费品的工业企业来说，如果想使自己的产品在全国打响，首先必须占领城市，而后再向农村扩展。中国的名牌产品如海尔冰箱、格兰仕微波炉、鄂尔多斯羊绒衫、雅戈尔衬衫等无一不是采用"城市辐射农村"的策略。海尔并且已经开始实施产品向美国、欧洲进军的战略，以期在产品占领欧美这些"世界的城市"后辐射全球。并且，这一战略已经取得了一定的成效。至于上面说的乐凯胶片采用的"农村包围城市"的战略，实乃实力不如柯达、富士等品牌的无奈之举，可能用"农村躲避城市"的战略称之更为合适。可以预料，随着农村居民生活水平的提高，他们会逐步倾向于购买柯达富士胶卷，而不是乐凯胶卷。正因为看到了这种危险，乐凯集团领导也决定把触角伸向城市。这从反面证明了：对工业消费品特别是非生活必需品的工业消费品而言，采用城市辐射农村的策略，正确的选择（当然，如果实力不如他人，则只能采取"农村躲避城市"的做法）。但是，上述分析并不意味着"农村包围城市"的策略就一无是处。事实上，对商业企业来说，特别是销售日常生活用品的超市来说，采用"农村包围城市"的策略，是一条可供选择的道路。对上述论断，可以从理论和实践两个方面来加以说明。首先，从理论上进行分析。我们知道，对于连锁超市来说，其销售的主要商品是日常生活用品，而日常生活用品无论对城市居民还是农村居民来说都是必需品。因此，在这些商品的销售上，并不存在着"城市辐射农村"的"示范效应"的影响。也就是说，对一家连锁超市来说，农村的居民并不会因为其总部设在城市而对其特别青睐，也不会因为其总部设在小城镇而对其加以鄙视。对于反复购买的日用必需品来说，购买者会很快地察知，哪一家连锁超市的物品是价廉物美的，哪一家是质次价高的，从而做出选择。而在高档、大型家电消费品的一次性购买中，消费者则对销售家电消费品的商店的名气特别倚重。这两者是完全不一样的。上面的分析只是说明了，对于一家连锁超市来说，其开设连锁新分店的选址并非必须在城市；农村（实际上是指小城镇）也是一个可行的选择。但是人们要问：对于商业连锁超市的扩张，"农村包围城市"和"城市辐射农村"这两种战略究竟何者更优呢？下面我们就来对这个问题进行分析。

商战如兵战，而兵战中，巷战又是最惨烈的。从战争史上来看，鲜有两军在同一城市巷战超过一个月甚至一周以上的。任何一方总是想要在尽可能短的时间内把对方消灭或至少驱逐出城，以便独霸全城。一般来说，兵家们总是尽量避免巷战；万不得已时，就采取集中优势兵力速战速决的策略。但是，当前中国各大城市中的商战，却犯了兵家大忌——众多的商家拥挤在大城市进行延绵数年而不止的"巷战"，各自都大伤元气，既不能击败对手，自己也不能发展壮大。原因就在于目前中国的商家大多实力有限，很难囊括全部居民的购买力而独霸全城。于是，巷战就不可避免了。当然，从百货业来看，现在不同的百货店已经开始选择不同的经营档次，针对不同层次的消费者开展营销，以避免针锋相对的竞争。但对连锁超市来说，由于经营的商品都是日用品，拉不开档次，上述百货业的拉开档次的做法在超市连锁业不可行。设想有一家连锁超市能够独辟蹊径，在一个居民（包括附近村落的农民）人数在 4000 人以下的小城镇设店，以人均年购买量 2500 元人民币计算，一个年销售额 1000 万元人民币的分店即可囊括这个小城镇的全部日常消费品购买力。也就全部占领了这个城镇。从兵战的角度来看，一旦一个城镇已被一方完全占领，则其对手一般是不会轻启战端的。从商战的角度来看，情况也是一样。因此，采用"农村包围城市"的战略，可以在没有竞争的情况下比较容易地占领一个又一个的小城镇，逐渐积聚力量，最后向大城市发起攻击并最后夺取之。下面再从实践的角度进行分析。事实上，世界最大的连锁商店——沃尔玛公司，采取的就是"农村包围城市"的战略，而且取得了完全的成功。1962 年，它在美国相对不发达的州——阿肯色州的小镇"班顿维尔"开出第一家折扣商店，1970 年股票在美国最大的证券交易所上市，到 2003 年，其销售额已达 2450 亿美元，超过同年全中国社会商品零售额的 1/3。沃尔玛公司快速扩张的秘诀就是"农村包围城市"。至今，它的总部仍在小镇"班顿维尔"，全球共有 4000 多家分店。在一个很长时期中，沃尔玛公司一直坚持在人口只有 2500 人以下的小镇上开设分店，但一旦开设就使分店的规模大到足以囊括小镇的全部购买力，以防止竞争对手的进入。在该公司总裁寄给笔者的公司年报上，笔者发现一张标明其发展进程的地图。从地图上可以看到，该公司的策略是先占领一个州的"农村"（小城镇），待力量壮大后进入这个州的大城市，从而囊括全州；然后再进入临近州的小城镇，待势力壮大后再攻入此州的大城市，进而囊括全州；依此类推。直到 20 世纪 90 年代，沃尔玛公司的势力范围都还没有覆盖全美。然而，它采用稳扎稳打的方式，步步为营，最后终于攻入城市，席卷全美。沃尔玛公司的攻城略地的策略，是典型的"农村包围城市"的战略。

目前，就中国情况而言，大型连锁超市的总部都设在大城市。如全国最大的连锁超市"联华"超市公司的总部就设在上海，原来浙江最大的连锁超市"家友"（现已被上海"联华"公司收购）的总部就设在杭州。但是，现在有的连锁企业的老总已经认识到，挤到大城市里去打巷战是没有出路的，需要走农村包围城市的道路。如总部在绍兴的"浙江供销超市"就大力向农村扩张，走出了一条成功的道路。从上面的分析可以得出一个重要的结论：在中国，商业连锁企业的扩张，必须走"农村包围城市"的道路。但这里的"农村"，实际上是指小城镇；而且，一旦在小城镇设分店，就必须使其规模大到这样的程度能够囊括这个小城镇居民的全部购买力，以使竞争对手无立锥之地。由于中国人口众多，目前所谓的"小城镇"，其居民（包括与该小城镇毗连的附近乡村）人数大多超过 4 万，因此，更确切地说，我们的建议是：一个商业连锁集团，如果考虑其下一步的分店开设地点，首选目标应当是人口更少的"小镇"或"乡镇"，而不是"小县城"。只有这样，才能"集中优势兵力，各个击破敌人"，才能不战则已，一战必胜。就浙江的情况而言，平均一个县里，居民（含附近农民）在 4000 人以上的小镇有 40 个左右。以每人年均购买量 2500 元人民币计算，每在小镇开设一个分店，就可获得 1000 万人民币的销售额，一个县的总销售额即可达 4 亿元人民币。如果以平均一个省 60 个县计算，拿下一个省即足以在全中国商界傲视群雄！而且，这里还没有考虑设在大城市的总店的销售额。种种事实表明，中国的连锁超市，尽管其总部在大城市（这是由于历史原因造成的），但只能走"农村包围城市"的道路。这是获得胜利的不二选择，也是与工业新产品的销售所采取的"城市辐射农村"的道路截然不同的道路。

既然我们分析的前景如此美妙，为什么中国至今未出现立足农村的大型连锁商业企业呢？笔者认为，这是由于许多企业家尚未完全认识到"农村包围城市"战略的重要性，他们的思维陷入了一个误区：要做大企业，必须先占领城市这个制高点。这个误区就像当年中国共产党党内的"左"倾盲动主义一样，一心只想占领城市，搞"城市暴动"，最后是一败涂地。当然，我们并不主张在能够占领城市时主动从城市退却而转向农村。反而应是首先占领一个中心城市，并以这个城市为中心向周边逐步扩张。如绍兴的"浙江供销超市"从1997年白手起家创办至今，8年来坚持改革与发展并举的方针，正确寻求市场定位，坚持"农村包围城市、社区包围中心"和"小商品、大连锁"的发展战略，公司迅速异军突起，在2002年实现绍兴县镇镇有连锁超市的基础上，2005年6月实现了绍兴县302个行政村放心店全覆盖。目前，该公司已发展成为拥有8家大型综合超市、5家分公司、1家2万平方米的配送中心和遍布浙江省绍兴县、越城区、镜湖新区、经济开发区、袍江工业区、嵊州市、新昌县、金华浦江县、衢州市柯城区、衢江区等市县区的600多家连锁网点的大型连锁企业。公司拥有总资产1.6亿元人民币，年商品销售8亿元人民币，创税留利4000万元人民币。这种不求张扬、低调发展的模式使供销超市的发展拥有很好的物流依托，达到了商品配送成本的最小化。著名零售专家顾国建指出："中国的企业只能走区域领先的路，不能走跨区域太大的路。区域调整战略，2004年各大连锁公司都会出来。在全中国全区域的发展战略肯定会停下来，而集中区域发展。"

可能有人会问：连锁商店"农村包围城市"战略的始作俑者沃尔玛公司在中国的发展恰恰没有采用"农村包围城市"战略，而是采用"蛙跳战略"，在中国各地的大城市到处布点。现在，连新疆的乌鲁木齐都有了沃尔玛公司的分店。这是什么原因？的确，从表面上看，沃尔玛公司在中国各地大中城市蛙跳式地布点，使其连锁企业物流配送系统的优势荡然无存。但是，仔细一分析，就可以发现它不惜牺牲其连锁企业物流配送系统的优势而在全中国到处布点的做法是具有深意的。首先，沃尔玛公司在中国的规模并不算大，其连锁企业数量也不多，物流配送系统的优势并不明显；其次，更重要的是，沃尔玛公司是一家具有丰富的国外运作经验的跨国企业。它深知，外国政府为了抵御像沃尔玛公司这样的零售大鳄的进入，最佳的、也是符合国际惯例的做法是通过地方政府立法来进行限制。因此，为了在中国地方政府立法以前抢占更多的立足点，沃尔玛公司不惜牺牲其物流配送系统的优势而在中国采用"蛙跳战略"。如前所述，由于在中国的分店并不多，其采用"蛙跳战略"后牺牲掉的物流配送系统的优势也不多；而它所占领的在各大中城市的立足点却对其在中国的发展具有重大意义。中国社科院财贸所流通产业研究室主任宋则指出："《外商投资商业领域管理办法》强调，在申请设立商业企业的同时申请开设店铺的应符合城市发展规划及城市商业发展的有关规定。这就要求对外商申请投资，尤其是在大城市必须符合城市的整体规划和商业规划，没有规划前不允许批准外商投资大型商业企业。"而沃尔玛公司正是担心这一点，因此抢在《外商投资商业领域管理办法》公布以前（《外商投资商业领域管理办法》2004年4月16日由商务部公布，2004年6月1日生效）在中国各地抢占制高点。事实上，不光是沃尔玛公司，在中国零售市场上位居外资商业企业首位的法国家乐福公司，以及绝大多数外资零售企业在中国也采取"蛙跳战略"。由于"蛙跳战略"没有物流配送优势，因此，目前有6成大型外资零售企业是在亏损状态下运行。遗憾的是，中国的许多零售企业家却错误地理解了沃尔玛公司等外资企业在中国发展的"蛙跳战略"认为连沃尔玛这样的公司在中国也不搞"农村包围城市"了，于是乎，大家一窝蜂涌向城市打巷战，蛙跳式地布点，使中国的不少零售企业没有明显地收到"连锁"的规模优势。

就我国目前已建立的连锁超市来说，其初期发展速度并不比美国的沃尔玛公司慢。尽管第一家以沃尔玛命名的折扣商店是在1962年成立的，但当时山姆·沃尔顿已拥有15家商店。到1969年它才发展到33家商店，并把这些商店一并注册成沃尔玛商店有限责任公司。可以看到，其发展速度并不快。反观我国的连锁超市，其初期发展速度并不慢。如杭州的金龙万家福超市，5年内就扩大为拥有42家门店、销售额达51亿元人民币、列全省第一的连锁零售企业；后来由于资金不足，金龙万家福超市与上海"联华"超市合资。又如绍兴的"供销超市"，从开办到2005年，8年多的时间里就把销售额做到8亿元人民币，门店数达600多个；但现在也面临着急需资金继续扩张的问题。沃尔玛公司于1970年在纽约证券交易所上市后，其发展就更加迅速了。1979年，分店数就已达276个，销售额达125亿美元；在整个80年代，它的分店数增加了1126家；1993年又一下子从美国第三大零售公司——凯玛特公司收购了99个分店；1994年，又从大零售公司沃尔沃斯手中收购了122家分店；1995年，分店数已达2833家，现在则超过4000个。在笔者看来，中国要形成巨型连锁超市集团，并购是一个最有效的途径，而要并购，非解决资金问题不可；要解决资金问题，企业又非上市不可。美国的沃尔玛公司，1969年股票上市时，市场价为16.5美元，到1992年，其股票已经10次"拆细"，也就是说，原先的一张股票变成了1024张，但其市值仍高达63.625美元。也就是说，23年间，其股票价值上升了近4000倍，或者说，投资沃尔玛公司的股票，其回报高达近4000倍。股民们对其股票怎能不趋之若鹜呢？正因为如此，沃尔玛公司就不需要拿出多少钱来分红了。事实上，美国的股民们主要是靠股票的差价，而不是靠分红来赚钱的。股民很愿意购买公司股票，公司又可以少用现金来向股民分红，则公司的资金实力就越来越强，扩张得就越快，分店数就越多，规模也就越来越大；公司的规模越大，其股票就越值钱，股价升得就越快；这又导致更多的股民来购买公司的股票……这样，就形成了一种良性循环。沃尔玛公司能够快速发展，其原因盖出于此。反观中国的连锁超市，其中规模最大的销售额达73亿元人民币、门店数达1000个的"联华"，才上市不久。而中国商界的老牌上市企业，都是各大城市的百货业的龙头老大。这些百货业的龙头老大，虽然在证券市场上筹得不少资金，但其连锁发展的步伐远远比不上超市和大卖场业态。事实上，正如我们在后面将要分析到的，中国的百货店实行真正意义上的连锁模式难成气候。于是，大量上市的百货企业有钱而难以搞连锁；而大量未上市的连锁超市想大规模扩张却没有资金。这不能不说是中国连锁超市发展的一个遗憾。总而言之，中国的连锁超市要有一个大的发展，首先发展战略要正确，那就是必须采取"农村包围城市"的战略；其次要解决资金问题。只有解决了这两个问题，中国的连锁超市才可能有一个大的发展，中国才可能出现零售巨人。

三、零售业：影响国计民生的战略行业

国内关于流通业重要性的文章比比皆是，但关于零售业重要性的文章则很少见到。下面我们首先直接分析零售业的重要性，指出其是一个影响国计民生的战略行业；然后再把零售业放到流通业的大范围中进行分析进一步指出其重要性。对于零售业是不是一个影响国计民生的战略行业这一论点，直到现在仍然是一个有争议的话题。笔者认为，对一个行业是不是战略行业的判定，从不同的角度出发，会得到不同的结论。例如，农业是一个战略行业，对于这一论断可能赞同的人会很多。原因很简单：民以食为天嘛！但是，我们说"农业是一个战略行业"，无非是说政府要高度重视农业，这当然是不错的。但是，如果设想外国农业经营者大量进入，甚至控制了我国的农业，我们的态度会是怎样的呢？当然这事现在还没有发生（可能将来也不会发生）；如果发生，我们还是应当采取欢迎的态度。原因很简单：外国企业进入甚至控制了我国的农业，还是要雇用中国的农民（可能数量会有些减少），而且产量会提高，价格会下降，出口会增加。从上面的分析可以看到：当从一个行业的纯粹重要性角度出发，我们可以分析这个行业是不是一个战略性行业；但当从是否允许外国企业进入甚至控股行业的角度来观察时，我们是从另一个角度来分析这个行业是不是一个战略性行业。我们把前一个角度称为"理论角度"，而把后一个角度称为"现实角度"。显然，从理论角度来分析，几乎所有的行业都是"战略性行业"——吃饭重要，因而农业是战略性行业；但穿衣同样重要，那么纺织业、服装业不也是战略性行业吗？宣传非常重要，造纸业不也是战略性行业吗？因此，分析一个行业是不是战略性行业，可能从"现实角度"进行分析更有意义。所谓从"现实角度"进行分析，就是说，主要从"如果一个行业被外国企业控制后会怎样"来进行分析，如果从现实角度来进行分析，显然农业就不再是战略性行业了，纺织业、服装业、造纸业就更不是战略性行业了（因为这些行业如果被外国企业控制，并不会带来十分严重的后果）。而其他一些原先并没有被放在主要视野内或者完全没有放在视野内的行业倒反而变成了战略行业。在这里最应该关心的问题是：从"现实角度"来看，零售业是不是一个战略性行业？显然，要回答这个问题，只要回答"如果外国企业控制了中国的零售业，中国将会怎样"的问题就行了。

笔者的看法是：如果外国企业控制了中国的零售业，情况将比外国企业控制了中国的制造业（当然这里指的是非战略性的制造业如服装业、造纸业等）更为严重。原因如下：如果外国企业控制了中国的服装业，他仍然会雇用中国人进行生产，最差的情况无非是外国企业垄断了服装业后会以垄断价格出售服装，使中国的服装价格有所上升而已；而如果外国企业控制了中国的零售业，则他就掌握了通向"天子"的通道，任何中国的生产者将不得不面对诸如"沃尔玛"这样的大零售企业——"天子近臣"的颐指气使。更使人感

到不寒而栗的是：当世界上其他地方的劳动力成本低于中国时，沃尔玛等外国大企业会迅速地把采购订单下到那些国家或地区（如现在的越南、老挝，将来的非洲、朝鲜等地）。这种"抽逃订单"的危害，与当年在马来西亚等东南亚国家发生的外资"抽逃资金"相比，将有过之而无不及。因为"抽逃资金"的结果，是使一国的股市萎靡不振。而"抽逃订单"的结果，则将直接使大批中小企业面临"停炊"甚至倒闭的困境。以前，我们经常在报纸杂志上看到这样的文章：如果外商控制垄断了中国的制造业，中国的物价水平将大大提高（如中国的胶片大王乐凯集团就经常指出，美国柯达、日本富士的胶卷之所以在中国卖得比本国还便宜，是因为有乐凯胶卷的低价在牵制着它们；一旦乐凯消失，则美国柯达、日本富士的胶卷价格将大幅度上涨），此语不假。但正如前面指出的那样，如果中国的零售业被国外大零售企业控制，尽管价格倒是不升反降，但更要命的问题将会出现——一旦外商"抽逃订单"，大批的中国中小企业将会被迫停工甚至破产！总结上面的讨论，可以得出如下简洁的结论：外商控制中国的制造业——结果是中国的制造业产品的价格可能会上升；外商控制中国的零售业——结果是中国的制造业的失业率可能会上升。

通货膨胀和失业，这是西方经济学讨论了多年的两个问题中国自改革开放以来，这两者何者更应提防也是中国经济学家争论不休的问题。但是，从世界范围来看，恶性通货膨胀并不都来自外商控制，而是来自政局不稳等其他原因。也就是说，由于外商控制中国的制造业而使价格上升将不会导致恶性通货膨胀。而外商控制中国的零售业可能产生的"抽逃订单"而引发的中国中小企业大批停工甚至倒闭的现象则值得中国政府高度关注；特别是这种现象具有突发性。在报纸上经常可以看到由于外国政府对中国的某一产品征收惩罚性关税而导致相关的中国农民或工人陷入困境的消息。但那只不过是中国产品通向外国"上帝"的通道被封而如果外商控制了中国的零售业并"抽逃订单"，则意味着中国产品通向中国"上帝"的通道被封；而外国产品通向中国"上帝"的通道被打开。这对中国制造业的打击将是致命的！有讽刺意义的是，一旦外商控制了中国的零售业，遭殃的倒并不是中国的零售业人员，而是中国的制造业工人！因此，如果同意上述分析，就必然会同意"零售业是战略性行业的结论"。荆林波博士指出："种种迹象表明，外资的进入步伐在加快，并且有了很好的全国空间布局。这种空间布局必将控制'中国制造'的大量企业，我们的第二产业将受制于跨国巨头的销售网。"他的结论也是："世界各国都视零售业为战略性产业，不轻易开放。"

中国人民大学商学院教授吕一林指出："零售连锁化以后对整个供应链的影响特别严重。目前国内的供应商绝大多数都非常小，基本上还采取送货到门的形式，但是随着大型跨地区连锁的发展，供应商根本就跟不上。所以，现在像沃尔玛这样的公司，在中国已经开始直接跟供应商打交道，然后开始大量采购。目前中国的产品品牌以工业制造商品牌为主，但是随着外资连锁规模的发展，肯定会带来中间商品牌和无品牌商品的增加，并逐渐取代中国的制造商品牌,这对我们整个后续工业的影响将非常大,有可能造成一些小工业、小手工业之类崩溃或消亡。在中国,中小企业的群体很大,政府应更多关心中小企业,以中小企业为基础,而且社会稳定也确实需要一个稳定的中小企业层。以上分析是就零售业谈零售业。如果把零售业放入流通的大范围进行考察,就会进一步发现零售业的重要性。

陈文玲博士指出:"一个国家的竞争能力,越来越取决于流通能力。能否加快现代流通的发展,已成为提高我国经济运行速度、效益和质量的关键。在我国基本实现经济体制从计划经济转向市场经济和经营方式从粗放型转向集约型两个转变后,实现第三个转变——经济运行方式的转变即由生产决定型经济转向流通主导型经济,就成了提高国民经济素质的必由之路。"她进一步指出,现代流通发展的结构特征是流通主体物流化。"从流通时间看,在商品的整个流通过程中,用于加工和制造的时间不到10%,而90%以上的时间被物流过程占用;从流通费用看,物流费用占产品总成本的比例高达30%~40%。""通过合理设计流程、采用现代物流技术和现代物流管理手段降低成本,就成了提高经济运行速度、质量和效益的切入点。世界上一些发达国家和地区的物流产业已成为国民经济的支柱产业。2000年美国物流产业总规模为9500亿美元,几乎为高新技术产业的2倍,占国内生产总值的10%左右,并以年均23%的速度增长。日本物流产业总规模约为3500亿美元,占GDP的比重为11.4%。在中国香港地区,物流产业总规模为240亿美元,占GDP的比重为13.7%。"

以上论证已经清晰地说明了流通业的重要性。还要补充的是:在大零售企业雄踞流通业制高点的今天,流通业的重要性基本上就是零售业的重要性。事实上,像美国沃尔玛这样的大零售企业,不仅囊括了其每年2000多亿美元销售额的商品的整个物流过程,还以"自有品牌"的形式介入了相当一部分商品的生产。而且,这并不是沃尔玛公司的独创;事实上,美国几乎所有大零售企业都以"自有品牌"的形式介入了相当一部分商品的生产。例如,美国克罗杰公司是美国第三大、全球排名第4的大零售企业,它销售的自有品牌日用品的种类已经占全公司销售的日用品种类的31%,销量已经占23.5%。当零售业已经成为流通业的主体并且大力向制造业挺进时,零售业的重要性就不言而喻了。最后,我们还可以用一个数量化的概念来说明零售业的重要性。陈文玲博士指出:"从流通费用看,物流费用占产品总成本的比例高达30%~40%。"这里,陈文玲博士所指的商品的物流费用显然不包括商品的零售费用。而如果把零售费用也加以考虑,有一个比较形象的说法:如果产品的成本是1,那么批发价就是2,零售价就是4。也就是说,商品的生产成本只占商品最后售价的25%,75%都是物流费用。当然,不同商品在生产和流通的各阶段的费用各不相同,上述1:2:4的比例只是一个大略的说法。事实上,对中国销售到国外的商品来说,商品的生产成本所占比重就更低,流通费用所占比重就更高。例如,全世界的耐克运动鞋几乎都是美国品牌的贴牌产品，70%都是在中国生产的。一双耐克鞋在美国卖大约160美元，但中国的制造商每双鞋只有3~4美元的盈利。温州的打火机卖给韩国客商是9元人民币，而韩国人打上自己的品牌却卖280元人民币。美国市场上出售的"中国制造"芭比娃娃价格是10美元，但中国卖到美国的到岸批发价格却只有2美元，扣除1美元的管理费、运输费和0.65美元的材料费，最后只剩下0.35美元，那里面还要包括企业老板的利润和中国民工的血汗钱。

  总而言之，零售业的利润在整个流通过程中占了大头。因此，零售业在国民经济中的战略地位和重要性是不容置疑的。也正因为零售业在国民经济中的战略地位和重要性，中国政府应当对国外流通资本予以必要的限制，至少是不能让它们享受高于本国流通资本的待遇。但是，事实情况却恰恰相反。中国连锁经营协会会长郭戈平指出，一些地方政府把吸引外资当作"政绩"，因而，对外资企业青睐有加，甚至实行"超国民待遇"。相反，国内连锁企业在跨区域扩张时，在物业租赁等相关程序上反而遭到不平等待遇，包括现在的税收政策也在某种程度上增加了国内企业的管理成本。中国商业政策研究会副会长万典武也指出："国外流通资本以仅占中国引进外资0.6%的资本打开了中国零售业3.7%的市场。外资的超常规发展与一些地方政府给予国外零售集团超国民待遇有关。"这种情况应当引起我们的高度重视并予以解决。

  总而言之，我们的观点是，在国家已经决定我国零售业对国外全面开放的今天，再来议论零售业是否应当"适度开放"已经毫无意义。我们要呼吁的是，首先，我国政府特别是各地的地方政府再也不能为了引进外资的"政绩"而让民族零售业"享受"不公正的"非国民待遇"；其次，在坚持内外资企业一视同仁的同时，在可能的范围内为中国的民族企业出出主意，使我国民族企业能够在与外资企业的竞争中强大起来。

第二章 零售业业态形式与消费者分析

第一节 零售业业态形式分析

对于零售业"业态"一词的含义,不同的权威机构曾经给出过不同的解释。原国家国内贸易局《零售业态分类规范意见(试行)》认为:"零售业态是指零售企业为满足不同的消费需求而形成的不同的经营形态。"零售业态的分类主要依据零售业的选址、规模、目标顾客、商品结构、店堂设施、经营方式、服务功能等确定。上海市政府于2001年制定的上海市地方标准《商业零售业态规范》(DB31/T260-2001)中认为:零售业态(retail format)是"零售企业为满足不同的消费需求和目标顾客而形成的不同经营理念、经营方式的表现形式"。这些定义尽管表述不尽相同,但都清晰地揭示了零售业态的核心,即零售业态实质上是零售企业经营理念和经营方式的外在表现,各种不同的零售企业经营理念和经营方式构成了不同的零售业态类型。也可以说,不同零售业态的产生与发展,是零售企业竞争的产物,是在市场经济条件下,不同类型的零售企业通过制定不同的企业经营理念和经营方式,以不同的市场定位,来满足不同的消费者的需求,并同竞争者进行错位竞争的结果。另外必须指出的是,伴随着社会经济条件和消费者需求的不断变化,市场竞争的日趋激烈和现代技术在零售企业中越来越广泛地应用,各种零售业态之间的边界也变得越来越模糊,例如,沃尔玛曾经被描述为超级市场、百货商店、超级商店、特级商店和超级购物中心等。而事实是,一般情况下沃尔玛商店具有每一种业态的要素,就像今天的许多商店一样,沃尔玛也不断在已有的传统业务之外进行创新。随着竞争的加剧,不同业态为了争夺更多、更苛刻的市场,都在不断地进行创新,可以预见,一些包含有多种业态特点的新型业态将继续出现。零售业态类型多种多样,新组织形式层出不穷,我们把它们分为两种类型,即有店铺的零售商店和无店铺商店。

一、有店铺的零售商店

目前有店铺的零售商店是零售业中的主体,在零售业中占有非常重要的地位。

（一）百货商店

百货商店是最早出现的现代零售业的业态类型，是传统零售业向现代零售业转变的一个重要标志。

1. 百货商店的特点

美国市场营销学专家菲利普·科特勒认为：百货商店一般销售几条产品线的产品，尤其是服装、家具和家庭用品等。每一条产品线都作为一个独立的部门由专门采购员和营业员管理。不同国家对百货商店有着不同的定义。

法国的定义：百货商店是零售商业企业，拥有较大的销售面积，自由进入，在一个建筑物中提供几乎所有的消费品。一般实行柜台开架售货，提供附加服务，每一个商品部都可以成为一个专业商店。销售面积至少为2500平方米，至少有10个商品部。

英国的定义：设有多个商品部，营业额的实现至少要覆盖5大类产品，至少雇用25人。

德国的定义：百货商店是供应大量产品的零售商店，主要产品是服装纺织品、家庭用品、食品和娱乐品；销售方式有人员导购（如纺织品部）和自我服务（如食品部）。销售面积超过3000平方米。

荷兰的定义：销售面积至少有25 000平方米，最少应有175名员工，营业额超过1000千万法国法郎，至少要有5个商品部，其中应有女装部。

日本的定义：从业人员超过50人，销售面积至少为1500平方米（大城市要超过3000平方米）。

中国暨南大学管理学院陈己寰教授的百货商店定义：百货商店是指在一个大建筑物内，根据不同商品部门设销售区，开展进货、管理、运营，满足顾客对时尚商品多样化选择需求的零售业态。

中国广州商学院工商管理系肖怡教授的百货商店定义：百货商店是指经营包括服装、家电、日用品等众多种类商品的大型零售商店。它是在一个大建筑物内，根据不同商品部门设销售区，满足顾客对时尚商品多样化选择需求的零售业态。综合国内外百货商店的发展状况，百货商店具有如下特点：

（1）选址在城市繁华商业区和交通要道；

（2）商店规模大，营业面积在5000平方米以上；

（3）商品结构以经营服装、服饰、鞋类、化妆品、手表、家庭用品为主，种类齐全、少批量、高毛利；

（4）商店设施豪华，内外装修富丽堂皇，店堂典雅、明快；

（5）采取柜台销售与自选（开架）销售相结合方式；

（6）商品出售时"明码标价"，并可以退货；

（7）服务功能齐全。

2. 百货商店的发展

自 1852 年，法国人 A. 布西哥创办世界上第一家百货商店起，经过 100 多年的发展，百货商店从辉煌走向成熟。由于"邦马尔谢"的经营方式比之传统的经营方式有许多进步，很快便在欧美等经济发达的国家产生了影响。19 世纪 80 年代以后，西方国家城市化进程大大加快，许多中小城市迅速发展，逐步成为大城市。城市的繁荣为百货业带来了机会。百货店以新的经营方法和手段，很快就取得了经营优势，赢得了市场地位，迅速地得到了发展。特别是 19 世纪末，百货商店传入美国后被赋予了新的内涵，无论是经营方式，还是营销手段，都得到了完善和发展，百货商店逐渐成为各种零售业态中的主角。然而，到了 20 世纪 50 年代，西方国家的百货商店在经历了近百年的辉煌后，从成熟期步入衰退期，一些企业陷入经营困境。尤其是 20 世纪末期，伴随着各种新型业态竞争实力的不断增强和零售企业竞争形势的日趋严峻，百货商店步履维艰，一些曾经创造过辉煌业绩的百货商店，如伍尔沃兹百货公司、蒙哥马利百货公司等，纷纷倒闭。

虽然说，世界各国的百货商店在整个零售业中的地位已经风光不再，但是，百货商店仍然是其他零售业态无法取代的一种基本组织形式，在世界零售业中仍然是一个不可或缺的重要角色。

3. 百货商店在中国的发展情况

1900 年俄国人在中国哈尔滨开设的秋林公司，是中国境内的第一家百货商店。随后，1907 年光高百货公司在广州开业，1917 年和 1918 年，先施百货公司和永安百货公司先后在上海开业。虽然，新中国成立前在我国的一些大城市中都有百货公司的身影，但是，百货商店在中国获得长足的发展却是中华人民共和国成立以后的事。在新中国成立前夕，人民政府就利用原有的商业建筑，在提前解放的东北解放区哈尔滨市创办了哈尔滨市第一百货商店（1947 年），1949 年又在天津等地兴办了一批百货商店，拉开了国营百货商店在零售业中唱主角的序幕。从此，中国的百货商店进入了长达几十年的黄金时期。在计划经济时代，由于市场商品短缺和百货商店在零售业中的垄断地位，使百货商店在中国的零售业市场中占据了半壁江山，是零售业中的主力军。如前所述，改革开放以后，我国工业率先开始自行销售，零售业则进行自行销售。在这种变革中，百货商店成为最大的利益获得者，中国的百货商店进入了发展的鼎盛时期。从 20 世纪 80 年代改革初期，到 90 年代中期，我国的百货公司的销售额和利润额呈几何级数增长。这种上升的速度在世界百货商店的发展史上也是绝无仅有的。同时，也使世界百货商店的发展历史上出现了这样一种很奇特的现象：当世界各国的百货商店都在走下坡路的时候，中国的百货商店却进入了鼎盛发展时期。百货商店也成为中国零售业中发展最为成熟的业态。

百货商店快速发展的奇迹只持续到20世纪90年代中期。从20世纪90年代初开始，全国各大城市的政府部门在利益驱动下，掀起一股兴建大型百货商店的热潮，这既把百货商店的发展推向了顶峰，又为大型百货商店日后的激烈竞争、从辉煌走向平淡拉开了序幕。20世纪90年代中期开始，中国百货商店的市场资源被切割，百货商店面对的竞争对手除了在市场经济条件下进行了机制蜕变和观念蜕变的同业态者外，还有其他的原有业态和新兴业态，以及海外商业势力。百货商店的市场份额被不断分割，盛极而衰。除了单店效益递减外，百货商店在整个社会商品零售额中的地位也在不断下降。1999年，上海华联超市销售额超过上海第一百货公司名列中国零售企业榜首，从此，持续了多年的百货商店统治地位终告结束。中国百货商店进入了竞争激烈的成熟期。

4. 中国百货商店的发展趋势

百货商店这一业态虽然已进入了成熟期，但是，由于百货商店具有区别于其他业态的明显特征和比较清晰的市场定位，所以，百货商店仍然有自己的发展空间。国内外的百货商店都有经营良好的实例，如德国的麦德龙、美国的西尔斯、法国的欧尚、日本的伊藤洋华堂和英国的马狮，在2003年世界零售企业100强中，分别名列第4位、第13位、第18位、第20位和第45位。国内百货商店中，上海的百联、大连的大商和北京的华联在2005年中国零售100强企业中分别名列第1位、第5位和第7位。总的来看，中国百货商店的未来发展趋势如下。

（1）准确定位，进行错位竞争。百货商店作为一种传统业态，之所以能长期生存并不断发展，是因为其具有区别于其他业态的显著特征，即使同业态之间，如果定位清晰，其目标市场也可显示出差别化的特点。特别是在未来相当一段时间里中国的零售市场仍然为百货商店的发展提供了比较好的发展条件。如随着经济的发展和城市化进程的加快，中国城市人口密度，特别是市区人口密度高的现状将持续下去；中国城市中百货商店云集的繁华的商业中心，仍然是消费者购物地点的首选；中国人历来有逛商场的消费习惯，尤其是女性，常把节假日逛商场作为一种休闲娱乐方式，而这种消费行为在短期内不会有大的改变，甚至会随着个人可支配收入的提高而得到强化。这些都是百货商店未来发展的支持条件。所以，中国百货商店在未来的发展中应通过市场细分，进行准确的市场定位，根据自身实力、优势和市场细分来调整商品种类，走专业化的发展之路，通过独特的市场形象和鲜明的经营特色与其他业态，以及同一业态之间进行错位竞争。

（2）组建企业集团，实行多业态经营。无论是在世界零售100强企业中，还是在中国零售100强企业中，名列其中的百货商店几乎都是以企业集团的形式，实行多业态经营，通常在经营百货商店的同时还经营着超市、折扣店、仓储式商店或便利店等。这也表明，现代零售业已基本上形成了以百货商店和超市这两种业态为骨干的多层次、多形式、多功能的零售经营体系。组建企业集团，实行多业态经营既可以降低成本和分担风险，又可以进行连锁经营。实施连锁经营既可以带动百货商店信息技术和物流技术的发展，使百货商店在现代科技的应用和推广方面占据竞争优势，又能够扩大百货商店的规模，发挥共享效益，并提高百货商店的市场份额，变个体优势为群体优势。

（3）大力开发自有品牌商品。自有品牌是零售企业为自己经营的产品开发设计的品牌。随着零售市场竞争的日趋加剧，开发自有品牌作为非价格竞争手段，在零售企业的营销活动中的重要性已经越来越突出。从发达国家的零售业的发展历程来看，大中型零售企业经营自有品牌的商品的比例逐年增加。欧洲市场的调查显示，1980年零售商中有17%使用自有品牌，1988年这一比例上升到23%，2002年则达到40%以上。在世界知名的大型零售业中，自有品牌战略实施成功的典范莫过于英国的马狮百货集团。该公司制出售其自有品牌——"圣米高"牌商品。美国的西尔斯百货公司90%以上的商品都以自己的品牌出售。开发自有品牌商品，可以使百货商店的商品构成和经营富有特色，并使百货商店的无形资产能得到充分的利用。百货商店通过自有品牌商品，向消费者提供更全面的服务，借助自有品牌商品又能够进一步强化百货商店的企业形象，两者相辅相成，形成百货商店对消费者独特的诉求和百货商店的竞争优势。

（4）将文化因子植入商业活动中。国情的特殊性使中国的消费者与国外的消费者在消费行为上有一些差异，许多中国消费者常常将逛商场作为一种休闲娱乐的方式，所以每年的五一和十一，以及春节等节假日，都成为我国百货商店商品旺销的黄金周。当人们将上街购物作为一种休闲娱乐方式时，百货商店的优雅环境，华丽典雅的店堂装修和精美的琳琅满目的商品，常常成为吸引顾客的重要因素。特别是百货商店所表现出来的文化特征，已经成为百货商店塑造独特形象，吸引顾客惠顾的有效竞争手段。所以，将文化因子植入百货商店的商业活动中，是百货商店发展的重要趋势。百货商店应通过文化因子的植入，构建一种新的城市人文景观，还人类特有的艺术空间于顾客，使尘嚣的现代气息中多一块集休憩、娱乐、艺术欣赏、购物、餐饮等于一体的天地。

（5）紧跟电子信息技术的潮流。从20世纪80年代中期开始，国内外的大型百货商店已经普遍采用现代化的信息管理运营手段。从世界范围看，许多发达国家的百货商店的信息技术运用，已从第一阶段（电子商务阶段，商务信息发布、B2B系统、B2C系统、搜索引擎等运用阶段）发展到第二阶段（电子事务阶段，信息技术在供应链管理、销售管理、跨区域管理等方面运用阶段），甚至部分已到第三阶段（随需应变阶段，根据业务流程的变动调整信息管理技术的阶段，包括百货商店和供应商平等协商的采购平台，供应商综合服务平台，依据市场需求，供需双方共同研究开发产品平台的搭建等技术的运用）。不言而喻，我国的百货商店在市场竞争日趋激烈，生存环境日趋严峻的态势下，只有迅速实现以信息技术广泛应用为标志的管理现代化，才有可能不断提升百货商店的核心竞争力，获得足够的生存发展空间。

（二）超级市场

超级市场诞生以来，在世界各地得到了广泛而迅速的发展，并被称之为零售业中的一场革命。这场革命无论是对零售业本身的发展，还是对整个社会生活所带来的影响都是非常巨大的。现在，超级市场已经成为世界各国零售业态中最重要的商业形式之一。

1. 超级市场的定义及特点

超级市场从诞生到今天，已经走过了 70 多年的发展历程。经过 70 多年的发展，超级市场的业态类型已经比较丰富，超级市场的理论日趋完善，关于超级市场的定义也有一些不同的表述。美国市场营销专家 M. M. 齐默尔曼在其 1955 年出版的《超级市场》一书中，给超级市场下的定义是："超级市场是一个部门繁多的、经营食品或其他商品的零售企业，这个企业或独资经营，或特许其他摊位经营。有足够的停车场，而且年营业额不低于 25 万美元。但干货食品、日用杂货商品部门，必须采用自助服务的方式。"M. M. 齐默尔曼还认为："超级市场的心脏是自我服务，现在依然如此，但在 1930 年，'自助服务与现金携带'在我国并不新鲜。"美国著名营销专家菲利普·科特勒在其《市场营销原理》一书中是这样描述超级市场的："超级市场是规模相当大的、成本低、毛利低、销量大的自我服务的经营机构，其目的是为顾客对食品、洗涤剂和家庭日常用品的全部需要服务。"日本自助服务协会 1959 年对超级市场的定义是："以自助服务方式、由一个资本经营，年营业额 1 亿日元以上的综合食品零售业。"德国对超级市场的定义是："实行自我服务方式的零售店，营业面积在 400 至 2500 平方米之间，经营日常必需的食品和部分非食品。一般来说，食品部分至少应占营业额的 70%。"从上述定义中可以看出，国外对超级市场的定义不尽相同。不同的定义从不同的侧面强调了超级市场的某些特征。根据上述定义，超级市场应具有如下特点。

（1）实行自助服务，开架售货，一次结算的售货方式。自助服务是超级市场在经营方式上的创新，世界上第一家超级市场就是以顾客的自我服务和价格低廉为特色的。美国市场营销专家 M. M. 齐默尔曼还认为：自助服务是超级市场的"心脏"。开架自选售货、顾客自我服务、一次结算的售货方式，为顾客创造了既方便舒适，又节省时间的购物环境，营造了一种新型的顾客与营业员、商品之间的关系。这也是超级市场自诞生时起，就极具生命力的主要原因。

（2）以销售食品和日常生活用品为主，满足顾客日常生活需要。超级市场商品构成的最突出的特点是：以各种购买频率高的食品和日用品为主。虽然现在出现了许多综合经营的综合超市（大卖场），但是传统的典型的超市仍是以经营食品和日用品为主。

（3）以低费用、低价格和高周转为经营特色。由于超级市场采用开架售货、自助服务的经营方式，不仅减少了营业员，节约了人力费用，而且还使营业员与顾客可以共用商场的货架和店铺通道，减少了非营业面积的占用空间，使超级市场的营业厅能够比非开架售货的营业厅多陈列商品，商品投放能力可增加15%~20%，这样就降低了超级市场的流通费用。商品价格也因各种费用的减少和营业面积增加而降低。此外，因为食品和日用品属于购买频率高、周转快的商品，所以，低费用、低价格和高周转就成为超级市场的经营特色。

（4）店址主要选在人口密集的居民区。超级市场是以经营食品崛起于零售业的，后来逐渐发展到综合经营。但超级市场的商品构成仍然以食品和日用生活用品为主，以此来满足人们的日常生活的需要。这就使超级市场的选址比较趋近于人口密集的居民区或者城郊区的购物中心。

（5）实施现代化信息管理。伴随着科学技术的不断发展，超级市场的现代化和信息化的程度不断加深，特别是实行连锁经营的超级市场，其现代化信息管理的程度和水平将直接影响到其生存与发展。目前，无论是发达国家的超级市场，还是发展中国家的超级市场，现代信息技术已经得到了广泛地应用。超级市场信息化已不再局限于企业内部的进销存管理，开始关注于影响它的两大客户：供应商及顾客。连锁化的推行更使这些业界的管理者们认识到信息化不仅仅是硬件与软件的集成，借助信息系统，管理者们推动的是他们的管理模式，软件不仅仅给应用者带来效率，还承载着管理规范化的重任。这时的信息系统已不再是简单的MIS概念了，它代表着先进的管理思想，担负着流程标准化的重任，于是商业ERP（Enterprise Resource Planning）应运而生，并在超级市场得到越来越广泛的应用。

2. 超级市场在中国的发展

超级市场在中国的台湾、香港和澳门地区早就有所发展，但是超级市场进入大陆地区的时间则比较晚，是在20世纪的80年代，而且，国情的特殊性还使超级市场在中国的发展走过了一条比较特殊的道路。20世纪80年代初，超级市场作为改革开放，学习国外先进管理技术的物被引进中国大陆。1981年4月12日，广州友谊商店内附设的小型超级市场（当时叫作自选商场）作为中国第一家超级市场开张了，服务对象主要是来华的外国友人。后来北京、上海及沿海的大城市的友谊商店、百货商店及食品店和副食店，也纷纷开办了一些小型的超级市场。但是，这些小型超级市场大多是在原有的食品店、副食店或百货商店基础上改建的，且是在政府的扶持下，利用一些优惠政策开办的。客观地说，当时中国正处于改革开放的初期，经济发展水平较低，超级市场发展所需的许多客观条件都不具备。如许多产品供不应求，超级市场的商品品种十分有限，无法满足顾客一次购齐的需求；在当时典型的短缺经济条件下，企业没有竞争的压力，缺乏完善服务，提高管理水平的内在动力；由于生产力整体水平较低，因此，产品加工包装能力较差，适合超级市场的小包装产品品种和数量都十分有限。随着改革开放的深入，1985年，当国家取消了针对超级市场的优惠政策后，这些超级市场也纷纷倒闭了。此后，一直到20世纪90年代初，我国的超级市场的发展一直处于萎缩或停滞状态。1991年6月，原商业部在广州召开了"开架销售与市场营销经验交流会"，沿海发达地区大城市的超级市场重又兴起，并呈现出快速发展的趋势，许多大城市甚至出现了"超市热"，如1993年，上海的华联商厦开始兴办超级市场，曾经在一天内开设36家超级市场，将"超市热"推向高潮。1999年，上海华联超市销售额超过上海第一百货公司名列中国零售业榜首。目前，超级市场已经成为中国零售业中最重要的零售业态类型。

中国的超级市场主要分为两种类型，一是普通超级市场（或称标准超市、生鲜超市），面积在800~1500平方米，以出售生鲜食品和日用消费品为主。为了保障食品消费的安全性，我国政府已经陆续出台了一些政策鼓励大城市逐步用超级市场功能替代农贸市场功能。所以，这种类型的超级市场随着人们收入的提高和城市住宅建设的发展，将取代传统的菜市场。二是大型综合超市（或称大卖场GMS），面积在5000~20 000平方米，以经营食品、日用品、服装、玩具等商品为主，能满足人们一次购齐的需求，是我国超市的主力，也是外资零售企业进入中国的首选形式。

3. 超级市场未来发展趋势

从欧美发达国家超级市场的发展历程来看，当人均国民生产总值在1000美元左右，并且恩格尔系数在50%以下时，是居民生活由温饱型向小康型转变的时期，也是超级市场快速发展时期。结合中国经济与世界经济的发展趋势和消费者购买行为及消费心理的变化趋势，可以预料，中国的超级市场将出现以下几种发展趋势。

（1）集团化的连锁经营。在经济发达国家，连锁超市几乎获得普遍的成功。连锁经营已经成为超级市场发展的一种普遍趋势。在世界名列前茅的超级市场中，如美国的沃尔玛、克罗格、特斯科、塔吉特，法国的家乐福，德国的麦德龙、阿迪尔，荷兰的阿霍德等，都是连锁经营。商业企业的激烈竞争，是连锁超市的兴起的重要原因之一。伴随着中国零售业市场竞争的不断加剧，为了降低经营成本，获得规模经济和实现专业化、组织化经营，会有越来越多的超级市场实施连锁经营。近年来，我国率先发展起来的一些超级市场，为实现迅速扩大规模，快速扩张的目的，纷纷进行企业之间的联合、兼并与重组，超级市场组织集团化的趋势日益明显。

（2）超级市场将成为社区商业的核心店。社区商业最早于20世纪50年代在美国出现。当时由于家庭汽车的普及，以及城郊新建的发达的高速公路，使得城市居民大量向郊区扩散，由此产生了专门为郊区新建居住区居民服务的社区商业。社区商业是城市商业空间中的一个重要层次。社区商业所提供的服务主要是社区居民需要的日常生活服务。这些服务具有经常性、便利性的特点，但不一定价格低廉。因此社区商业具有稳定的市场基础，并将随着居民收入水平的提高得到更大的发展。国外社区商业主要是现代化的购物中心形式，购物中心和连锁组织相互促进、共同发展。购物中心的核心店基本上都是知名的连锁超市企业，例如，美国的沃尔玛、日本的大荣等超级市场都是它们国家许多社区商业中心的核心店，社区购物中心靠它们来提升对附近居民的吸引力。除核心店外，中心内还汇聚着各种不同规模、不同业种的专业店、专卖店，它们也多是连锁经营。各种连锁经营品牌是支撑社区商业中心的骨干力量，是社区商业中心形成和发展的基础。我国的社区商业还处于起步阶段，与国外成熟的社区商业模式相比还有很大差距。我国社区商业主要以历史形成的沿街商铺为载体。这种商业形式是自然形成的，缺乏统一规划，业态档次普遍较低，社区商业功能不全。随着房地产业的发展特别是商业房地产的逐渐成熟，社区商业得到了巨大的进步，国内出现了大批"购物中心""生活广场""娱乐休闲一条街"等众多社区商业项目。在社区商业的建设和发展过程中，以满足人们"一站式"购物需求的超级市场将发挥重要作用。

（3）经营管理的技术含量越来越高。网络是21世纪改变人类生活方式的资讯工具，随着科技的进步，数字科技大量参与人们的日常社会生活和消费领域。现代化的资讯技术应用在零售业领域，掀起了零售业的一场深刻的历史变革。超级市场，特别是大型连锁超市将普遍采用一种现代化的管理运营手段，即通过电子信息技术服务于自身的商业运作领域，具体包括计算机技术、网络通信技术、条码技术、现代物流技术、射频识别技术、金融电子技术等。这些现代技术不仅能把大量的劳动力从繁杂的日常工作中解脱出来，而且，还能充分运用电子和网络技术的低成本性、迅速反应能力、竞争公平性、变本土性为全球性、可参照性等优势，迅速提高超市管理的专业化、现代化水平。并搭建起与消费者的互动平台，使产品资讯的不对称性转变为资讯的民主化，便于消费者和销售者都能获得足够的商业资讯，从而使消费资源达到合理配置和优化。这些信息技术和先进适用技术的广泛应用，将推动我国超级市场的效率和现代化水平进一步提高，信息化水平也将成为企业竞争力的重要支撑。

（4）服务和独特的商业文化将成为超市参与市场竞争的重要手段。美国著名营销学家菲利普·科特勒指出：对未来的市场来说，首要的问题是通过帮助顾客解决实际问题、了解顾客的心理、降低管理费用并做好销售服务等措施赢得他们的信任，建立起本店的信誉。随着我国超级市场管理水平的不断提高，我国超级市场的物流配送系统渐趋成形，大物流、大流通的概念已深入人心；以计算机应用和互联网技术发展为基础的电子商务和信息管理越发彰显成熟的魅力；厂商联合，供应链不断发展，规模生产和规模销售已能够缩减控制成本；健全的营销网络和日臻完善的供销组织已经不是某一家超市企业的独家本事。系列的现象最终必将使众多超市逐步走上同质化、同价化、同步化的经营阶段。因此，在未来的超市竞争中，单纯的价格优势荡然无存，集合了文化、价格、服务、传播、附加值等多种销售因素的复合型竞争观念将成为主导。我国的超市应根据自身定位和企业的实际情况，从战略高度对本企业的服务理念、服务标准、服务水平、服务质量、服务时限等进行全面谋划，科学营销，以独特的全方位的优质服务和先进的商业文化，树立企业的良好形象，凸现企业独特的市场定位，赢得竞争优势。

（三）专业店

1. 专业商店的定义与特征

营销大师菲利普·科特勒认为：专业商店经营的产品线较为狭窄，但产品的花色品种较为齐全。例如服饰店、体育用品商店、家具商店、花店和书店等均属专业零售商店。根据专业商店的经营特点和业态类型，我们可以将专业店定义为：以经营某一大类商品为主的，并且具备丰富专业知识的销售人员和适当的售后服务，满足消费者对某大类商品的选择需求的零售业态。根据专业店产品线的狭窄程度，可以将专业商店进一步分为单一产品线商店；有限产品线商店；超级专用品商店。

一般说来，专业商店必须具有如下特征：（1）选址多样化，多数店设在繁华商业区、商店街或百货店、购物中心内。但也有些店设在居民区内。（2）商品结构体现专业性、深度性。品种丰富，选择余地大，主营商品占经营商品90%~100%，符合顾客的专门需要。（3）熟知目标顾客并能加以控制。（4）大多数店铺采取开架售货和定价销售。（5）经营面积根据主营商品特点而定，经营方式具有个性化特征。（6）营业员有丰富的商品知识，并进行顾问式服务。

专业店是一种历史悠久的零售店铺。经过长期的发展与演变，专业商店已经成长为一种独立的零售业态，在各国零售业中都占有十分重要的地位。随着社会的进步、科技的发展和消费习惯的演变，专业商店的经营形式也在不断的变化。目前，国外出现的一种新型专业商店——"品类杀手"（category killer store）正在不断壮大，日益演变为专业商店中的"重量级选手"。特别是美国的"品类杀手"店发展十分迅速，如经营家居用品的家居商场（Home Depot）、经营办公用品的办公用品商场（Office Depot）、经营玩具的玩具反斗城（Toys"R"Us）等等，都以品种多、价格低，能迅速挤垮（杀死）其他经营同种商品的小商店和综合商店的专柜而著称。

2. 专业商店的类型

（1）时装店与鞋店。时装店是专门经营服装的商店。通常有两种形式是汇集各类品牌的精品时装店；二是仅经营一个品牌的名牌时装店，且大多是产销合一。

时装店一般具有如下特征。①多选址在繁华商业街区或新潮商品汇集的街区。通常需要较多的投资。②经营的品类非常注重流行趋势和商品的格调。③商品利润高，价格高。利润率优势可实现50%~100%，甚至更高，商品价格大多寻求较高的价位。④商品的市场生命周期短，须及时处理过季或过时的商品，否则会使时装店陷入困境。

人类的进化带动了足下革命，为鞋店的发展提供了广阔的空间。目前鞋店常见的经营方式主要有两种，一是综合鞋店；二是专项鞋店。在同等规模条件下，鞋店的投资额与时装店相差不大，经营特征也与时装店相似。在鞋店经营中如能配套经营鞋油、鞋刷、鞋垫和鞋带等商品，则会给消费者带来极大的便利。

（2）食品店。食品店是历史最为悠久的专业商店。自有店铺出现时，就有了各式各样的食品店，如粮店、肉店、水果店、蔬菜店、面包店等。食品店的特征是：①投资少、风险小、毛利低；②店铺面积通常比较小，且布局在人口稠密的居民区；③开办食品店异常辛苦；④需要一些特殊的设备。

（3）电器商店。电器商店主要有两种类型，一种是专门经营各类家用电器的综合电器商店；另一种是专项电器商店。其特征主要是：①资金投入较大，店址选择余地较大；②设施投资要占一定比例；③产品更新速度快，经营弹性较大；④营业员必须掌握丰富的专业知识，为顾客提供技术指导；⑤经营大件家用电器的商店必须提供送货服务。

（4）珠宝商店。珠宝经营历史悠久，早在店铺出现之前，长途贩运的商人就重点经营珠宝首饰，为达官贵人服务。珠宝商店属于高利、高风险行业，其主要特征是：①经营者必须有丰富的专业知识；②商品体积小，价值高，商店安全十分重要；③店址多选在繁华商业街，租金较高；④闭架售货。

（四）方便商店

方便商店又叫便利店，是设在居民区内的小型商店。消费者主要利用方便商店做"填充式"采购。其特点是营业时间长；出售消费者购买频繁、零星、周转率高的日常生活用品；商品价格高于超市和仓储式商店。随着超级市场、折扣店和仓储式商店的迅速发展，方便商店面临日趋激烈的市场竞争。因此，许多方便商店或者实施连锁经营；或者加入社区商业组织，以降低成本费用，发挥规模效益，赢得更多的顾客。

（五）折扣商店

折扣商店经营的所有商品都明码标价，出售时打折扣，商品售价比一般商店低。折扣商店的主要特点是：（1）店址多选在租金比较低的地区，并建有较大的停车场，以吸引路途较远的顾客；（2）以折扣价销售商品，商品的价格水平通常低于其他业态商店；（3）重点销售全国性品牌商品，商品虽然价格低，但商品质量不低；（4）实行消费者自我服务的自助式经营。

近年来，由于折扣店与折扣店之间，折扣店与超市和百货商店之间的竞争日趋激烈，发达国家的折扣商店已经从经营各类商品的综合商店，发展到经营专门商品的专业折扣店，如，折扣电子产品商店、折扣书店和折扣体育用品商店等。

（六）仓储商店

仓储商店是一种仓库与商场合二为一，大批量、低成本、低售价和微利促销的连锁式零售商店。一般具有以下特点：（1）服务对象主要是工薪阶层和机关团体；（2）价格低廉；（3）会员制；（4）精选正牌畅销商品，具有较强的竞争力；（5）低成本经营；（6）商店选址通常远离商业中心。

（七）购物中心

购物中心是在城市规划的基础上，由企业有计划地开发、管理运营的各类零售业态及服务设施的集合体。在欧美国家，由于购物中心的发展已经比较成熟，因此也表现出多种类型。根据国际购物中心学会（International Council of shopping Centers）的定义，购物中心有两大类别：一是条块型（string centers）。这类购物中心在前面有一个大的停车场，通过开放式的小路连接各个专卖店。这种购物中心不具备封闭的道路和大型屋顶式零售商场。二是封闭型（mall）。这类购物中心是一个屋檐下的巨大室内购物场所，地下建有较大的停车场，各类商店由封闭的道路连接，而且这类购物中心的转角上一般都是比较大的零售业态（如百货商店、大超市、大专业卖场），专业术语叫"锚定"（anchor）。

一般说来，购物中心具有如下特点：（1）实行商业型公司管理，由发起者有计划地开发建设，店铺布局统规划，店铺独立经营；（2）购物中心内设商店管理委员会，对广告宣传等公共事务实行统一管理；（3）选址多为城乡结合的交通要道，或中心商业区；（4）由百货商店、超市、专卖店、折扣店、餐饮和各种娱乐设施等多种业态构成，集零售、餐饮、娱乐为一体，服务功能齐全；（5）建有较大的停车场，能吸引较远的顾客，可提供"一站式"服务；（6）商场设施豪华，店堂装修典雅，宽敞明亮，实行卖场租赁制。

二、无店铺的零售企业

零售企业除了上述各种具有固定场地的类型外，还有一些无店铺的零售企业。主要包括以下几种。

（一）自动售货机

在发达国家，售货机被广泛安置在工厂、办公室、大型零售商店、加油站、街道等地方。自动售货已经被用在相当多的商品上，包括经常购买的产品（如香烟、软饮料、糖果、报纸和热饮料等）和其他产品（如袜子、化妆品、点心、热汤和食品、书、唱片、胶卷和鞋油等）。自动售货机具有向顾客提供24小时售货、自我服务和无须搬运商品等便利条件。由于要经常给相当分散的机器补充存货、机器常遭破坏、失窃率高等原因，所以自动售货的成本很高。因此，其销售商品的价格比一般水平要高 15%~20%。对顾客来说，机器损坏、库存告罄以及无法退货等问题也是非常令人头痛的。自动售货机提供的服务越来越多，如桌上弹珠机、投币式自动电唱机和新型电脑游艺机等。银行也广泛地使用自动出纳机这种高度专业化的机器，它可以为银行顾客提供 24 小时开支票、存款、提款和资金转账等项服务。

（二）购物服务公司

购物服务公司是不设店堂的零售商，专为某些特定顾客，通常是为学校、医院、工会和政府机关等大型组织的雇员提供服务。这些组织的雇员可成为购物服务公司的会员，他们被授权从一批经过挑选的、愿意向这些成员以折扣价售货的零售商那里购货。例如有一位顾客想买一台录像机，就可以从购物服务公司领一种表格，拿到经过批准的零售商那里以折扣价购买录像机，然后，该零售商要向购物服务公司付一小笔费用。

（三）直复营销

直复市场营销是一种为了在任何地方产生可度量的反应和达成交易，而使用一种或多种广告媒体的互相作用的市场营销系统，即通过非人员媒介（如直接邮寄、传统电视或有线电视、广播、杂志、报纸或互联网）将商品或服务展示给顾客，然后顾客通过邮寄或电话方式订购（通常是免费电话），有时也通过互联网订购。它是一种互动式零售系统，借助多种广告媒体，达成可测量的回应或交易，且不受地域限制。具体说，就是直复市场营销者利用广告介绍产品，顾客可写信或打电话订货。订购的货物一般通过邮寄交货，用信用卡付款。直复市场营销者可在一定广告费用开支允许的情况下，选择可获得最大订货量的传播媒体，使用这种媒体是为了扩大销售量，而不是像普通广告那样刺激顾客的偏好和树立品牌形象。由于直复营销商须主动与顾客联系，建立并保持一个综合全面的顾客数据库就至关重要了。所以消费者数据库是直复营销成功的关键。数据库零售是一种收集、储存、使用与顾客相关信息的方法，这些信息一般包括顾客的姓名、地址、背景资料、购物兴趣、购买行为（包括购买量、频率、时等）。由于这些因素，直复营销有许多战略经营优势：可减少大量成本（如创建成本相当低、存货减少、不需要优越的店址、不必遵循正规的店铺营业时间、不需销售人员等）；可以提供更低的价格；给顾客提供了方便的购物途径；消费者无须考虑清早或深夜购物的安全问题；通过邮寄可深入到每个消费者细分市场；可以在不增加分店的情况下补充其常规业务。所以，直复营销有着广阔的范围及长远的潜力。直复市场营销主要有以下几种形式。

（1）邮购目录。采用这种形式，销售商按照选好的顾客名单邮寄目录或备有目录随时供顾客索取。这种方法由经营完整产品线的综合商品邮购商店使用。直复市场销售人员也可通过预告录制的录像带营销其产品，以求扩展其邮购目录业务。消费者往往必须购买录像带，但却同时免费向他们赠送礼物，以便使此项销售业务更有吸引力。

（2）邮购商店。是发展最早、影响最大的无店铺零售企业之一。它是市场营销人员将邮件信件、传单、折叠广告和其他"长翅膀的推销员"分别寄给对有关类别产品购买潜力大的顾客。直接邮购可用来销售新产品、礼品、服饰、精美食品和工业品。

（3）电话市场营销。电话市场营销已经成为一种主要的直复市场营销工具。市场营销人员用电话直接向消费者和公司企业销售，培植和选定主要销售对象，联系距离较远的顾客，或为现有的顾客或客户服务。电话市场营销不仅用于消费者市场营销，而且也可用于商业市场营销。

（4）电视市场营销。即通过电视，面对最终消费者进行市场营销。可采用两种方法：一种方法是购买 30~60 秒的电视节目时间介绍产品，消费者可以打电话或写信订购广告宣传的产品；另一种较新的方法是通过闭路电视或地方电视台播放一套完整的节目，专门用来销售各种成套产品。

（5）其他媒体市场营销。可利用杂志、报纸和电台向顾客推销产品，听到或读到有关某种商品信息的顾客可打电话或写信订货。

（6）电子销售。可采取两种形式。一种是消费者通过视频信息系统操作个小型终端，用对讲式闭路电视订购电视屏幕上显示的商品；另一种是消费者使用个人电脑与中心数据站联系，对提供销售的各种产品进行比较，然后将订单连同信用卡号码一起打入电脑。

（7）顾客订货机销售。一些公司将顾客订货机安装在商店、机场或其他地方。在商店里，顾客通过订货机提出对商品的要求，订货机的屏幕中显示出相应的商品，如果店中没有这种商品，顾客可在订货机上输入订货电话和其信用卡号码进行邮购订货。在机场里，旅客可通过订货机的屏幕看到一系列的商品，如果旅客对某种商品有兴趣，可进一步了解关于此商品的更多的信息。如果旅客想订货，则可以输入对商品包装及运输的要求、其信用卡号码以及本人的地址，很快就会收到邮寄来的商品。

三、连锁经营

连锁经营和超级市场被称为 20 世纪"现代流通革命"的两大标志。最早的连锁店产生于美国。1859 年，美国人吉尔曼与哈福特兄弟在纽约开办了一家专门经营红茶的商店。他们一改往常从进口商进货的方式，直接从中国或日本进货，减少了中间环节，大大减低了进价成本，使红茶的零售价格大幅度下降，吸引了大批回头客，生意十分兴隆，并迅速占领了市场。随后他们在同一条街上开了第二家、第三家分店。到 1865 年，即发展到 25 家分店，都经营茶叶。到 1869 年，该公司改名为"大西洋与太平洋茶业有限公司"。吉尔曼与哈福特兄弟开了连锁店的先河，成为连锁店之父。连锁店现在已经在世界各国得到普遍的发展，连锁经营现在已经成为现代流通产业的基本组织方式，甚至直接演绎了城镇居民的现代生活方式。当今雄踞世界零售业前列的大公司都已实行连锁经营。这绝不是巧合，而是现代商业流通规律的客观反映。

（一）连锁经营的含义

连锁店（Chain store）就是在核心企业或总公司的领导下，由分散的经营同类商品或服务的零售企业，通过规范化经营，实现规模效益的经营联合体。这些同时经营的店铺就被称为连锁店，这种经营模式被称为连锁经营。连锁店中的核心企业称为总部或本部，各分散经营的企业叫作分店、门店或成员店。连锁经营不仅是一种经营形式的改变，而且是商业制度的创新，是流通产业结构的重大调整。连锁经营将工业生产的分工原理引入商业领域，把大规模生产体制与分散和单个性的零售业结合起来，形成大规模销售体制的经营方式。在这种结合中连锁经营创造了既不违背零售经营本质要求，又能实现大规模经营，适应大规模生产的零售形式，推动了零售商业向现代化产业发展。作为现代化产业的零售业，必须能达到经济运行的规模性。零售业正是通过连锁经营的方式，将分散的、单个性的店铺组织起来，达到大规模生产要求零售业实现的大规模销售。连锁经营在使零售业达到规模化时，也促进了零售商业组织化程度的提高。

零售业组织化程度的提高，其意义重大：（1）在保证零售业本质特征（分散和单个性）的同时，实现规模效益并使交易成本下降；（2）在保护了零售业中许多中小企业的同时，强化了竞争机制并有效地防止了市场垄断；（3）在促进流通中各种交易关系的有序化、规范化和公平化的同时，有效地形成了正常的流通秩序。连锁经营的确是实现零售业现代化的重要的经营方式。

伴随全球经济一体化的发展，连锁经营方式已被经济发达国家作为零售行业向外扩张、发展的战略手段，连锁经营方式普遍受到各大小零售商店的青睐，成为当今零售业发展的主流。现在，连锁经营已渗透到零售、餐饮服务以外的加工、制造业，有的已由中小企业联合起来对抗大企业，发展成为大型垄断连锁经营集团，并以其雄厚的实力，不断开拓新市场，拓宽业务活动范围。与发达国家相比，我国的现代连锁经营起步较晚，但发展势头强劲。2004 年中国连锁经营企业前 100 家总计实现销售额 4968 亿元，比 2003 年百强企业销售总额 3580 亿元增长 39%，企业同比增长 33%。门店总数达到 30 416 个，比 203 年百强的 20 424 个增长了 49%，企业同比增长 28%。营业总面积达 2580 万平方米，比 2003 年的 1907 万平方米增长 35%。员工人数达 81 万人，比上年的 64 万人增长了 27%。2005 年 1—6 月中国连锁企业继续稳步增长。中国前 30 家连锁企业 2005 年 1—6 月销售额为 2365.3 亿元，比 2004 年同期增长 29.9%，店铺总数为 13 467 个，比 2004 年同期增长 21.2%。2004 年中国前 30 家连锁企业的销售额增长率 32.9%和店铺总数增长率 23.8%有所回落,这一方面表明中国连锁经营企业之间的竞争越来越激烈,另一方面也表明中国企业经营规模的扩张更趋理性。

(二) 连锁店的类型

连锁商店最初是以单一所有权形式,即正规连锁店形式出现的。经过长期的发展,连锁店逐渐形成了几种不同的经营模式。根据所有权与经营权的集中程度的不同,可以将连锁店分为三种形态。

1. 正规连锁店(regular chain)

正规连锁是连锁商店的基本形态,它还称为联号商店、公司连锁、直营连锁。欧洲国家也称之为多店铺或多支连锁。国际连锁店协会对正规连锁的定义是:"以单一资本直接经营11个以上的零售业或饮食业,也称所有权连锁。"美国商务部对正规连锁的定义是:"由总公司管辖下的许多分店组成,它往往具有行业垄断性质,利用资本雄厚的特点大量进货,大量销售,具有很强的竞争力。"日本通产省对正规连锁则定义为:"处于同一流通阶段,经营同类商品和服务,并由同一经营资本及同一总部集中管理领导,进行共同经营服务的组织化的零售企业集团。"国际连锁商店协会对正规连锁的定义最为简单直接,它定义为:正规连锁是"以单一资本直接经营11个商店以上的零售业或餐饮业组织"。另外,各国还规定了正规连锁商店的分店数,美国规定必须有11个分店以上;英国规定必须有10个分店以上;日本则规定只需两个分店以上。无论采用哪种定义,正规连锁都必须符合以下特点:统一资本、集中管理、分散销售、权力集中、利益独享。正规连锁商店的上层组织形式主要有两种:一种是由母公司直接管理,不再另设连锁总部;另一种是没有母公司,而是设立总部,由总部统一管理下属各分店成员。在大型的正规连锁集团中,其组织结构一般设为三层:上层是公司总部负责公司的长远发展规划,中层是负责若干分店的地区性管理组织或负责某项职能的专门管理机构,下层是各分店成员。采取正规连锁方式经营的好处是显而易见的,高度集权管理,可以统调度资金,统一经营战略,统一管理人事,统一开发和利用企业整体性资源,具有雄厚的实力。易于同金融机构、生产厂家打交道,可以充分规划企业的发展规模和速度。在新产品开发与推广、信息管理现代化方面也能发挥出整体优势。但正规连锁也有难以克服的自身缺陷,由于正规连锁是以单一资本向市场辐射,各分店由总部投资,一家家兴建,因而易受资金、人力、时间等方面的影响,发展规模和速度有限。此外,各分店自主权小,利益关系不紧密,其主动性、积极性、创造性难以发挥出来。

2. 自由连锁(voluntary chain)

自由连锁又称为自愿连锁,自由连锁是一种自由自愿的连锁经济组织。它主要是中小零售商为了保卫自己的利益,联合起来,通过组织连锁,获得规模效益,以便与大资本零售商抗衡、争夺市场而产生的连锁集团。美国商务部对自由连锁下的定义是："由批发企业组织的独立零售集团，即所谓批发企业主导型任意连锁集团，零售店铺成员经营的商品全部或大部分从该批发企业进货。"作为对等条件，该批发企业必须向零售企业提供规定的服务。日本通产省下的定义是："分散在各地的众多的零售商，既维持着各自的独立性，又缔结着永久性的连锁关系，使商品的进货及其他事业共同化，以达到共享规模利益的目的。"可见，自由连锁是指一批所有权独立的商店自愿归属于一个采购联营组织和一个管理中心领导，管理中心负责提供货源、提供推销计划、账目处理等服务的连锁集团。

自由连锁总的特点是，各成员企业保持自己的经营自主权和独立性，不仅独立核算、自负盈亏、人事自主，而且在经营品种、经营方式、经营策略上也有很大的自主权，但要按销售额或毛利的一定比例向总部上交加盟金及指导费。连锁总部则应遵循共同利益原则，统一组织进货，协调各方面关系，制定发展战略，搜集信息并及时反馈给各成员店。

美国自由连锁商店总部的职能大致可以归纳为12项：(1) 确定组织大规模销售计划；(2) 共同进货；(3) 联合开展广告宣传等促销活动；(4) 业务指导，包括商店内部装修、商品陈列等；(5) 组织物流；(6) 教育培训；(7) 信息反馈；(8) 资金融通；(9) 开发店铺；(10) 财务管理咨询；(11) 劳保福利；(12) 帮助劳务管理。由此可见，各成员企业向总部上交的加盟费又以另一方式返还给各成员店铺。

自由连锁商店主要有三种模式，一种是以大型零售企业为骨干，利用大企业在进货渠道和储运设施方面的优势开设总店，再以自由连锁方式吸收中小企业加盟；第二种是以几家中小零售企业联合为龙头，开办自由连锁的总店，然后吸收其他中小企业加盟，建立统一的物资配送中心，所需资金可以通过在分店中集资解决；第三种是由某个批发企业发起，与一些具有长期稳定交易关系的零售企业，在自愿原则下，结成连锁集团，批发企业作为总部承担配送中心和服务指导功能。自由连锁组织的出现始于1887年，当时美国由130家食品零售商共同投资兴办了一家联合批发公司，为出资的成员企业服务，实行联购分销，统一管理，各成员企业仍保持各自的独立性。这就是历史上第一家自由连锁组织。其后自由连锁不断发展，到1955年，美国自由连锁的销售额终于超过了正规连锁，成为第二类商业连锁形式20世纪60—70年代，是自由连锁发展的鼎盛时期，自由连锁在欧美各国保持优势地位的同时，在日本等亚洲国家也得到迅猛发展。日本从60年代开始推行零售业连锁化政策，并有组织地对自由连锁进行培育、强化，到1982年，日本自由连锁商店的店铺数达5.08万家，占全日本零售店铺总数的3.1%，营业额达8万亿日元，占全社会零售总额的9%，其发展速度远远高于同期正规连锁的发展速度。

3. 特许经营连锁（franchise chain）

特许经营连锁又称合同连锁、加盟连锁、契约连锁。风靡世界的肯德基、麦当劳都是特许经营连锁组织的典型代表。世界各国对特许经营连锁的定义表述不完全一样，目前广泛通用的定义是国际特许经营协会（International Franchise Association，IFA）的定义。该定义如下："特许经营是特许人和受许人之间的合同关系，根据合同，特许人向受许人提供一种独特的商业经营特许权，并给予人员培训、组织结构、经营管理、商品采购等方面的指导与帮助，受许人向特许人支付相应的费用。"美国商务部对它的定义是："主导企业把自己开发的商品、服务和营业系统（包括商标、商号等企业象征的使用、经营技术、营业场所和区域），以营业合同的形式授予加盟店在规定区域的经销权和营业权，加盟店则交纳一定的营业权使用费，承担规定的义务。"日本通产省所下的定义是："特许连锁商店指的是这样一种系统，即连锁系统的总部与加盟店以合同的形式规定总部给予加盟店使用其商号、商标等营业象征，以相同的企业形象从事经营活动的权利。总部负有对加盟店进行经营指导和向加盟店长期提供商品（包括服务和其他资料）的责任。作为获得上述权利和服务的代价，加盟店须向总部支付规定的加盟金、保证金和权利金。"

欧洲特许经营联合会（European Franchise Federation）的定义是："特许经营是一种营销产品、服务或技术的体系，特许人和受许人在法律和财务上相互独立，但他们之间保持紧密和持续的合作，受许人依靠特许人授予的权利和义务，根据特许人的概念进行经营。双方通过直接或间接财务上的交换，受许人可使用特许人的商号、商标、服务标记、经营诀窍、商业和技术方法，持续体系及其他工业或知识产权，在经双方一致同意而制定的书面特许合同的框架和条款内进行经营。"中国原国内贸易部在1997年11月发布的《商业特许经营管理办法（试行）》上，将特许经营定义为："特许经营是指特许者将自己所拥有的商标（包括服务商标）、商号、产品、专利和专有技术、经营模式等以特许经营合同的形式授予被特许者使用，被特许者按合同规定，在统一的业务模式下从事经营活动，并向特许者交付相应的费用。"

在上述概念、定义中，一些是属于特许经营范畴，一些是属于特许连锁经营范畴。在现实运用过程中，许多人常常把特许经营与特许连锁经营混为一谈。从严格意义上来讲，特许经营是指特许权的转让，它可以是单个产品品牌的转让，也可以是单项科研成果或某项尖端技术的特许权转让。特许经营涉及的产业、行业、业态甚广。而特许连锁经营权的转让，是指特许连锁经营系统的转让，是成套地转让已被实践证明是成功的经营模式。作为一个特许经营连锁系统，必须具有如下特征：特许经营的核心是特许权的转让；特许经营加盟双方的关系是通过签订合约而形成的；特许经营的所有权是分散的，但对外要形成同一资本经营的一致形象；加盟总部提供特许权许可和经营指导，加盟店为此要支付一定费用。特许连锁在国外萌芽较早，但直到20世纪80年代，特许连锁经营这方式才进入快速发展时期。目前，特许连锁已经渗透到了商业、服务业的各个领域，并被认为是欧美国家最看好的连锁业态。特许连锁之所以能如此飞速地发展，是因为它具有其他连锁形式无法比拟的优越性。正规连锁是以单资本向市场辐射，易受资金、时间、人力的限制。而特许连锁是以特许权向市场辐射,对加盟总部而言,企业无须投入大量资金和人力,可以借助他人的力量,将已成熟的规范化的管理方式和独具特色的经营技术,以及已经名牌化的品牌通过转让和受让占领市场,有较强的市场竞争力,是一种安全而迅速地扩大知名度、拓展市场的经营方式;对于加盟店而言,业主无须拥有一定的技术和经验,只要支付一定的加盟费就可以直接套用他人成功的经验和管理技术,得到加盟总部的长期指导和服务,从而省去探索时间,降低了投资风险。因而对双方来说都具有吸引力,都是在"借鸡下蛋",特许连锁也因此而成为目前国际上最为流行的连锁经营方式。

特许经营按特许的内容可以分为商品商标型特许经营和经营模式特许经营;按授予特许权的方式分类可分为一般特许经营、委托特许经营、发展特许经营、复合特许经营和分配特许经营;按加入特许合同联盟成员不同可分为制造商——零售商特许系统、制造商——批发商特许系统、批发商——零售商特许系统和服务特许系统。特许经营涉及的行业主要有餐饮业;旅店;休闲旅游;汽车用品及服务;商业服务;印刷、影印、招牌服务;人力中介;家庭清洁服务;建筑装修服务;便利店;洗衣店;教育用品及服务;汽车租赁;机器设备租赁;日用品零售店;食品零售店;健身、美容服务;娱乐业和其他服务业。特许经营合同的基本内容包括商标、商号等的使用;地点的选定及其经营范围的规定;店铺的内外装潢、制服的统一;设备投资、商品材料的供应;加盟金与权利金、保证金等;加盟店的教育、培训;促销与广告宣传;经营技能的提供;品质管理;经营政策、规章的遵守;加盟店的会计制度与报告;商品的供给及支付条件;其他连锁系统的参加或兼营的规定;加盟经营权的让渡和买回等;合同期间、更新、解约;其他事项等。加盟店享有的主要权利包括:使用对方商标、商号名称的权利;享有独家特许经营地区的权利;经营特许经营产品或服务项目的权利。加盟总部有三项任务:一是随时对加盟店予以支援指导,使各加盟店有利可图。二是满足最终消费者的需求。三是总公司本身也应追求企业利益。加盟总部的组织,大抵可分为两个系统,即加盟店开设部门和市场营运部门。前者属于行政管理部门,后者是前者的辅助部门。

(三) 连锁经营的基本特征

连锁经营与传统的商业组织形式相比,具有以下三个基本特征。

1. 多店铺组织

我国《连锁经营管理规范意见》规定:连锁店应由 10 个以上门店组成。这些门店如同一条锁链相互连接在一起,所以称为"连锁商店"。因此,多店铺组织是连锁经营的基本特征。理解这一特征应把握以下基本要点:连锁门店必须以经营同类商品或提供同类服务为基础;连锁门店与连锁总部具有不同的功能;多店铺的组织形式因产权关系和合作程度的不同而分为"正规连锁""特许经营""自由连锁"三种基本类型。

2. 网络化经营

连锁经营的实质是网络化经营。多店铺的组织形式，使连锁企业具有巨大的销售能力，使其能够对上游企业进行控制建立供货网络，通过门店扩张控制最终市场，并通过信息网络把两者有机地连接起来。所以，销售网络的扩张是连锁经营成功的基础；供货网络的完善是连锁经营利润的重要来源；信息网络是确保销售网络与供货网络协调平衡的关键。

3. 标准化管理

为了确保连锁门店的统一形象，保证商品质量和服务质量达到统一的标准，简化管理工作，提高管理效率，并控制人为因素对经营管理可能造成的不利影响，连锁企业必须实施标准化管理。连锁企业的标准化管理包括四层含义：一是建立标准；二是选择合适的人员；三是按照标准对人员进行培训；四是把标准与掌握标准的人结合起来，以创造出效益。

（四）连锁经营的条件

1. 实行统一进货、统一配送

连锁店特别是正规连锁店，要达到分散的、多店铺的大规模销售量，就必须建设统一的配送中心，为各门店实施统一的采购与配送，提供品种齐全、不缺货、周转快的商品供应体系。这种商品供应体系所发挥出的节省时间、增加营业面积、减少交易次数和运输次数等功效是单体点无法比拟的。

2. 实行统一的经营管理

建立起一整套以管理制度、管理标准和管理方法为中心的管理系统，实施统一的经营管理，是连锁店特别是正规连锁店的经营的又一个支持条件。具体包括：(1) 统一的经营政策；(2) 统一的店铺开发政策；(3) 统一的促销政策。

3. 建立科学规范的培训体系

连锁店是以不断增加门店数量来扩张发展的，连锁店的本质是追求规模效益。连锁企业必须建立起科学规范的培训体系，以便培养出大批高素质的管理人员和大批作业熟练、训练有素的员工，以适应连锁店扩张的需要。国内外经营成功的连锁企业，大多都建有体系完备、管理先进、设施齐全的培训中心或培训学院，如美国的沃尔玛、上海的华联等。

4. 现代化的信息管理系统

连锁店经营的成败在很大程度上取决于信息的采集、处理和利用的水平。如果连锁企业的信息化管理较低，信息管理落后，连锁企业的总部与门店之间的专业化分工关系就难以协调，供货系统和销售系统就难以平衡与配合。因此，连锁企业必须建立现代化的信息管理系统，充分运用现代化的信息管理技术，通过全面、准确、及时的信息采集和分析，把企业的各项作业活动调整到操作最简便、成本最节约、配合最有效的状态。

第二节 零售业消费者分析

建立零售营销战略的基本原则是要清楚地了解消费者的需求、动机和购物的决策过程。不了解消费者的需要将导致企业做出错误的预测和诊断。一些十分显见的竞争手段如价格、广告和管理模式等,仅仅是零售战略的一部分,而零售战略最主要的内容是研究满足顾客需要的各种方法,且更多的是研究这些方法的有效性。

一、顾客需要与购买动机

需要是指个体生理和心理上的匮乏状态,即感到缺少些什么,从而想获得它们的状态。个体在其生存和发展过程中会有各种各样的需要,人们购买产品,接受服务,都是为了满足一定的需要。顾客是否会购买某种产品,对企业的各种营销刺激会做出什么样的反应,在很大程度上是和顾客需要密切联系在一起的。顾客的需要是现代市场营销的基础,在高度竞争的市场环境里,比对手更早地、更好地识别并满足顾客需要的能力,是企业得以生存和发展的关键。

(一)顾客需要的分类

顾客的需要是多种多样、丰富多彩的,可以从不同的角度对顾客需要进行分类。

1. 根据需要的起源分类

(1)生理性需要。是指个体为维持和延续生命而产生的需要,如进食、饮水、睡眠等等。生理性需要是人类最原始、最基本的需要。

(2)社会性需要。是指人类在社会生活中形成的、为维护社会的存在和发展而产生的需要,如求知需要、求美需要、对荣誉的需要、社交的需要等。社会性需要是人类所特有的高级需要。

2. 根据需要的对象分类

(1)物质需要。是人类对衣、食、住、行以及社会交往中所需要的物质产品的需要。人们购买物质产品,不仅仅是为了满足其生理性需要,随着生活水平的提高,人们越来越多地用物质产品来满足自己求美、社交和自我实现等方面的社会性需要。

(2)精神需要。主要是指对认知、交往、审美、道德、情感等方面的需要。这类需要主要不是由生理上的匮乏而是由心理上的匮乏感所引起的。物质需要和精神需要之间相互渗透,物质需要中体现着精神需要,精神需要也是以物质需要为基础。

3. 根据需要的层次分类

美国心理学家马斯洛将人类需要分成了五个层次：(1) 生理需要。是指个体为维持和延续生命而产生的需要。(2) 安全需要。是指在生理和心理方面免受伤害、获得保护和安全感的需要，如要求人身健康、安全，有稳定的工作和有保障的生活。(3) 爱和归属的需要。是指希望被群体接受而有所归属，获得友谊和爱的需要（4）尊重的需要。是指希望赢得好评、获得承认、受到尊重等需要。(5) 自我实现的需要。是指充分发挥个人潜能，实现自己理想和抱负的需要。

4. 根据需要实现的程度分类

(1) 现实需要。是指目前具有明确消费意识和足够支付能力的需要。它是企业制定当前营销策略的现实基础。

(2) 潜在需要。由于没有消费意愿或缺乏购买能力，因而还没有形成现实需要的那部分需要。潜在需要为企业的营销工作提供了空间，企业可采取适当的营销措施，把潜在需要转化为现实性需要。

（二）购买动机的分类

人类的需要是心理的一种潜在状态，它是活动的条件和前提。只有当需要有了明确的对象，它才能成为推动个体活动的动力。动机就是在需要的基础上推动个体寻求需要目标的直接原因和动力。因此，动机与消费行为的关系更为密切和直接。动机是引发和维持个体行为并指向一定目标的心理动力。它是一种内在的驱动力量，是个体基于某种需要所引起的心理冲动。顾客购买动机与需要一样，也是复杂多样的，可以从不同的角度用不同的方式进行分类。

1. 根据动机的性质分类

(1) 生理性购买动机。是来源于人体得以维持和延续的最基本生理需要的各种购买动机。在这类动机驱使下的消费者购买行为，其个体之间差异较小，具有简单、重复且相对稳定的特点，比较容易实现。

(2) 心理性购买动机。是由消费者的认识、情感、意志等心理活动过程而引起的购买动机。与生理性动机相比，心理性购买动机在推动顾客行为中所起的作用日益增强。

2. 顾客具体的购买动机

(1) 求实购买动机。是指顾客以追求商品或服务的使用价值为主导倾向的购买动机。在这种动机的驱使下，顾客在选购商品时，特别重视商品的质量、功能和实际效用，要求物有所值，相对而言，对于商品的外观及象征意义不是特别强调。

(2) 求廉购买动机。是指顾客以追求商品、服务的价格低廉为主导倾向的购买动机。在求廉动机的驱使下，顾客选择商品以价格为第一考虑要素，对价格很敏感，喜欢选购优惠价、折价、特价的促销商品。具有这种购买动机与消费者本身的经济条件有关，但也不是绝对的。

（3）求新购买动机。是指顾客以追求商品、服务的时尚和新颖为主导倾向的购买动机。在这种动机的驱使下，顾客在选择商品和服务时，特别注重商品的外观，如款式、色彩、造型等，追求新颖、时髦和与众不同。相对而言，产品的耐用性、价格等成为次要的选择因素。一般而言，在收入水平较高的群体和年轻人中，求新的购买动机比较常见。

（4）求美购买动机。是指顾客以追求商品的艺术价值和使用价值为主要特征的购买动机。这类顾客特别关注商品的审美价值和装饰效果，追求商品的美感带来的心理享受。一般而言，在年轻人以及从事文化、艺术等工作的群体中比较常见。

（5）求便购买动机。是指顾客以追求商品在购买和使用过程中的省时、便利为主导倾向的购买动机。在求便动机的驱使下，顾客特别在乎能否快速方便地买到商品，要求购买方便、减少等候时间以及商品便于携带、使用等。一般而言，时间观念比较强、时间的机会成本比较大、成就感比较高的人，更倾向于持有求便的购买动机。

（6）求名购买动机。是指顾客以追求名牌为主要特征的购买动机。这种动机驱使下的顾客购买行为特别重视商品的品牌和档次，往往不惜付出更大的经济成本。求名动机的形成是很复杂的，购买名牌商品，可能为了显示身份、地位，或表现自我，还可能隐含着减少购买时间、简化决策程序等方面的考虑。

（7）攀比购买动机。是指顾客选购商品过程中与人攀比并希望胜过他人的购买动机。这类顾客选购商品时不仅考虑自身的需求特点，而更多是出于不甘落后、炫耀自我的心理。

（8）好癖购买动机。是指顾客以满足个人特殊爱好为主导倾向的购买动机，其核心是为了满足某种嗜好、获得某种情趣。这类顾客往往掌握较多的关于要选购商品的知识，其购买行为比较稳定，不轻易盲从。顾客的购买动机是多种多样、纷繁复杂的，以上是对顾客常见的具体购买动机的简单分析，实际上顾客还有如健康、安全、储备等方面的购买动机。还要指出的是，顾客的购买行为往往不是单纯由一种购买动机决定的，而是以某种动机为主导，多种动机共同作用的结果，因而不能孤立地看待上述各种动机。

（三）影响购买动机的因素

由于消费者所处的外部环境及消费者心理活动的复杂性，影响购买动机的因素是多方面的。

1. 商品本身的因素

商品是满足顾客需要的基础，具有不同特点的商品与一定的购买动机是有内在联系的，产品的功能属性直接决定着顾客的购买动机。从顾客对产品的期望和要求可以看出他们的购买动机，商家销售的产品要尽量满足目标市场上顾客的需要，在市场上畅销的商品是与顾客一定的购买动机相吻合的。

2. 顾客个人因素

心理学研究表明，购买动机是在刺激物的作用下形成的。刺激可能来自于自身的需要，也可能来自于外部环境如商品陈列、广告宣传等。对于这些刺激，由于顾客个人因素的不同，能否引发动机或形成动机的强度会有很大区别。顾客因年龄、性别、受教育水平、民族、职业等因素的不同，在购买动机上也会有所不同。还有顾客的经济因素、经济能力和消费水平的限制也会影响顾客购买动机的形成。人们的价值观念也会影响购买动机的形成，从而影响购买行为。

3. 社会文化因素

一个国家或地区的社会风气、文化背景、消费习惯会影响顾客的购买动机，参照群体的消费行为也会影响顾客购买动机的形成。

4. 企业营销因素

企业可以通过营销因素去激发顾客的购买动机。努力开发有特色的产品，突出商品的个性，以商品本身的魅力来打动顾客；利用广告向顾客传递信息，激发顾客的购买欲望；购物环境、降价促销以及营业员的服务水平对顾客的购买动机也具有诱导作用。

二、购买行为分析

（一）消费者购买行为的研究内容

1. 消费者购买行为研究的基本内容

消费者购买行为研究内容可以从以下几个方面来理解：（1）研究消费者的购买决策过程。消费者购买决策过程是消费者行为研究的重要内容，研究消费者购买行为，不能只关注其购买决定或实际的购买，而应研究从需求形成到购买后反应的全过程。消费者购买决策过程主要包括确认需要、信息收集、方案评估、购买决策以及购后反应这五个阶段。（2）研究影响消费者购买行为的因素。如果我们能够了解和掌握影响消费者购买行为的各种因素，就可能通过影响和控制这些因素来影响消费者的购买行为，从而提高营销工作的绩效。从大的方面来讲，主要包括个体与心理因素以及环境因素，其中个体与心理因素包括需要与动机、感觉与知觉、学习与记忆、态度、个性、自我概念以及生活方式等；环境因素主要有文化、社会阶层、社会群体、家庭、消费情境等。

2. 5W1H 分析法

分析消费者购买行为，可以使用 5W1H 分析法，它为研究消费者购买行为从另一个角度提供了基本框架。5W1H 具体是指：

（1）由谁购买（Who）。由谁购买主要回答两个问题：一是谁是主要消费者，即企业要明确产品的目标消费者以及他们的特征，这往往需要进行市场细分；二是谁参与了购买决策。在一般的购买决策里，人们可能扮演的角色有五种，即发起者、影响者、决策者、购买者和使用者。

（2）为什么购买（Why）。要求企业明确消费者购买动机，产品要为消费者提供有价值的利益点，如牙膏的防止蛀牙、口气清新等，高档名牌服装提供的身份象征、自我肯定等。

（3）何处买（Where）。企业要了解消费者喜欢在何处购买、习惯在何处购买，要根据目标消费者的消费特点选择合适的分销渠道，要树立良好的商店形象来吸引消费者光顾，并促使消费者形成习惯性光顾。

（4）何时买（When）。即消费者在什么时候购买，多久买一次以及一次买多少，了解消费者购买时机、购买频率及购买数量，可以做有意义的市场细分，可以更好地把握营销活动的时机等，何时买的问题是研究消费者行为的重要因素。

（5）买什么（What）。在购买活动过程中，消费者一般是从众多同类品牌中选择出要购买的产品，这必然会涉及判断与比较，企业要了解消费者进行选择的评估标准，以及对于消费者来说各个标准不同的重要性程度。

（6）如何购买（How）。即消费者的购买方式，是亲自购买还是托人购买，是一次大量购买还是分次小量购买，是专门购买还是顺带购买，是现金支付购买还是刷卡支付购买等，这些也是消费者购买行为的重要内容。

（二）消费者购买过程心理活动阶段

消费者购买过程是非常复杂的心理活动过程，这个过程是由一系列的心理活动逐渐展开的。关于顾客购买心理过程阶段存在着一些不同的划分方法，这里主要介绍一下埃达模式。埃达模式（AIDA）将消费者购买的心理过程分为四个阶段，即注意（Attention）、兴趣（Interest）、欲望（Desire）、行动（Action）。

1. 引起注意

消费者对商品的认识是从注意开始的。同一时间往往有大量信息展露于消费者的感觉神经范围内，但消费者不可能同时处理所有展露在他面前的信息，而只是部分地对某些信息予以注意。注意是具有选择性的，这要求企业认真分析影响消费者注意的各种因素，在此基础上设计出更能引起消费者注意的广告、包装、促销、商店形象等营销刺激。

2. 唤起兴趣

兴趣是一个人积极探索某种事物的认识倾向。在前面引起注意的基础上，消费者可能对产品表现出积极的态度，它表明消费者对产品做出了积极的评价，由于对产品产生兴趣而使注意力更加集中。兴趣有助于消费者积极认识商品，促发购买动机。

3. 激起欲望

消费者对商品产生了兴趣后，往往会进一步仔细观察或试用，考虑商品会给自己带来的特定利益，权衡买与不买的利弊得失，这时消费者实际上在考虑购买了，即购买欲望的产生。企业要善于把产品利益与消费者需要联系起来，以使消费者在内心产生购买的欲望。

4. 促成行动

是指营销人员运用一定的成交技巧来促使消费者采取购买行动。消费者在产生购买欲望之后，往往不需任何外部因素的促进就会做出购买决策。但有时消费者也会犹豫不决，此时需要巧妙抓住消费者的购买动机，帮助消费者强化购买意识，促使消费者进行实际购买。市场环境千变万化，消费者购买过程心理活动也是复杂多变的，所以上面四个阶段的划分不可能整齐划一，要根据具体情况更好地把握消费者心理活动过程。了解消费者购买过程的心理活动阶段，可以找到许多如何与消费者沟通以及更好满足其需要的线索，是制定有效的零售营销策略的基础。

三、消费者的商店选择

（一）采买行为动机

对于很多消费者来说，除了工作和待在家里以外，另一个重要的去处就是逛商店或上街购物。虽然非店铺购物正在迅速发展，但即使在这种购物方式比较发达的美国，大部分的零售收入仍是通过店铺式销售实现的。人们为什么会频繁地上街逛商店呢？买自己需要的商品无疑是逛商店的主因，但它显然不是这一行为的唯一动因。消费者采买行为的其他动机主要表现在以下一些方面。

1. 消遣

逛商店本身也是一种娱乐，它提供了一种不同于日常活动的消遣。

2. 排解不良情绪

有些人面临压力，情绪不佳时会选择逛商店，上街购物并不是为了获得消费所带来的预期效用，而是为了领略购买过程本身所带来的效用，常常是为了使自己感觉好些而买东西，是有些消费者排解压力或消除焦虑不安情绪的一种途径。

3. 增加消费者知识

消费者关于产品、购买、使用等方面的知识是影响其购买行为的重要因素。消费者的采买行为，有时是为了了解最新的产品信息，了解当今的消费潮流和趋势等，以使自己不会落伍，或使自己掌握更多的消费知识，以更好地指导自己的消费行为。

4. 身体活动

采买行为本身为消费者提供了一定的运动量，有些消费者上街购物，很大程度上是为了外出活动、锻炼身体，购物只是附带发生的行为，这一动机在城市居民尤其老年消费者中比较常见。

5. 接受感观刺激

商店里琳琅满目的商品、温馨舒适的购物氛围（如悦耳的背景音乐、令人心旷神怡的芳香等）会吸引消费者光顾，有些消费者不是基于购物的动机而逛街，而是为了在逛街过程中获得上述视觉、听觉、嗅觉等方面的感观刺激，获得新鲜舒适的感受。

6. 获得地位感

从购物过程中顾客和商家之间的关系来讲，顾客是处于更有优势、更主动位置的一方，商家为了销售商品或树立良好的形象，一般会把顾客放在很重要的位置，为其提供良好的服务。所以购物可以使消费者获得一种被服务被伺候的尊贵感，而这对于有些消费者来说是日常生活中不常获得的。

7. 社会交往

有人把购物看作是一种社交方式，可以约朋友一起去购物，还可能结识新朋友和遇见老朋友，采买行为为社会互动和交往提供了机会。

8. 展示自我

有些消费者把购物看作一种展示自我的方式，如展示自己的经济实力、社会地位、鉴赏品味或讨价还价能力等。

9. 与具有相似兴趣的人交流

有些消费者具有某些方面的特别嗜好和兴趣，如集邮、摄影、垂钓、家庭装修等，他们光顾某类商店是为了在商店内与具有类似兴趣的消费者进行交流，寻找具有共同嗜好的朋友，获得认同和共鸣。

（二）采买者类型

在购买活动中，每个消费者的购买行为都各不相同。区分不同类型的消费者，找到不同类型购买行为之间的差异，对企业开展营销活动有重要的参考价值。对采买者进行分类的标准很多，每一种分类方法都可以从不同侧面反映购买行为的特点。

1. 根据采买者购买目标的确定程度划分

（1）确定型。这类采买者在进入商店、发生购买行为之前已经有明确的购买目标，对所要购买商品的品牌、价格、型号、颜色、款式等有明确的想法，这类采买者一般不需店员的介绍和引导，而是主动提出购买目标，一旦商品符合要求，便毫不犹豫地买下。

（2）半确定型。这类采买者在进入商店前，有了大致的购买意向，但还不是很明确，在实际购买时仍须了解、比较之后才能确定最终选择的购买对象。例如，采买者确定了要买一台笔记本电脑的目标，但对性能、品牌、价格等方面的具体要求并未全部确定。这类采买者在购买中要进行咨询和比较，一般需要营销人员介绍和引导，营销人员可进行恰当的引导以帮助其确定购买目标和完成购买行为。这类采买者数量较多，是营销服务的重点对象。

（3）不确定型。这类采买者在进入商店前没有明确的购买目标，他们进入商店只是无目的地观看、浏览商品。如果浏览中某一产品引发兴趣，可能发生购买行为，但有时也可能浏览一番之后不买任何商品。此类采买者的购买行为能否发生，与商店购物环境、气氛及服务水平等密切相关。

2. 根据采买者购买态度与要求划分

（1）习惯型。习惯型采买者往往源于信任动机，根据过去的购买经验和使用习惯来采取购买行为。采买者对某个企业或某个品牌有良好的信任感，有固定的消费习惯，购买时目标明确，果断迅速，不易受外界因素的影响。

（2）理智型。理智型采买者在做出购买决策之前一般要积极收集有关购买的信息，了解市场行情，经过比较和考虑才做出购买决定。这类采买者理智、慎重，不易受广告和他人的影响，购买的自主性较强。

（3）经济型。这类采买者特别重视价格因素，对价格非常敏感，往往以价格的高低作为选购标准，希望买到经济实惠的商品。针对这类采买者，要使其相信，他所选中的商品是物美价廉的，是最合算的。

（4）冲动型。这类采买者选购商品的能力较弱，对外界刺激敏感，情感变化快，容易受产品外观、广告宣传或相关人员的影响，而较少去做理智的分析，往往草率决定，又易于动摇和反悔。

（5）感情型。这类采买者情感体验深刻，在购买行为上容易受感情的影响，也容易受购物环境、营业员态度和销售宣传的影响，对商品的款式、颜色等特征富于联想和想象，往往以商品或购物环境是否符合其感情需要来进行购买决策。

（6）疑虑型。这类采买者行动谨慎、多疑多虑，他们在购买前再三思考，购买中细致挑选而优柔寡断，不易做出购买决定，而购买后又会对自己的购买行为表示怀疑，担心是否合适、明智等。

（7）随意型。这类采买者往往没有明确购买目的，对要选购的商品也往往缺乏分析比较。他们缺乏主见，没有固定的偏好，在购买行为上随意性较强。

3. 根据采买者在购买现场的情感反应划分

（1）温顺型。这类采买者表面上看较少受外界环境的影响，但内心体验却很深刻。表现在购买行为上，在购买过程中都比较随和，愿意听从销售人员的介绍和引导，能较快做出购买决策。这类采买者对所要选购商品本身的情况考虑得不是很全面，而对销售人员的服务态度却很敏感。

（2）反抗型。这类采买者多愁善感，对外界环境细微的变化有较高的警觉。购买商品时，主观意志较强，不喜欢接受别人的意见和引导，对商品及营销人员常常表现出不信任。

（3）沉着型。这类采买者比较平静，反应缓慢沉着，较少受营销刺激的影响，购买决定做出后不轻易改变。他们在购买过程中讲话较少，感情内隐，交际适度，但不很随和。

（4）激动型。这类采买者容易激动，自制力较差，购买行为方面常表现出考虑欠缺，对商品和营销人员的要求有时很苛刻。对此类采买者，营销人员要给予较多的关注。

（5）活泼型。也称健谈型。这类采买者心理过程平衡而灵活度高，适应环境的能力较强。表现在购买行为上，显得活泼、健谈，在选购商品过程中比较容易接近和沟通，是许多营销人员喜欢的一类采买者。总之，受诸多因素的影响，不同的消费者会表现出不同的购买行为类型，必须用动态的、差异化的观点去看待和分析消费者购买行为。

（三）商店形象及其选择标准

商店形象是外部顾客和商店内部职工对商店的整体印象和评估，也就是商店的内在表现和外在特征在外部顾客与内部职工心目中的反映。它是外部顾客与内部职工通过商店的经营理念、经营行为、视觉形象等的识别而建立起来的总体评价与印象。良好的商店形象是企业最宝贵的无形资产，可以赢得顾客的信赖，争取社会公众的支持，使企业在市场竞争中处于有利位置。商店形象是企业在长期的经营活动中形成的，是一个复杂的系统工程，受多种因素的影响，这些因素也是影响顾客进行商店选择的标准，这些因素主要包括以下一些方面。

1. 商品

商品形象是商店经营产品的内在质量和外在表现的综合反映，主要指商品的质量、品种、款式、价格等给顾客留下的总体印象。

2. 服务

服务形象是商店及其全体员工在经营服务过程中给消费者留下的综合印象，包括服务态度、退换货难易、售后服务、信用政策、电话订购、结账速度等。良好的服务会给顾客带来购物的安全感，增强顾客对商店的信赖。

3. 顾客

商店拥有什么样的顾客也是构成商店形象的因素，商店顾客的经济环境、社会阶层、自我概念等都可能吸引具有相似特征的顾客光顾商店。

4. 便利性

便利性是零售企业的重要竞争因素，购物的便利和舒适性对消费者的商店选择产生积极影响,消费者总是希望自己的购买行为能在良好的环境下进行。购物的便利性不仅表现在商店位置好、交通便利,也表现在店内结构的合理安排上,比如寄存设施、推车和购物篮的位置、上下电梯、通道、休息点、收银台的数量和结账速度等。

5. 商店气氛

商店气氛包括商品陈列、商店装修、店堂布置、过道和走廊宽度、设施的便利性(洗手间、电梯等)、灯光、声音、气味等,良好的商店气氛为顾客创造了比较理想的购物环境,有利于增加顾客购买量和再次光顾的可能性。

6. 营业推广

广告对消费者的商店选择会产生积极的影响,商店进行适当的店内或者店外的广告宣传,一方面有助于提高商店的知名度,强化商店形象,另一方面可以减少消费者收集信息的时间和成本。此外,商品陈列展示、免费样品、折扣券等,也是商店形象的重要影响因素。

7. 社会形象

商店的诚信、声望,商店对社会公益事业的支持,对所处社区的社会责任感等都会赢得公众的肯定和赞赏,提高商店的美誉度。

四、 店内购买行为

(一) 无计划购买

一般认为,消费者去购物是为了购买计划中想要的东西,如果不想买任何东西就不会去购物,但实际上并不总是如此。有时消费者购物过程中,头脑中并没有什么特别的东西要购买。消费者没有购买计划,不是为了特意购买某种产品而去购物,但不意味着消费者就不会发生购买行为,实际上消费者有很多购买行为是无计划购买。消费者的许多购买决策都是事先无计划的,它表现为在店内完成无事先准备的购买行为。无计划购买是相对于计划购买而言的,是指消费者在走进商店前没想过要进行的购买,消费者可能并没有具体的决定不买这些产品,他们只是没有想过要购买这些产品。当今,消费者计划购买的商品在购买总量中所占比例减少,而无计划购买的比例有所上升。这种现象与以下一些因素相关,比如消费者收入水平的快速增加、商店中自选售货方式的普及、商品同质化现象严重以及媒体广告效果的减退等。

(二) 无计划购买类型

1. 再储备式无计划购买

也叫提示效应型购买,是指那些消费者进入商店以前并无购买意向,但一直都在使用的产品。消费者可能因为店内陈列或特价促销等刺激因素的提示作用，并知道他在未来还是需要这些产品的，所以才会购买它们。

2. 经评估的无计划购买

也叫建设效应型购买，是指那些消费者需要的、但在购买之前没有发现这种需要的产品，这种产品常常是新产品，可能是消费者从未使用过的，或已经使用但可以不更换的产品，消费者只是想购买一些收藏或想得到新型产品更多更好的使用价值。这里消费者求新是比较理性的，这种购买行为的发生也与店内刺激密切相关，比如是由于营业员对新产品的介绍和演示而使消费者产生拥有欲望进而购买的。

3. 冲动购买

是无计划购买的一种极端情况，是指自发的、完全没有经过事先思考而购买的产品。消费者只是突然有了购买的想法，所以才进行购买。这样的购买决策是很快做出的，没有经过需要评估，通常是对原有购买对象的背离。

（三）店内营销刺激——商店气氛

无计划购买行为的重要性是显而易见的，消费者逛商店通常没有明确的购物清单，或者即使是有购物清单，但同实际购买结果往往有很大差异。美国杜邦公司曾完成一个研究，发现在保健和美容用品购买中，61%是无计划的，在一般日常用品购买中，51%是无计划的，在超级市场的食品购买中，39%是无计划的，在折扣商场中，无计划购买则占到62%，这种不容忽视的重要性也就给营销者提出了更严峻的挑战，要求店内营销刺激设计得更富有竞争性。店内营销刺激实际上就是商店气氛，商店的氛围向消费者传达了某种信息，例如本店拥有高品质的商品。气氛是一个比商店布局更大的术语，它涉及经营者如何处理商店的设计、内部空间、走廊布局、地毯与墙壁的质地，以及消费者体会到的气味、颜色等，甚至商品的摆放、陈设的风格和模特的姿态都会影响消费者对商店气氛的感受。菲利普·科特勒将商店气氛看成一种营销工具，把它描述成"为提高消费者购物的可能性而对购物环境进行设计以期达到某种情感上的效果而做出的努力"。在消费者看来，商店气氛即是指由消费者觉察到的采买环境或空间的质量，它可以被消费者看到、听到、闻到、感觉到。从构成要素上看，通常包括以下几种方式。

1. 商品陈列方式

商品陈列指的是商品在货位、货架和柜台内的摆放、排列等。零售企业对商品陈列方式的要求很高，已经成为商家促销手段的重要组成部分。要根据消费者的心理特点来安排商品陈列，使商品陈列做到醒目、便利、美观、实用。不同的零售业态因为其经营特点、出售商品和服务对象的不同，在商品陈列上适宜于不同的方式。从一般意义上讲，商品陈列可采用以下几种方式。

（1）醒目陈列法。商品的摆放应力求醒目突出，以便迅速引起消费者的注意。商品摆放的高度要合理；陈列的商品数量要充足，使消费者产生有充分挑选余地的心理感受；将商品在性能、质量、款式、造型、包装等方面的独特性在陈列中突出出来，可以有效刺激消费者的购买欲望。

（2）主题陈列法。以某个主题为中心将相关商品陈列在一定的环境和背景中，像节日主题、促销主题等。主题陈列在商品销售很旺的节日体现得较为明显，如情人节将巧克力、鲜花、水晶工艺品等陈列在一起；圣诞节将圣诞树、圣诞老人、各种小摆品等陈列在一起，效果都不错。

（3）互补品陈列法。有些商品在使用上具有一定的互补性，如相机和胶卷、面包和牛奶、衣服和鞋子、电脑与软件等，可以把这些具有互补特点的商品一起陈列，以引起消费者潜在的购买欲望。

（4）艺术陈列法。即通过商品组合的艺术造型进行陈列的方法，各种商品都有其独特的审美特点，如有的格调高雅，有的色泽鲜艳，有的清新淡雅等。在陈列中，在保持商品独立美感的前提下，使各种商品组合摆放、巧妙布局，相映生辉，达到整体协调美的艺术效果。

（5）季节陈列法。有些商品具有一定的季节性，其陈列的方式和色调等应随着季节的更替而进行相应的调整，使店内环境与自然环境和谐一致，让消费者产生愉悦的心理感受。

2. 货架陈列的位置

在商品陈列中，应考虑消费者的感受途径来进行货架陈列，要让消费者容易看见、容易接触到，而不要只是为商店尽可能节省和利用营业空间。采用不同于平时的放置方式陈列商品，如将商品陈列于商店的橱窗或入口并辅以特别推荐这些商品的促销材料，对消费者的品牌选择行为会产生重要的影响。一项对 24 173 名超市购物者的调查表明，38%的人至少买了一件他们以前从未买过的产品，而购买者提及最多的原因是这些产品陈列特别。现代商店所经营的商品种类非常繁多，想让众多的商品都能抓住消费者眼球是不太现实的。可以选择重点经营的、最合适的商品放在优越的陈列位置，附带陈列一些次要的商品，引导顾客顺利自然地走遍整个卖场，以达到增加顾客随机购买的目的。

3. 货架的空间分配

商店内商品在货架上的空间分配对消费者的产品和品牌选择具有重要影响。一种商品越容易被看到，它被购买的可能性就越大。对于消费者而言，感受商品时视觉理想的角度和高度是平视，而用手感受商品时最理想的高度是在正常的站立位置上，不必躬身、踮脚即伸手可取。研究表明，最好的货架位置是与视线平行的位置，接下来依次是与腰部平行的位置和与膝盖平行的位置。但是不可能把所有商品都置于与视线平行的位置，还必须考虑其他的方式来吸引顾客的视线,方法之一就是扩大商品的陈列空间。商店里陈列的商品种类繁多,如果没有足够的陈列空间,单个品牌很容易被淹没在众多商品中,尤其对于新产品来说,足够的货架陈列空间尤为重要。所以众多商品厂家会对商店优越的货架陈列位置和足够的陈列空间进行争夺。零售商必须对货架空间和位置做出合理的安排,货架优化管理的基本原则是产品货架空间比例的分配与市场占有率相符。实施货架优化管理可以降低缺货概率,减少补货次数,从而降低人力成本,创造最大的投资回报率和货架效率,还可以改善订货、补货、存货系统。

4. 产品包装信息

现代经济生活中,包装的重要性已远远超过保护商品、方便运输的作用,可以体现广告宣传塑造的商品形象,是促进和扩大商品销售的重要因素。相同的产品,不同的包装,可能产生完全不同的销售效果。现代化的包装,在色彩、造型、大小和材料使用等方面不断革新,可以吸引消费者的目光,营造良好的购物气氛,成为强有力的促销手段。

5. 店内价格刺激

价格对消费者购买行为的影响是很大的,所以价格策略也成为企业经常采用的一种营销工具。近几年商店里常见的价格刺激手段说明了零售商所面临的市场压力,这种压力来自于消费品市场的日趋饱和、同质化的市场供应、日益个性化的消费者行为和企业规模扩大之后带来的巨大的成本压力。店内各种形式的价格优惠如折扣、赠送、特价等,无疑会增加商店在消费者心目中的吸引力,促进消费者的经常性光顾。同时,店内的各种价格优惠也降低了消费者的购买风险,反过来强化消费者头脑中的商店形象。这里要注意的是,价格优惠不要演变为无节制的、毁灭性的价格竞争,那样不仅最终会影响到商店自身的利益,也是消费者所不愿意看到的。零售企业不能把价格刺激作为唯一的竞争手段,而要把营销的重点放到改善经营品种、提高服务水平、为消费者创造更大的让渡价值上来。

6. 店内人员推销

销售是一个互动的过程,终端的销售人员对于消费者选择的影响是很大的,销售人员的服务态度、服务方式、技巧都会对消费者的购买行为产生影响。要肯定的是,服务是要求热情周到的,但过于热情的硬性推销和挤压式服务经常也不合时宜,因为可能会给顾客造成一定的心理压力,甚至引起顾客反感。所以店内人员推销过程中,要充分了解目标顾客的心理特征,不断创新,努力追求最佳的服务方式,要注意为顾客创造一个宽松舒适的购物环境。

7. 现场加工制作

随着市场经济的不断发展和变化,近年来一些规模较大的零售店为繁荣市场,吸引消费者更多地在店内进行消费,推出了一些现场加工制作的商品。现场加工制作的商品有其独特魅力,让消费者目睹了商品加工制作的过程,减少了商家与消费者之间的信息不对称，让消费者觉得新鲜、放心，能激起购买欲望。但因商店场地、设备等的限制，现场加工制作的食品可能存在一些质量、卫生等方面的问题，商品的现场加工制作应安排有足够的加工场所，其加工制作过程更要符合必要的卫生质量要求，既要注重商品销售时的感观，又能将加工现场充分展示给消费者。

8. 店内的装潢、装饰

商店内装潢、装饰的风格和效果，不要一厢情愿追求某种风格，而要与商店经营的产品品种和特色相适应，要与目标顾客的需求特点和审美取向相符合。同时，店堂装饰也要考虑季节、气候、消费习惯等因素，使店内装饰保持与相关因素的协调一致，这样才能给目标顾客舒适、愉快之感，并激发他们的购买欲望。

（四）商店气氛的心理因素

商店气氛会在很大程度上影响消费者计划外购物的多少，商店气氛也会影响购物者心理状态而造成购物的增加或减少，商店气氛的心理因素主要包括以下几个方面。

1. 色彩

在购物现场，色彩的有效使用具有普遍意义。因为色彩与环境、商品搭配得是否协调，对顾客的购买行为会产生重要影响。不同色彩能引起人的不同联想，产生不同心理感受，并以微妙的方式影响消费者的感知和行为。研究表明，色彩的有效运用对于消费者行为的调节作用非常明显。比如黄色和红色这样的暖色调，由于其比较夺目，有助于吸引消费者的注意和兴趣，适合用于商店的外观；同时暖色调的色彩还能够给人以温暖、亲切的感觉。大多数面包店都会选择这类色彩，不仅有利于吸引消费者，而且在无形中微妙地传达了温暖、美味的信息。而像蓝色和绿色这样的冷色调，则更适合用于商店的内部，因为这类色彩给人以轻松、优雅的感觉，能够鼓励顾客停留在商店，从而增加与产品接触的机会。

2. 气味

如同音乐能使人精神放松一样，宜人的气味也通常对人体生理有积极的影响。空气污浊、有异味的商店顾客不会久留，无味的商店易使顾客情绪疲倦。而在令人心旷神怡的环境购物，则使顾客得到美的享受。商店内部如能根据所经营的商品特征适宜地散发一些宜人的气味，能使顾客在购买活动中精神爽快、心情舒畅。在现代商业环境条件下，商场中的气味对顾客的影响一般是正面积极的，适宜的气味能对消费者的购买行为产生正面的影响。商店有香味的环境能对消费者产生再次造访该店的愿望，会提高消费者对某些商品的购买意愿。有的超市中会应用带有新烤面包香味的空气喷雾器，来营造一种温暖安全的印象，从而促进超市中面包的销售。当然，气味有时也有消极的一面。比如商场装修中的不良气味，也包括各种香味混合后产生的某种怪味，还有就是不同个体不同的香味偏好。因此，商店布局中要充分考虑到这一点。

3. 声音

声音也是商店气氛的重要组成部分，用音乐来促销，可以说是古老的经商艺术。心理学研究表明，人的听觉器官一旦接受某种适宜声音，传入大脑中枢神经，便会极大地调动听者的情绪。在此基础上，消费者可能会被唤起购买欲望。与气味一样，声音对消费者购买行为的影响既有积极的一面，也有消极的一面。在购物环境中播放适当的背景音乐可以调节顾客的情绪、活跃购物气氛、提高人的购买情趣，有时还可以缓解一些顾客排队等待的急躁心情。美国学者梅里曼（Milliman）做了一系列调查实验，研究了音乐节奏如何影响店内消费者的购买行为。他在实验商店进行了三种处理：没有音乐、慢节奏音乐和快节奏音乐。主要研究了三种状态下对以下三个方面产生的影响：一是消费者在商场的流动速度；二是消费者的日购买量；三是消费者是否意识到背景音乐。研究结果发现，消费者在商店内的流动速度与音乐节奏的快慢是一致的，在慢节奏中流动速度慢，在快节奏中流动速度快。商店的销售额与此相应也受到直接影响，因为消费者在商店内的逗留时间增加了，就有可能购买更多的商品。要指出的是，这一研究结论并不适用于所有的状况，即不是所有的零售店内都应播放慢节奏音乐。在有些情况下，快节奏音乐更合适，比如商家想让消费者流动起来，希望在最短的时间内使座位得到最大的利用。像快餐店中的背景音乐如果节奏太慢的话，可能导致更低的座位利用率和更低的利润率。但是，如果消费者更钟爱放松舒适的就餐气氛的话，慢节奏音乐也可能招徕更多的回头客。有趣的是，购物后的询问调查表明，很多消费者根本没有留意商店中所播放的背景音乐。由此可见，音乐对消费者的影响可能是潜意识的。

声音对消费者购买行为的消极影响的一个主要方面还有噪声。噪音来自于商店外部的声音干扰、店内广播所播放的广告信息、店内人员的说话声以及物品在柜台上发出的各种声响等，这些都可能对消费者心理产生消极负面的影响。心理学的研究表明，声响的音量超过80分贝时，对于人的注意力会产生严重干扰，并容易产生厌烦的情绪。总之，商店背景音乐的选择要考虑商店的定位和目标消费者的特征，同时还要注意声响音量高低的控制，音乐的播放也要适时有度，以免消费者产生厌烦情绪。

4. 照明

在零售业竞争中，照明扮演了重要的角色。同样的商店，不同的照明条件，效益相去甚远；同样的商品，采用灯光照明装饰后，能明显提高商品的特性。照明直接作用于消费者的视觉。营业厅明亮、柔和的照明，可以充分展示商品和店容，吸引消费者的注意力；可以渲染气氛，为消费者创造良好的心境；进而可以激发消费者的购买欲望。商店内照明使用的光源一般可分为三类：自然光源、灯光光源和装饰光源。自然光源既可降低费用，又能使商品在自然光下保持原色，应尽量利用；灯光照明光源起着保持整个商场基本亮度的作用，如果整体亮度太暗容易使人产生沉闷压抑的感觉，不利于形成良好的购物气氛。装饰陪衬光源主要起着美化店内环境、宣传商品、营造购物气氛的作用，使用这类光源时，要注意与商场内的基本灯光照明以及所装饰的商品相协调。商店经营的商品种类不同，在照明上也应采取不同的方案。如生鲜蔬菜、水果、肉类，宜采用偏暖色光源照明，商品的新鲜度得以提升；珠宝首饰、钟表眼镜等，宜采用小型聚光灯定向照射，以显示出商品的晶莹、璀璨、华贵、灵秀等特点，使消费者产生珍贵的心理感受和想要拥有的愿望。

5. 拥挤程度

当一个人意识到自己的行动由于空间有限而受到限制时，拥挤感就会产生。拥挤的体验是由人数过多、空间狭小或者这两者共同引发的。非常拥挤的商店是不受消费者欢迎的，当消费者体会到拥挤时，一系列不同的后果就会随之产生。拥挤的环境下消费者更容易烦躁，会产生不安全和压抑感。对于拥挤的环境，消费者一般会设法逃避，往往减少在商店内的购物时间，结果就是购买量的减少，或者减少与店员的交流。而且消费者对于购物经历的不愉快感觉会增强，满意度也会降低，并对商店产生负面情感，商店形象受到损害，消费者再次光顾的可能性减少。对于拥挤的研究，要区分人员密度（density）和拥挤（crowding）这两个概念。人员密度是指营业面积与顾客之间的对比关系，它反映了顾客在空间上的疏密程度，而拥挤是指顾客由于感到人员密度水平过高，并且不愿意容忍这种情形而产生的不愉快的感受。拥挤一般被认为是不好的，但有时较高的顾客密度被认为是有益的。当人们在酒吧或在现场观看足球或篮球比赛寻求体验时，高水平的人员密度更有助于提高消费者的体验，增强情境对消费者的正面影响；如果饭店里顾客很少，那么在里面吃饭也不一定很舒服。任何情境下都有一个合适的稠密度，所以在店内卖场的设计上，要考虑到客流量与营业面积之间的关系，将人员密度控制在合理水平。

第三章 零售业市场营销管理

第一节 市场营销管理过程

市场营销是一种有序地研究市场及策划的过程。这个过程开始于对市场的调查研究,通过调研确定市场机会——找到需要尚未被满足的个人或群体,或是对某些产品和服务有潜在兴趣的人。营销过程还包括细分市场,并从中选择自己有能力为之服务并可获利的目标市场。企业还必须制定一整套战略、特定的营销组合方案和行动计划,使企业的长期业绩最优化。企业还要建立一套控制方法,以评估操作结果。企业是一个不断从市场上学习的组织,并不断地提高它的营销专业知识。营销管理过程包括如下步骤:分析市场机会、开发营销战略、设计营销策略组合、管理与控制营销活动。

一、分析市场机会

市场营销学认为,寻找、分析与评价市场机会,是营销管理人员的主要任务,也是市场营销过程的主要步骤。市场营销机会不仅适用于产品或服务,同样适用于创意、组织、观念等等。事实上,营销的目的不是针对产品或服务本身,其真正目的是寻找或创造市场机会。在市场经济条件下,由于市场需要不断变化,任何产品都要或早或迟地退出市场。所以企业必须经常寻找、发现新的市场机会。分析市场机会主要是从分析外部环境着手,因此,企业应监测那些将影响其业务的主要宏观环境因素(人口统计、经济、技术、政治法律、社会、文化等)。它还必须监测重要的微观环境参与者(顾客、竞争者、分销渠道、供应商)。因为他们会影响企业在这些市场上的盈利能力。业务单位要建立营销情报系统,以研究这些因素的重大发展趋势和规律。然后,对这些趋势或发展规律,销售人员应辨明其明显的或隐蔽的机会与威胁。营销机会是指一个企业通过工作能够盈利的需求领域。这些机会可以按其吸引力以及每一个机会可能获得成功的概率来加以分类。企业在每一个特定机会中的成功概率不仅取决于它的业务实力是否与该行业成功所需要的条件相符合,还取决于业务力量是否超过其竞争对手的业务力量。经营最佳的企业将是那些能创造最大顾客价值并能持之以恒的企。业环境威胁是指一种不利的发展趋势所形成的挑战,如果缺乏采取果断的营销行动,这种不利趋势将会侵蚀企业的销售或利润。有关环境威胁可按威胁的严重性和发生的概率分类。企业将某项业务面临的主要威胁汇编起来,就能描绘出它的全部吸引力。这样可能有四种结果:理想的业务(机会多、很少有严重威胁)、风险的业务(机会与威胁都多)、成熟的业务(机会与威胁都少)、麻烦的业务(机会少、威胁多)。

另外还要进行内部环境分析,即优势/劣势分析。识别环境中有吸引力的机会是一回事,拥有在机会中成功所必需的竞争能力是另一回事。每个企业都要定期检查自己的优势与劣势,包括企业的营销、财务、制造和组织能力。每一要素都要按照特强、稍强、中等、稍弱或特弱划分等级。企业不应去纠正它的所有劣势,也不是对其优势不加利用。主要的问题是企业应研究它究竟是应只局限在已拥有优势的机会中,还是去获取和发展某些优势以找到更好的机会。有时,企业发展慢并非因为其各部门缺乏优势,而是因为它们不能很好地协调配合。例如有一家大电子公司,工程师们轻视销售员,视其为"不懂技术的工程师";而推销人员则瞧不起服务部门的人员,视其为"不会做生意的推销员"。因此评估内部各部门的工作关系作为一项内部审计工作是非常重要的。

二、 开发营销战略

营销战略是指企业为了实现预定的目标所做的全盘考虑与统筹安排。战略一般由计划、政策、模式定位和观念组成。营销战略包括市场细分与目标市场选择、差异化与定位战略、新产品战略、品牌战略、竞争战略与全球营销战略等等。其中最重要的是市场的细分与目标市场选择,这是市场营销活动的基础。其次是市场定位与品牌战略,这是在一个市场相对成熟而又竞争激烈的环境下,企业用以区别竞争对手并超越它的最主要的手段。新产品开发是企业永远保持发展后劲的基础。在竞争日趋激烈而又日益全球化的形势下就必须掌握必要的竞争战略与方法以及国际化营销的观念理论与方法。

三、 设计营销组合

营销战略必须转化为营销方案,这需要在营销费用、营销组合和营销资源分配上做出基本决策,其中,营销组合是最基本的组成部分,是企业用来从目标市场中寻求其营销目标的一套营销工具,包括产品(产品种类、质量、工业设计、性能、品牌、包装规格、服务、保证等)、价格(目录价格、折扣、付款期限、信用条件等)、地点(渠道、覆盖区域、商品分类、储存、运输等)和促销(广告、销售促进、人员推销、公共关系等)。这些组合因素对企业来说都是可控因素,企业根据目标市场的需要,可以决定自己的产品结构制定产品价格、选择分销渠道和促销方法，并对这些进行合理的搭配。

四、管理与控制营销过程

营销活动的最后一个环节就是组织营销资源及执行和控制营销计划。企业要设计一个有效的营销组织机构。营销组织通常由一位营销副总经理负责，他有两项主要任务，一是协调全体营销人员的工作，二是配合其他职能副总经理的工作。在营销计划的实施过程中可能会出现许多意外情况，这需要有一套反馈和控制程序，以确保营销诸目标的实现。这包括年度计划控制、盈利能力控制与战略控制。

第二节 市场营销管理方法

市场营销管理的过程就是决策的过程。为了提高决策的科学性，管理者必须掌握大量的信息和科学的方法。为此，本章将集中介绍市场营销管理的方法和手段。

一、市场信息管理的方法

（一）市场信息的管理过程

信息，简单讲就是具有新内容和新知识的消息。市场信息，就是反映市场经济活动特征及其发展变化情况的各种消息。市场信息是由市场信息源、信息内容、信息载体、信息形态以及信息归宿等要素构成的一个统一整体。市场信息管理是对市场信息整体管理的一个过程，这个过程包括：

1. 认识信息

认识信息是对市场信息进行管理的前提和基础。认识信息首先要了解信息的分类。从信息的产生过程看，市场信息分为原始信息和加工信息。原始信息是指那些没有经过人类任何加工和处理的市场信息，即一次信息；加工信息是指人们按照一定的目标和要求进行加工处理后形成的市场信息，也称二次信息或多次信息。按市场信息反映的时间，市场信息分为历史信息、现时信息和未来信息。历史信息是对过去的、已经发生的市场状况的反映；现时信息是对那些正在发生的各种市场状况的反映；未来的市场信息是指那些能预计和揭示未来市场发展趋势的市场信息，又称预测性信息。按市场信息的来源，市场信息分为外源市场信息和内源市场信息。外源市场信息是指那些产生于或取之于企业以外来源的市场信息；内源市场信息则是指那些产生于或取之于企业内部的市场信息。按反映的内容，市场信息可以分为市场需求信息、市场供应信息、市场竞争信息、宏观环境信息以及

有关本企业的信息

2. 搜集信息

搜集市场信息是市场信息管理的重要环节。要做好市场信息的搜集工作，应特别注意辨别市场信息的来源和选择适当的市场信息搜集方法。

3. 分析处理信息

对搜集来的市场信息应进行加工处理，以提高其系统性、真实性和清晰度，并可以使所收到的信息量得到补充并产生出新的更有价值的信息。

4. 使用信息

企业搜集、处理、传递市场信息的目的是使用。正确地使用市场信息是企业提高信息效益的关键。企业取得市场信息有两种用途：一是自用即用于企业的市场营销决策；二是他用，即转供他人使用。

5. 存储信息

经过加工处理的市场信息，有些不能立即使用，应暂时存储起来，因而存储信息构成市场信息管理过程的最后一个环节。

（二）市场信息的搜集方法

搜集市场信息首先应遵循全面、及时、准确、适用和经济五项原则，同时应选用适当的方法。不同的资料适用不同的搜集方法。其中，第一手资料的搜集方法主要是实地调查，即市场调查人员通过现场实地调查，直接向有关事物或调查对象收集资料。第二手资料的搜集方法主要是案头调研，在具体操作上分为如下五种方法：

查找。这是获取第二手资料的基本方法。首先从企业内部资料信息库中查找，然后到企业外部信息源（如图书馆、资料库以及信息中心等单位）查找。索要。即向占有信息资料的单位或个人无代价地索取。这搜集方法的效果取决于对方的态度，当对方为某种目的乐意提供时，资料搜集效果最好。交换。指与一些信息机构或单位之间进行对等的信息交流。这里的"交换"不同于商品买卖之间的以物易物关系，而是一种信息共享的协作关系。接收。指接纳外界主动免费提供信息资料的一种方法。接收的信息资料包括许多企业、机构向社会传递的各种广告、产品说明书以及其他宣传材料购买。随着信息商品化，专业信息公司对所贮存的信息实行有偿转让已是大势所趋。同时，占有信息的其他各种机构对转让或提供信息资料也都提出了有偿要求。因此，购买将成为搜集第二手资料的主要方法。

（三）市场信息分析与处理的方法

分析和处理信息是市场信息管理的重要环节之一，搜集的市场信息只有经过分析、处理过程，才能用于市场预测和决策。

1. 市场信息的分析

市场信息分析工作包括如下三项内容：

（1）分析市场信息的准确性。这是市场信息分析的首要工作分析信息的准确性包括两个方面：一是分析信息渠道的准确性；二是分析信息内容的准确性。只有判明可靠而准确的信息，才能用于市场预测与决策。

（2）分析市场信息间的相互关系。从各种渠道取得的信息之间有这样或那样的联系，信息分析工作就要找出信息之间的内在联系，使信息起到举一反三的作用。

（3）分析市场信息的变化规律，从一个较长时期来观察，许多事物的变化都遵循一定的发展规律，或呈不规则变动。市场信息分析工作就要寻找市场信息变化的规律性，进行预测和把握未来。

2. 市场信息的加工处理

对市场信息的加工处理包括组织处理和技术处理两项工作所谓组织处理就是对所取得的市场信息进行组织、归纳和分类等，把所得到的比较粗糙的信息变成能够满足需要的信息。组织处理的主要工作包括筛选、分类、编校和列表画图。筛选就是对所收集的信息，根据对企业营销的重要程度进行选择，保留那些重要信息，处理掉那些不重要的信息。分类是根据决策的要求将所得到的信息划分类别。分类方法包括专题分类和地区分类两种。编校就是把所得到的信息进行编排和校正，做到顺序有致、便于查找，以保证信息既能满足各方面的需要，又准确无误。列表画图是把各种信息资料以表格或图形等形式直观地表达出来。对市场信息加工处理的第二项工作是技术处理。所谓技术处理，就是把所得到的市场信息中的特殊情况加以技术上的处理，使之恢复本来面目，以便正确反映市场活动情况。对数据资料进行技术处理的常用方法有剔除法和还原法两种，剔除法是把那些不能如实反映研究对象正常发展趋势的数据剔除掉，以免在预测中得不到正确的结果。还原法则相反，它是把受偶然因素影响的数据处理成在正常情况下应表现出来的数据。剔除法适用于数据资料较多的情况，而还原法适用于数据资料较少的情况，但是两种方法的目的是完全相同的。

二、市场调查技术与方法

（一）市场调查的步骤

市场调查有狭义和广义之分。狭义的市场调查，就是指以市场为对象的调查，即针对购买商品、消费商品的消费者或工业用户探讨商品的购买和消费的各种事实、意见及动机。后来，市场调查的含义不断扩大，它不仅以市场为调查对象，而且以市场营销功能与作用作为调查对象,进行诸如产品分析、销售政策分析以及促销活动效果分析等工作,这就形成了广义的市场调查概念。一个完整的市场调查活动一般包括四个阶段,即调查准备阶段、调查设计阶段、调查实施阶段和调查结果处理阶段。

1. 调查准备阶段

调查准备阶段主要包括三个步骤:

(1) 明确调查问题。在确定市场调查任务时,必须确实弄清楚所要调查的问题及调查的目的。

(2) 情况分析在明确调查问题的基础上,要根据已掌握的资料做初步分析,把握调查的大致范围、可能性和难易程度,大致形成调查课题的基本框架。

(3) 非正式调查。该步骤主要是找一些与调研问题相关的、或熟悉这方面情况的或消息灵通人士进行座谈,以便为评判是否需要进入正式调研阶段提供充分的理由或意见。

2. 调查设计阶段

市场调查设计是正式市场调查工作的方案或蓝图,涉及市场调研活动的各个方面因此,完整的市场调研设计起码应包括下述几个必要步骤:

(1) 确定调查主题。调查主题是所要调查的问题重点,它决定了调查的内容、调查的方法、对资料准确度的要求以及调查所需的人力、物力和时间安排。

(2) 确定所需资料及资料来源。根据调查项目所需解决的问题和要实现的目标确定需要哪些信息资料。然后,按所需收集的信息资料,逐项考虑其可能的来源,本着先近后远、先易后难、先二手资料后一手资料的原则确定足够的来源。

(3) 选定调查对象。除非实行市场普查,否则,资料来源不等于调查对象。因此,在确定了资料来源之后,还应遵循科学性和可行性原则选择调查对象,确定调查范围。

(4) 确定资料收集方法。对不同的资料来源、不同的调研对象,在考虑信息精度要求、时间限制以及费用预算的前提下,应选用不同的资料收集方法。

(5) 设计并预试调查问卷。无论采用什么办法取得资料都要事先设计调查问卷要求被调查者填写答案的,调研必须紧紧依靠调查问卷来进行;要求由调查人员代为填写答案的,调查活动前必须设计调查项目大纲,调查以大纲为依据进行。问卷设计完成后,应先在小范围内试用。通过预试,可以检验设计的合理性,发现问题并及时改进。

(6) 时间安排和费用预算。根据调查内容和目标,设计中还要确定时间安排和费用预算并要求实施者严格按这一规定完成任务。

3. 调查实施阶段

在确定了调查对象、调查内容以及调查方法之后,市场调查进入调查实施阶段。在实施调查时,因为调查人员分散作业,所以容易出现这样或那样的问题。加强对调查人员的组织、查核和监督,提高实地调查人员的素质,都是非常重要的。

4. 调查结果处理阶段

调查结果处理阶段包括两项基本工作，即资料整理分析和撰写调研报告。

（1）资料的整理与分析。对收集到的各种资料，应按一定的程序和方法进行分类、计算、分析与选择，使之成为对预测或决策适用的信息资料。

（2）撰写调查报告。调查报告有专题报告和综合报告、一般性报告和技术性报告之分，具体采用哪种形式应由调查目的和要求来决定。

（二）调查对象的选择技术

市场调查按选择调查对象的范围分为市场普查、个案调查和抽样调查三类。

1. 市场普查

市场普查是对调查对象的全体所进行的无一遗漏的逐一调查。普查是一种一次性调查，其目的是把握在某一时点上、一定范围内所有调查对象的基本情况，以取得全面而准确的统计资料，但普查只适用于对小型母体的市场调查。因为：第一，大型普查需要耗费大量的财力、物力和时间；第二，需要大量调查员参与，而其素质差异将影响调查结果的准确性；第三，市场形势千变万化，花过长的时间去获取全面而准确的资料往往不值得。

2. 个案调查

个案调查包括重点调查和典型调查两种。重点调查是在全体调查对象中选取一部分重点单位进行的调查。所谓重点单位，是指在总体上处于十分重要地位的单位，或在总体某项标志总量中占绝大比重的一些单位。典型调查是在全体调查对象中选取那些具有典型意义的单位所进行的调查。典型单位要根据调查目的和调查对象的特点来确定。若目的是推广先进经验，则典型单位是那些成绩突出的先进单位（或个人），若目的是了解面上存在的问题，则典型单位就是那些中间型或平均型的单位。个案调查的优点能够以较少的人力和费用开支，了解掌握调查对象的基本情况。当然个案调查有其特定的适用范围。

3. 抽样调查

抽样调查是从全体调查对象（总体）中抽取部分对象作为样本进行调查，用所得的调查结果来推断、说明总体的调查方法。抽样调查分为随机抽样调查和非随机抽样调查两大类，下面分别做具体介绍。

（1）随机抽样调查。随机抽样也叫概率抽样或机率抽样，就是在广泛的对象中不做任何有目的的选择，纯粹用偶然的方法选取样本。随机抽样使样本中调查对象的分布状况极好地接近总体的分布情况，因而使样本可以较好地代表总体并以样本调查得出的结论来推断总体。随机抽样的常用方法主要有以下三种：

①简单随机抽样，是指对总体单位不进行任何分组、排队，按照纯粹偶然的方法从总体中选取样本进行调查的一种方法。简单随机抽样方法又有抽签法和随机数表法两种。抽

签法也叫抓阄法，就是先将调查总体的每个单位编号，将号码写在标签上或卡片上搅拌均匀，然后任意从中抽选，直到抽足预先规定的样本数目为止抽签法适用于总体单位数目较少的情况。随机数表法就是借助随机数表从总体中抽取样本进行调查的抽样方法。随机数表也叫乱数表，是指含有一系列随机数字的表格。其使用方法是：在表上任取一点然后决定向上、下、左、右任方向读起，所读出的数字就代表着要抽选的样本。

②分层随机抽样是将总体中所有单位（即个体）按一定属性或特征分成不相重叠的若干层，然后在每层中随机抽取样本的方法。该方法适用于对那些个体差异很大的情况的调查。

③分群随机抽样，是将总体单位划分为若干群，然后采用随机的方法从各群中抽取一部分样本进行调查。典型的分群随机抽样是地区分群抽样。

（2）非随机抽样调查。按调查者主观设定的某个标准抽取调查对象的方式叫非随机抽样调查。当调查总体不确定或无法确定，希望迅速得到调查结果或客观条件限制不能进行随机抽样时，适宜采用非随机抽样方法。常用的非随机抽样方法有：

①任意抽样。由调查人员根据其工作便利而随意选取样本的方法。任意抽样法的理论假定是：母体中的每一个体都是相同的，随意选取任何一个样本都可以取得代表母体特征的结果。该方法的优点是使用简便、费用最省；缺点是误差较大，其结果的可信度较低。

②判断抽样。按调查者的主观判断选取调查单位组成样本的抽样方法。使用该方法的前提是调查者必须对调查总体的有关特征有相当了解或由专家判断决定样本。所以，判断抽样法通常适用于母体中子体构成不同、样本数目不多的情况。

③配额抽样。指按某些属性、特征将调查母体分层，对分层后的副次母体按一定特征规定样本配额，配额内的样本由调查人员主观判断选定的一种抽样方法。配额抽样法简单易行，节省费用，选择过程短，能较快取得调查结果，样本代表性好因此，配额抽样法在实践中被广泛应用。

（3）等距抽样。依据一定的抽样距离，从母体中抽取样本的方法。等距抽样法是一种介于随机抽样与非随机抽样之间的抽样调查方法，或者属于前者，或者属于后者，关键看第一个样本的抽样方法。若第一个样本按随机方法选取则属于随机抽样；若第一个样本按非随机方法选取，则属于非随机抽样。

（三）调查问卷的设计技术

1. 调查问卷的一般形式

调查问卷各式各样，有长有短，有简有繁，具体表现形式丰富多彩。但是，各种调查问卷均由一些共同的成分构成，从而形成了调查问卷的一般形式。基本内容是：

（1）标题。标题是研究主题的体现，通过标题使人一目了然，增强填答者的兴趣。

（2）致被调查者的短信和填表说明。主要包括介绍调查员自己的身份、所代表的机构、调查访问的目的、请求被调查者合作等内容。通过说明，要使被调查者了解调查目的和填答要求，消除填答的顾虑，争取合作。

（3）调查的主体内容。这是整份问卷的主体部分，内容包括样本特性分类资料部分和收集资料部分。样本特性分类资料部分，是被调查者或被调查单位的基本资料部分收集资料部分，集中体现了调研目的所要求的内容，具体包括对人们的行为或行为效果进行调查，对人们的态度、意见、感觉、想法、兴趣、爱好进行调查和对社会环境进行调查。

（4）编码。用计算机处理调查资料已成为普遍的要求，因此在问卷设计时，就要对问卷本身及主体资料进行编码。编码就是将问卷上的调查项目变成数字代码的工作。

（5）调查实施情况记录。为满足管理市场调研工作的需要，问卷最后或在问卷标题后通常要求注明被调查者姓名或单位名称、访问起始时间、访问地点以及调查者姓名，有时还要求注明对调查结果的评价，这些内容构成了调查实施情况记录。

2. 问卷设计的总体框架

问卷的总体框架是指导设计问卷的提问语句和帮助分析问卷资料的一种总体思路的逻辑框架图。建立调查问卷的总体框架首先从研究目的出发，找出所要调研的中心概念或将调研内容，将其分解为几个大方面，然后将中心概念或几方面内容逐层分解，直到可以依据这些分解的条目设计问卷的提问语句为止。所以，可以说从调研目的出发将调研内容逐步分解的过程就是建立问卷设计的总体框架的过程。

3. 问句答案设计的形式

问句答案设计的形式很多，而且至今仍在不断丰富和发展，较为常见的有：

（1）自由回答法，指在提出问题后，由回答者自由申述自己的意见，不受备选答案的约束。优点是设计容易同时可以探悉某些建设性的意见；缺点是因为没有提示和强制，回答不知道者太多；调查结果受调查员询问技巧和表达能力的影响大。

（2）两项选择法。指所提问题有两个备选答案，回答者只能选择其一。当涉及是否、有无等问题时，问卷答案均按两项选择法设计。优点是在态度和意见不明确时，可以求得明确的判断；缺点是不能表示意见程度的差别。

（3）多项选择法。指对所提问题备有三个以上的可能答案，回答者可以选择其中的一项或数项。由于它可以缓和两项选择法强制选择的缺点，解决自由回答法没有任何提示和限制回答的缺点，因而有广泛的适用面。

（4）顺序填充法。指让被调查者根据自己的喜欢程度或认识程度，对题中所列项目排出先后顺序注上顺序号码的询问技术。优点是设计简便、省时，但项目不宜太多，否则结果不准确。

（5）配对比较法，简称"对比法"，是将题中所列项目按组合原则分成若干对，要求被调查者在每一对中选择一个，最后根据选择的频率来决定其结果。该方法虽然应用起来比较麻烦，表格很长，但是回答方便客观。

（6）评价量表法。该方法分为数值量表法、形容词量表法以及图解量表法三种。数值量表法是要求被调查者，就其主观感觉选择个数值（如2，1，0，-1，-2，或5，4，3，2，1）来表示他的看法。形容词量表法就是把描述某种看法或态度的不同程度的形容词列出来，让被调查者选取他认为适当的一个。图解量表法是将不同程度的态度强度通过图表表示出来，要求被调查者在图中标明自己的态度强度的询问方法。

（7）倾向偏差询问法通过一组问句，提出态度程度不同的几个答案，以测定使被调查者转变态度须偏差到何种程度。

（8）数值分配法。指提供一定的数字（如10），要求被调查者根据自己的认识程度给不同的调查项目分配一定的数值，以评价其印象的方法。

4. 问卷设计的原则

为了保证问卷的高质量，设计时必须遵循以下原则：

（1）要使调查对象容易并能充分理解问句的含义。

（2）要使调查对象能够并愿意回答问题。

（3）要对问句确定界限，避免混淆。

（4）问句要过滤样本，发掘动机。

（5）问句要尽量获得具体的或事实性的答案。

（6）问句要克服偏差，追求精确。

（四）市场调查的方法

从取得资料的角度看，市场调查方法分为询问法、观察法和实验法三大类。

1. 询问法

询问法是指以询问方式直接从调查对象那里收集市场信息资料的调查方法该方法是了解消费者购买动机、意向和行为常用的方法。根据调查员与被调查者接触方式的不同，询问法又具体分为五种：

（1）面谈调查法。是指通过调查员与被调查者面对面直接交谈来收集市场信息资料的一种调查方法。面谈调查法按参加交谈的人数多少分为个人面谈和小组面谈，按时间分为一次面谈和多次面谈。面谈法的优点是可以采取较灵活的提问方式，根据被调查者的态度进行适当的引导、启发，进而取得所需的资料。缺点是调查结果受调查员的素质影响较大，调查费用较高。

（2）电话调查法。由调查员按选定的调查对象，用电话询问被调查者的意见。该方法的优点是成本低、速度快，并可对问题进行适当解释。缺点是调查很难深入。

（3）邮寄调查法。即将设计好的调查问卷通过邮寄方式送到被调查者手中，由被调查者填好寄回。邮寄法的优点是成本低，被调查者有较充裕的时间来慎重确定问题的答案，不受调查员素质的影响。缺点是回收率低，影响调查结果的代表性。

（4）问卷留置调查法。即由调查员将调查表当面送交被调查者，说明调查要求，留给被调查者自行填写，最后由调查员按时收回。

（5）日记调查法。即由调查对象将要求调查的内容以日记的形式连续记录下来，然后定期把日记寄给调查者。这是一种固定样本连续调查的方法，要求与被调查者建立固定的联系，并支付被调查者一定的报酬。优点是可以得到连续性资料，调查结果比较可靠。缺点是成本较高，花费时间长，而适用面窄。

2．观察法

观察法是指通过调查员或由调查员掌握的观察工具或仪器到现场直接进行观察来收集市场信息资料的调查方法。其特点是被调查者不知正在被调查，因而可以取得更为客观的第一手资料。缺点是适用面较窄，仅能了解表面性事实。常用的观察法有三种：

（1）直接观察法，即通过观察顾客动作，调查消费者的购买行为以及消费品的包装、商标和橱窗陈列对消费者的吸引力等。

（2）行为记录法。即采用各种人工或仪器来记录消费者行为的方法。该方法常用于调查顾客流量和广告的效果等。

（3）实际痕迹测量法。这是一种测量某种市场营销活动给消费者所留印象的方法，较多用于测定广告媒体的有效率。

3．实验法

实验法是将调查对象置于一定条件下进行小规模的"实验"以取得有用数据和资料的一种方法。实验法有两个优点：一是通过实地试验调查取得的资料客观实用，排除了主观估计的偏差；二是通过合理的实验设计，调查者可主动引起市场因素的变化并测定这种变化对市场产生的影响，而不是消极、被动地等待某种现象的发生。实验法目前已成为市场调查中用途广泛的方法。凡是某种商品变更品种，以及改变质量、包装、设计、价格、商标、广告时，均可以采用实验法做小规模的实验销售，以了解顾客与市场的反应，从而做出企业的营销决策。

三、市场预测方法

（一）市场预测的步骤

市场预测指运用逻辑和数学方法，预先对市场未来的发展变化趋势做出描述和量的估计。市场预测的内容很广，涉及市场营销的各个方面，包括市场需求预测、产品销售预测、市场竞争预测等。市场预测的一般步骤如下：一是确定预测目标，制订预测计划。预测目标和任务反映一定时期市场预测工作应达到的水平和程度，是市场预测工作的第一步。预测目标的确定直接影响着预测对象、范围、内容以及预测方法选择。因此，预测工作的第一步骤就是尽量详细具体地确定预测的目标，并为实现预测目标制订切实可行的预测计划。二是收集和整理相关资料。预测资料的数量与质量直接关系到预测结果的精确度和预测方法的选择，所以，预测工作的第二个步骤就是按预测目标的要求建立数据库。资料收集要按照先二手资料、后一手资料的原则进行，然后对收集到的资料进行整理加工，使之尽量符合预测的需要。三是选择预测方法进行预测。如何选择合适的预测方法是提高市场预测精确度的一个重要因素，也是预测中的重要决策。市场预测的方法有很多，每种预测方法各有其不同的原理、特点和适用性。因此，预测者应根据预测期的长短、所掌握资料的多少、历史数据的特征类型以及预测费用等多个因素做出适当选择。四是分析预测误差。预测误差是预测值与实际值之间的差额由于预测值是预测人员根据历史和现实资料，运用经验判断或定量计算等方法对未来的一种估计，很难使预测值与实际值完全吻合。因此，预测误差是客观存在的。但是，预测误差应控制在某一个限度内，否则，将使预测失去意义。因此，预测人员必须分析预测误差产生的原因和误差的程度，并找出把预测误差控制在允许值范围内的方法。五是确定预测值，提出正式预测报告。市场预测的目的是为决策提供依据。因此，预测者在综合比较、选择预测方案、评估、修正预测结果后，确定可靠的预测值，并形成书面形式的预测报告，提供有关部门做决策依据或参考。

（二）市场预测的方法

市场预测的方法很多，据西方国家统计达上百种，常用的方法也有二三十种。这些方法大致可以归为判断分析法、时间序列分析法和因果分析法三种类型，每类又包括许多具体方法。

1. 判断分析预测法

判断分析预测法也叫"直观预测法"是由预测者根据已有的历史资料和现实资料，依靠个人判断和综合分析能力，对市场未来的变化趋势做出判断性预测。该方法的优点是简便易行，便于集思广益，但有明显的局限性，预测结果带有很大的主观色彩。常用的具体方法有：

（1）综合意见法。即由预测人员召集企业的管理者、业务人员等，根据已收集的信息资料和个人的经验，对市场未来做出判断预测，然后由预测组织者将判断预测意见集中起来，用平均数的方法进行数据处理，最终提出预测值的方法。集合意见法又分为三种：①集合经理人员意见法。即由负责的经理人员邀请销售、市场研究、生产技术及财务等部门的主管人员各自提出预测方案，然后综合提出市场预测值的方法。②集合业务人员意见法。广义地讲，集合业务人员意见法就是集合所属营销机构的业务人员、分支机构的业务主管人员、有业务关系的批零企业的业务主管人员以及联合企业的业务主管人员的预测意见而进行的市场预测。③综合判断法，即综合经理人员意见与业务人员意见进行判断预测的方法。该方法发挥经理人员和业务人员的长处，预测结果更为切合实际。

（2）专家意见法。专家意见法是依靠专家的知识、经验和分析判断能力，对过去发生的事件和历史信息资料进行综合分析，从而对未来的发展做出判断预测。这里的专家，不仅指市场预测专家，也包括经济学专家、从事有关科技工作的专家以及从事理论研究的专家等等。专家意见法是一种应用范围十分广泛的预测方法，常用的有专家会议法和专家小组法两种：①专家会议法。是指邀请有关方面的专家，通过会议的形式，对某个产品的未来发展前景做出评价，并在专家们分析判断的基础上综合意见，对该产品的市场需求及其发展趋势做出量的预测。②专家小组法。即"德尔菲法"（Delphi Method），是指以匿名方式，通过轮番征询专家意见，最后得出统计预测值的预测方法。采用专家小组法进行预测首先要充分做好预测前的准备工作；其次要选好专家，要特别注意专家小组的专业结构和部门结构的合理性；再次要多次征询专家意见，直到专家意见逐步趋向一致；最后，要由预测组织者对专家意见进行统计处理，最终获得预测值。

（3）连锁比率法。这是一种预测市场需求潜量的方法。其内容是以人口和购买力为基础。从一般相关要素移向一般产品大类，再移向特定产品，如此层层往下推算，以求出该产品的市场需求量。

（4）类推法。类推法是根据已取得的相关产品的资料，进行合乎逻辑的推理判断的预测方法。常用的类推方法包括三种：①类似产品类推法。类似产品是指有类似用途的产品，如录音机与组合音响，黑白电视机与彩色电视机等类似产品因用途类似、市场需求类似特点，因而可以利用已知的某类产品的资料，预测类似产品的市场需求量。②替代产品类推法。替代产品是指具有相同或近似使用价值、在使用上可以互相替代的产品。如棉布服装与化纤服装、机械表与电子表等替代产品之间的需求关系往往呈反方向变化，因此利用已知的被替代品的市场资料就可以推断出新推出的替代品的市场需求。③互补产品类推法。协同使用的产品就是互补产品，如照相机与胶卷、刮胡刀架与刀片，互补产品之间的需求呈同方向变化关系，因此，利用已知的互补产品的资料可以推断另一种产品的市场需求。

（5）领先落后指标法。是指根据经济发展有关指标的变化同市场变化之间在时间上的先后顺序关系，来判断、预测市场发展前景的预测方法，经济发展指标根据与市场变化的先后关系，分为领先指标、一致指标和落后指标三类，根据三类指标与特定市场需求的先行、后行关系，可以从已知的领先指标来推断市场将要发生的变化；同样，也可以从已知的落后指标或一致指标反过来推断市场需求已发生了什么变化，或正在发生着什么变化。

2. 时间序列分析预测法

时间序列分析法，也叫"历史引伸法"，是以历史的时间序列数据为基础，运用一定的数学方法向外延伸，来预测市场未来发展变化趋势的一种定量预测方法。它的基本特点是以假设事物过去和现在的发展趋势会照样延续到未来为前提条件，强调从事物发展的连续性和惯性入手进行预测。常用的具体方法有：

（1）简易平均法。是以一定观察期的数据求得平均数，并以所求平均数为基础预测未来时期的预测值。简易平均法具体分为算术平均法、几何平均法和加权平均法三种。

（2）移动平均法。是将观察期的数据由远而近按一定跨越期进行平均，取其平均值；随着观察期的推移，去掉最前面的一个数据，后面则增添一个新数据，如此逐一求得移动平均值；以接近预测期的最后一个移动平均值，作为确定预测值的依据移动平均法通过不断引进新的数据来修正平均值，较好地修匀时间序列，揭示变动趋势，因而在市场预测中得到广泛应用。常用的移动平均法包括算术移动平均法和加权移动平均法两种。

（3）指数平滑法是通过平滑系数 α 取值大小，来反映对时间序列资料的修匀程度。α 取值越小，则修匀程度越大；α 取值越大，则修匀程度越小。

3. 因果分析法

因果分析法也叫"相关分析法"，是通过分析市场变化的原因，找出原因同结果之间的联系方法，并据此预测市场未来发展变化趋势的一种定量预测方法该方法的突出特点是强调从事物间的数量依存关系入手进行预测。因果分析法中最常见的方法是一元线性回归分析法。

四、营销决策的方法

（一）营销决策的步骤

营销决策是市场营销管理的中心环节，是营销管理人员根据客观的可能性和运用科学的方法，对营销战略、策略和业务方案做出的决定或选择。营销决策的基本步骤是：

1. 确定目标

确定目标是决策的前提。为使决策目标明确合理，应处理好三个问题：

（1）要在调查研究的基础上发现问题和提出问题。

（2）目标必须明确具体，切忌笼统含混。要明确决策目标是否附加约束条件，并要确立衡量目标实现程度的具体标准。

（3）应区分目标的重要程度和主次顺序。在多目标决策中，对多个目标应按其相互关系予以取舍。对保留下来的目标，应区分必须达到的目标与希望达到的目标、主要目标与次要目标等。

2. 收集信息

要收集的信息资料主要包括三种：一是通过查阅资料档案详尽搜集历史资料；二是开展现场调研活动，获得最新的第一手资料；三是通过市场预测，掌握反映未来发展趋势的动态资料。

3. 拟订备选方案

决策方案是达到决策目标的途径。为了便于选择最佳方案，拟订的备选方案应有多个。同时，为确保中选方案的最优性，应运用不同的方法拟订多种可供选择的方案。拟订的备选方案应具备两个基本要求：一是有整体详尽性，即所拟订方案应包括所有可行方案；二是各方案之间应具有相互排斥性，但必须可比。

4. 评价选择方案

在拟订备选方案的基础上，需要对各种方案进行总体评价和全面比较，以便从中选择出最有利于实现决策目标的优化方案。评价选择方案是决策的关键，决策的成败往往决定于所选定的最终实施方案是否最优。

5. 实施决策方案

最优方案的确立并非决策过程的终结，完整的决策系统运行过程还应包括决策方案的执行或实施。没有实施，最优决策方案不过是一纸空文。

（二）市场营销决策的方法

根据对未来可能情况了解判断程度，决策可以分为三种类型，即确定型决策、风险型决策和不确定型决策。三种类型的决策各有不同的决策分析方法，下面将分别介绍。

1. 确定型决策方法

确定型决策是指在一种确定的自然状态条件下，比较可行方案的效益结果，从中选择较优方案的决策。由于确定型决策的条件是已知的，因而采用的方法通常是比较法。

2. 风险型决策方法

风险型决策是根据几种不同自然状态下可能发生的概率进行决策。它有如下特征：具有决策者期望达到的明确目标；存在着不以决策者的意志为转移的两种或两种以上的自然状态；具有两个或两个以上的可供决策者选择的可行方案；不同方案在不同自然状态下的损益值可以计算出来；各种自然状态未来出现的概率可以主观判定或依据客观资料统计推算出来，但哪种自然状态出现是无法估计的。解决风险型决策问题常用的方法主要有决策表分析法和决策树分析法。

（1）决策表分析法。这是通过统计分析计算，将风险决策问题的基本内容及各方案的损益期望值用决策表来表达，按最优期望值标准从中选择最佳决策方案的方法，实践中，最优期望值标准有最大收益期望值标准和最小损失期望值标准两种。

（2）决策树分析法决策树分析法，是利用树形状态图形来分析和选择风险型决策问题最佳方案的一种方法。简单地说，决策树方法是最大收益期望值决策表法的图形化。决策树分析法应用时包括以下要点：首先从左至右绘制决策树形图；其次，从右到左进行计算分析，先计算条件损益值再计算各方案的损益期望值；最后，考虑附加条件计算各方案最终期望值，然后比较选优。

3. 不确定型决策分析方法

不确定型决策是指虽然知道可能发生的各种自然状态，但不能估计各种自然状态出现的概率，也不知道哪种自然状态出现。解决未确定型决策问题通常有三种分析方法，即最大最小收益值分析法、最小最大后悔值分析法以及折中分析法。

（1）最大最小收益值分析法。也叫"小中取大法"。该方法是在计算出各可行方案在各种自然状态下可能收益值的基础上，找出各方案的最小收益值，然后从这些最小收益值中选择一个收益最大的方案作为最优方案。由于该方法是以最小收益值作为决策标准，因而是一种比较保守的决策方法。

（2）最大最小后悔值分析法。又叫"后悔值法"或"大中取小法"。它是首先计算出各种自然状态下由于未采用相对最佳方案而造成的"后悔"损失值，然后经过比较从各方案最大后悔值中选出最小后悔值，它所对应的方案就是最佳决策方案。后悔值法是决策者悲观情绪的另一种表现。

（3）折中分析法。假设折中系数 α 表示乐观程度，$0 \leqslant \alpha \leqslant 1$，$1-\alpha$ 表示悲观程度，那么折中分析法就是以方案中最有利的收益值乘以乐观程度 α，以最不利的收益值乘以悲观程度（$1-\alpha$），两项相加作为该方案的折中收益值，选择最大折中收益值所对应的方案作为最优决策方案。

第四章 未来新零售业核心竞争力

第一节　企业核心竞争力的概念与特征

企业核心竞争力（The Core Competence of the Corp）最早由两位美国战略管理学家普拉哈拉德（C. K. Prahalad）和哈默（Gary Hamel）1990年在《哈佛商业评论》上发表的《公司的核心竞争力》一文中提出来的，它是指企业长期形成的蕴涵于企业内质中的企业独具的支撑企业过去、现在和未来竞争优势，并使企业长时间内在竞争环境中取得主动的核心能力。实际上，普拉哈拉德和哈默并没有十分清晰地定义核心竞争力，而只是给出了一个描述性概念。虽然有众多学者在此后进行了大量的研究工作，试图进一步清晰、明确核心竞争力的内涵，但核心竞争力、资源、能力的定义仍然含混不清，关于核心竞争力的研究，还没有形成一套完整的理论框架，甚至于直到现在还没有形成一个普遍认可的核心竞争力的概念。

一、核心竞争力理论的主要观点

在对"核心竞争力"的内涵定义上各国学者都不能达成共识，不同的学者提出了各自的看法，以下是有关国内外学者对于核心竞争力的几种不同观点。

（一）国外学者对于核心竞争力的主要观点

1. 整合观
(1) 主要特征：独特性、延展性。
(2) 代表人物及主要观点

哈默、普拉哈拉德：组织中积累性的学识，特别是协调不同的生产技能和有机组合多种流派的学识。

麦肯锡咨询公司：是群体或团队中根深蒂固的、互相弥补的一系列技能和知识的组合。

库姆斯：包括技术能力以及将技术能力有效结合的组织能力。

2. 知识观

(1) 主要特征：差异性的来源、专有性、模仿困难。

(2) 代表人物及主要观点

巴顿：是指有企业特性的、不易交易的、并为企业带来竞争优势的企业专有的知识和信息。

3. 构架观

(1) 主要特征：系统性、可操作性。

(2) 代表人物及主要观点

汉德斯：元件能力（资源、知识技能、技术系统）及构架能力（合成能力、管理系统、价值标准、无形资产）的组合。

4. 组合观

(1) 主要特征：组合性、技术性用户价值性。

(2) 代表人物及主要观点

鲍哥那、索马斯：是企业的专有技能和与竞争对手相比更好地指导企业实现尽可能高的顾客满意的认知。

康特：是组织中主要创造价值并被多个产品或多种业务共享的技术和能力。

梅约、厄特巴克：是指企业的研究开发能力、生产制造能力和市场营销能力。

（二）国内学者对于核心竞争力的主要观点

1. 李悠成：是无形资产，它在本质上是通过对各种技术、技能和知识进行整合而获得的能力。

主要结构纬度：技术、技能、知识。

主要特征：用户价值、独特性、延展性。

2. 丁开盛、周星：核心竞争力就是企业具有开发独特产品、发展独特技术和独特营销的能力。

主要结构纬度：产品、技术、营销能力。

主要特征：独特性。

3. 程报国：它是企业核心资产的重要组成部分，是全部核心资产的综合运用和反映，是企业多方面技能和运行机制的有机融合，是不同技术系统管理规定及技能的有机组合。

主要结构纬度：硬核心能力（核心产品、技术等）、软核心能力（经营管理）。

主要特征：不易模仿性。

4. 管益忻：以企业核心价值观为主导的，旨在为顾客提供更大的消费者剩余的企业核心能力的体系，核心竞争力的本质内涵是消费者剩余。

主要结构纬度：企业所特有的足以胜过竞争对手的所有要素都构成企业核心竞争力的一部分。

主要特征：独特性、整合性。

5. 左建军：企业体制与制度是最基础的核心竞争力。

主要结构纬度：企业制度、企业体制。

主要特征：独特性、延展性。

6. 陈清泰：是一个企业不断创造新产品、提供新服务以适应市场的能力，不断创新管理的能力，不断创新营销手段的能力。

主要结构纬度：专利份额、技术优势、管理能力。

主要特征：创新性、延展性。

7. 史东明：是分布在企业组织中的能量，通过核心专长表现出来，而其赢得竞争的能力核心又是先进的企业文化和价值观。

主要结构纬度：核心价值观、组织、管理、知识与技能。

主要特征：知识性、辐射性。

8. 陈佳贵：主要是企业在生产经营过程中的积累性知识和能力，尤其是关于如何协调不同生产技能与整合多种技术的知识和能力，并由此创造出超越其他竞争对手的独特的经营理念、技术、产品和服务。

主要结构纬度：知识与技能。

主要特征：独特性、创造性。

以上所列中外学者对"企业核心竞争力"概念的阐述，只是大量研究成果中的一小部分。综合以上观点，虽然分歧较大，但大家对于以下几点的认识基本一致：一是核心竞争力是指某一个企业所专有的、不能或难于被其他企业所模仿的能力；二是这种能力能有效增强企业竞争优势，而且这种优势还是可持续性的；三是这种能力是企业在参与市场竞争中逐渐形成的，不是与生俱来的，也不是从别的企业学来或移植来的；四是这种能力不是单一的，而是一种综合实力的体现。按照这样的界定，企业的赢利产品、技术、品牌、专利、实物资产、交往能力团队协作、变革管理质量、生产率、客户满意度等都不能单独成为核心竞争力。据此，我们可以这样来定义企业核心竞争力，即企业核心竞争力是企业在参与市场竞争过程中经过有效整合技能、技术和资源而形成的能使企业获取持续竞争优势的独特综合能力，主要表现为对市场的快速响应和准确预测，使企业在激烈的竞争中取得生存和发展的主动权。这种能力是企业在为客户创造价值的过程中体现出来的，是企业内部集体学习能力和创新能力的集中体现。企业核心竞争力是人的能力，是管理者具有的有机融合市场营销能力、管理能力、创新能力、科技应用能力、应变能力、人才策略、服务质量等方面以形成长期竞争优势的综合能力，而不是物或可以继承的能力。企业核心竞争力并不是某种超越对手的一般竞争力，比如产品质量服务、管理团队协作、客户满意度等竞争力，甚至不是核心技术，否则你就无法理解 Dell 会打败 IBM 和 COMPAQ 成为全球计算机老大。企业的核心竞争力是处在核心地位的影响全局的竞争力，是一般竞争力的统领。有一个形象的比喻，企业好比一棵大树，核心产品是树干，业务单位是树枝、树叶，那么花朵和果实就是顾客所需要的最终产品，而支撑所有这一切的是树根——企业的核心竞争力。

戴尔公司（Dell）凭借着低成本、高效率的生产方法（并且主要依靠委托加工）、低成本高效率的商业销售方式（力量不仅在直销）、精确整合公司价值链资源的能力（各种捆绑业务和产品标准化），形成了自己的核心竞争力。概括地讲，也就是"渠道价值链"与"制造价值链"的整合。因此，戴尔公司可以比任何 IT 制造领域的公司都敢于降价，"戴尔价格"成为全球 PC 领域的"价格天花板"，这保证它掌握着这个行业的销售规律和利润情况，也保证它永远比别的制造商拿到更便宜的零部件。一句话，戴尔公司的核心竞争力就是建立在直销模式上的低成本配件供应与装配运作体系的实施能力。沃尔玛公司是全球销售收入最多的公司，也是全球最大的零售公司。它在供应商那里获得了"定价权"——任何供应商在向沃尔玛销售商品时都会有更大的优惠，这包括降低产品价格、降低物流成本、延长应收账款时限、抬高商品"进场费"等方面。这是因为沃尔玛公司在两个方面能够做到极致：一是销售规模，是供应链信息系统。前者保证沃尔玛的最低成本，后者保证沃尔玛的最高运营效率。在这两个方面的独特优势，是当今世界任何一家零售企业都无法超越的。这两方面的整合就是沃尔玛公司的核心竞争力。

二、核心竞争力的特征

虽然众多学者对核心竞争力的定义各不相同，但对其特点的认识已趋于一致，总的来说，可以简单地概括为以下几点。

（一）独特性

企业核心竞争力是企业在发展过程中长期培育和积淀而成的，它深深地融合于企业内质之中，是独一无二的。同时它是根据企业自身特点和战略发展形成的，它不仅包括了企业独特的技术、技能、操作技巧和诀窍，还包含了企业独特的管理文化等特征，所以难以在短时期内被其他企业模仿和替代。如果企业的核心竞争力很容易被竞争对手所模仿或是通过努力很快可以建立，那它就很难给企业提供持久的竞争优势。正如著名经济学家张维迎教授所概括的那样：企业核心竞争力是"偷不去、买不来、拆不开、带不走、溜不掉"的。

（二）异质性

不同企业不可能拥有同一个核心竞争力，它是企业独一无二的，没有被当前和潜在的竞争对手所拥有的竞争能力。即使一种竞争能力很有价值，但是如果可以被许多竞争对手所拥有，那它产生的则只能是竞争均势而不是优势。核心竞争力与企业的初始要素投入、追加要素投入以及企业的发展经历密切相关，它存在于员工的身心、企业的战略规划组织结构和企业文化之中。因而，它难以从企业主体中分离出来，更无法完全进行市场交易，一旦拥有会具有较强的稳定性，同竞争对手形成质的差别。

（三）延展性

核心竞争力还具有延展性，能够同时应用于多个不同的任务，能为企业进入广阔的市场提供多种核心产品等潜在机会，使企业能在较大范围内满足顾客的需要。企业核心竞争力是一种综合的能力，不仅仅对应于某一两种产品，它还可以有力地支持企业向更有生命力的新领域延伸，衍生出一系列新产品和新服务，以满足顾客的需求。企业一旦建立起自己的核心竞争力，便可将其组合到不同的相关创新中，构筑起新的创造与发展基础，促进企业持续发展的势头。它犹如一个"能量源"，通过其发散作用，将能量不断扩展到终端产品上，从而为消费者源源不断地提供创新产品。它是支撑企业多元化经营的主要源泉。如，佳能公司利用其光学镜片成像技术和微处理技术方面的核心竞争力，成功地进入了复印机、激光打印机、照相机、扫描仪以及传真机等20多个产品领域；本田公司的核心专长是引擎设计和制造，这支撑了小汽车、摩托车、割草机和方程式赛车的制造。

（四）稀有性

核心竞争力具有稀有性的特点，一个企业不可能同时拥有多个核心竞争力，核心竞争力不同于竞争优势，竞争优势是企业在竞争中优于其他企业的表现，核心竞争力是企业竞争优势之"本"。虽然企业的竞争优势也可以来自企业的一般竞争力，然而只有拥有核心竞争力才能产生出可持续的竞争优势；核心竞争力不同于企业一般意义的资产，核心竞争力是企业独自拥有的资产，使企业在复杂多变的竞争环境中得以长期生存和发展的能力，其特点、作用和战略价值都与企业其他资产不一样，它是处于核心地位的资产，具有长远战略价值的资产；核心竞争力不同于企业某一方面的能力，核心竞争力是企业所有能力的核心，是企业竞争性能力的精髓，是企业各种能力相互结合的升华。具备核心竞争力的企业不必具备同类企业所具备的所有基本能力，而具备所有基本能力的企业不一定具备核心竞争力；核心竞争力也不是短期塑造而成的，核心竞争力是一种积累性的能力，是企业资源经过协调整合、延伸、提高等一个漫长的过程而形成的。它不是一种发明创造，更不是那种临时突现的"灵感"。核心竞争力的培育工作需要很长的时间来完成，它不可能是几天、几个月的时间，至少需要数年的时间。综上所述，核心竞争力是企业不易仿制、难以买卖、能拥有持久优势的稀缺性战略资源。

（五）不易模仿性

核心能力很难被竞争对手模仿，这主要由核心能力的知识特征所决定。核心能力可以被认为是关于如何整合企业各种资源的知识形式。知识可以分为两大类：显性知识和隐性知识。具有信息特征的显性知识很容易被仿制，而具有方法论特征的隐性知识则相对来说较难仿制。核心能力是以隐性知识为主，正因为隐性知识不公开、内容模糊、无法传授使用中难以察觉而又自成体系的缘故，核心能力才具有"普遍模糊"的特点。核心能力是企业积累性学习和集体学习的结果，深深地烙上了企业组织管理、市场营销以及企业文化等诸多方面的特殊印迹，企业的运作模式、营销模式规章制度，企业员工的素质、能力、观念以及行为方式等因素共同支撑着企业的核心竞争力，因此它具有路径依赖性和模糊性的特点，从而使竞争对手难以模仿。例如，海尔集团在售后服务上的核心能力，是基于"真诚到永远"的海尔文化和海尔营销服务网络两方面综合作用的结果。它既不是单一的能力，也不是可以从组织中独立出来的能力，它是随着海尔的成长而发展起来的综合竞争能力。所以，国内企业在纷纷效仿海尔的同时，也不得不感叹，海尔的核心能力是难以模仿的。

（六）不易替代性

核心竞争力是很难被替代的，要想在市场上直接购买到核心竞争力，是不可能的，因为核心能力是企业能力的集成，是与企业的员工、管理模式、组织文化及其特定的行为方式联系在一起的。它可以被企业的员工、企业的顾客和企业的竞争对手所感知，但是无法进行市场交易。有人认为，企业可以从市场上获得部分核心能力，其途径有两条：一是获取核心能力的载体——特殊性的高级人才；二是兼并收购拥有核心能力的企业。这种认识是不正确的。事实上，通过"外部采购"，企业只能获得核心竞争力的某个或某些构成要素，而不是真正的核心竞争力。其原因是第一种途径虽然可以获得核心能力的要素，但"要素"换了一个环境后，是否还有超强的生命力值得怀疑；第二条途径——企业并购，其效果取决于并购后的整合，如果整合不好，原有被兼并企业的核心能力不仅不能发扬光大，相反还有可能萎缩。总之，核心竞争力无法通过一次重大的发明或资源并购来实现，也不是通过相应的要素市场买卖获得的，企业不管从什么途径获取核心竞争力的要素，必须通过企业内部的有效整合后，才能"培育"出企业自身的核心能力。核心竞争力培育成后，在较长的时间内不会被其他核心竞争力轻易替代。因为，核心竞争力是企业在长期的生产技术实践中以特定方式、沿着特定的技术轨道逐步积累和培育起来的。它的建立需要较长的时间，有些核心竞争力还是企业特殊历史的产物，是企业历史的沉淀，是深深扎根于组织的文化，具有较强的持久性和进入壁垒，企业很难在不丧失原有核心竞争力的前提下培育新的竞争能力，因而具有不易替代性。

（七）价值性

核心竞争力的价值性主要体现在能为企业带来显著竞争优势和可观的超额利润。它不仅体现在提高效率、降低成本和创造价值等方面比竞争对手做得更好，而且能为目标顾客提供独特的价值和更高的利润，实现顾客特别注重的核心价值，如能显著降低成本、提高服务效率、增加顾客效用及企业对顾客价值的维护和增值，它包括价值保障、价值提升、价值创新三个方面。价值保障是一个价值传递的过程，它要求在不断降低成本的同时，保证价值的有效传递，保证产品价值和顾客可接受的价值不受影响；价值增值是一个增值的过程，是对现有产品和服务进行不断改进以提高产品和服务的价值含量的过程；价值创新则是一个创造过程，是企业运用核心竞争力开发研制全新的产品和服务，以满足顾客新的需求过程。企业核心竞争力必须以实现消费者所看重的价值为前提，那些能够使企业为消费者提供根本性好处的技能才称得上是核心竞争力。核心竞争力有利于降低成本、提高企业效率，使企业在创造价值方面比竞争对手更优秀，为消费者带来独特的价值。从经济学角度来说，就是提供最大的消费者剩余。识别一种竞争能力是不是核心竞争力，首要的判断标准就是看它是否具有价值性，特别是能否实现顾客价值。不能给消费者带来实惠的竞争能力无法形成企业的竞争优势，也就不称其为核心竞争力。从这个层面上看，消费者是决定企业核心竞争力的最终裁判。因此，企业核心竞争力富有战略价值。如本田公司在发动机方面的技能就是核心能力，而它处理与经销商关系的能力就不是核心能力。因为并不是本田经销人员的客户关系能力给消费者带来了巨大的价值，而是本田的发动机和传动系统方面的能力才使得消费者在众多品牌中选择了本田汽车；索尼公司的核心能力是"迷你化"，它给顾客的核心利益是好携带；联邦快递的核心能力是极高水准的后勤管理，它给顾客的核心利益是即时运送。

（八）动态学习性

企业核心竞争力是在长期的经营实践中逐步积累形成的，它作为支撑企业长期发展的主动力，具有较强的稳定性，其生命周期也远远超过了一般产品的生命周期。随着时间的推移，企业所面临的行业环境、内部资源、管理方式等都会发生改变，核心竞争力也必然发生动态演变。企业核心竞争力的生命周期可以划分为孕育期成形期、成长期、稳定期衰亡或再生期等阶段。企业核心竞争力在成形、成长、稳定期之后，就面临提升和创新的问题，否则随着市场竞争的加剧和科学技术的发展，核心竞争力也会逐渐失去其竞争优势，沦为一般竞争力，甚至完全丧失竞争能力。因此，企业若想长久保持核心竞争力的领先优势，就必须对核心竞争力进行持续不断的创新、发展和培育，要根据产业的发展方向、管理的更新趋势以及企业自身资源的发展状况，对企业的核心资源重新配置与定位，实现企业核心竞争力的及时跃升，以提高和扩大企业的竞争优势。

同时，企业核心竞争力也不是一成不变的，其内涵是不断发展变化的，它随时代的发展而发展，随市场的变化而变化。因为企业在核心竞争力的培育过程中会产生边际搜寻和路径依赖，这就会使企业过分依赖现有的战略模式，形成运行"惰性"，当市场发生变化时，企业不能及时采取相应的措施，陷入过分依赖某种能力的陷阱，长此以往，企业核心竞争力会发生蜕变，甚至变成企业的栓结。在20世纪80年代中期，日本企业依靠其核心竞争力在与欧美企业的竞争中节节胜利，而到90年代后期，由于其运行"惰性"的产生，使其竞争力逐渐走向衰退，丧失了竞争优势。所以，企业要注意不要让既有的核心竞争力随时代的发展变为普通的能力，更不能被淘汰。要把既有的能力作为知识存储起来，并不断更新充实，将其发扬光大。

第二节 零售业核心竞争力战略管理

零售业位于产业链的终端，是与消费者最接近的行业，其核心竞争力的构成有其特殊性。零售企业核心竞争力是企业多方面技能和企业运行机制的有机融合，是不同技术系统、管理系统及技能的有机结合，是企业在特定经营环境中的竞争能力和竞争优势的合力。核心竞争力通常体现为通过整合企业内部资源，包括提高生产效率、控制成本和质量、研发新产品、拓展新市场、调整组织结构、升华企业文化、提高管理能力等提升企业的竞争力。企业核心竞争能力包含多个层面，归纳起来，零售企业可以从以下几个方面来选择和确定自身企业核心竞争力。

一、人力资本

在知识与资本日益对等甚至是知识雇用资本的时代，人力资本对企业竞争力的作用已毋庸置疑。问题是对于企业的所有者来说，进行怎样的机制设计将人力资本与企业有机地结合在一起，使特殊人才竭力为企业奉献才能。与其他行业一样，零售业的竞争首先是人才的竞争。在世界居霸主地位的美国，零售业素来重视吸引和招募各行的精英。2000年当GE的CEO杰克·韦尔奇刚一宣布他的继任人选时，落选的动力系统CEO鲍勃·纳戴利就被慧眼独具的Home Depot董事会重金聘用，接替了20年来一直由合伙创业人伯尼·马库斯和阿瑟·布兰克担任的 CEO 要职。鲍勃·纳戴利并没有零售业的经验，Home Depot 董事会看中的无疑是其举世公认的 GE 管理经验。纳戴利果然不负众望，上任不久就大刀阔斧地实行了从企业文化到管理体制的改革，业绩令业内人士刮目相看。

无独有偶，近年来一直徘徊不前的 Gap 从迪斯尼挖来了以稳健著称的 Paul Pressler。有意思的是，Paul 本人从来没有服装行业的经验，但他带来的却是 Gap 最缺乏的科学管理，他所推崇的"艺术和科学完美的结合"已经给这个美国最大的服装专卖店带来了生机。2003 年第四季度报表业绩喜人：净收入从上年同期的 2.48 亿美元增长为 3.55 亿美元，营业额从去年同期的 46.5 亿美元猛增到 48.9 亿美元，引起了华尔街一片赞扬。沃尔玛的创始人山姆·沃尔顿曾总结出其事业成功的"十大法则"：忠诚你的事业；与同仁建立合伙关系；激励你的同仁；凡事与同仁沟通；感激同仁对公司的贡献；成功要大力庆祝，失败亦保持乐观；倾听同仁的意见；超越顾客的期望；控制成本低于竞争对手；逆流而上，放弃传统观念。这"十大法则"中有七条与员工关系有关，由此可见沃尔玛把员工关系放到了多么重要的位置，也足以证明人力资本是沃尔玛最重要的核心竞争力。

二、战略管理能力

在经济全球化竞争中发展起来的企业是现代企业，企业的发展必须具备发展的计划性、前瞻性和科学性。企业应有一定的发展规划或战略，在一定时期内对企业的市场定位、产品定位、利润定位、资源定位、技术定位、战略定位进行整合，企业只有具备一个完善而科学的发展战略，并对企业发展战略随时组织实施、校正和管理，确保企业的发展战略科学合理、切实可行，才能为企业培育核心竞争能力提供最基本的条件。在产业发展相对稳定的时期保持企业核心能力和积累的一致性，准确预测产业的动态变化，适时进行企业核心能力的调整。企业决策后应从企业核心能力的培养、成长和积累的角度来考虑企业的战略问题。美国的宝洁与沃尔玛是实施供应链一体化战略跨越组织界限解决物流问题的典型例子。沃尔玛每天通过人造卫星，将分布于各销售点的销售情况直接传递给宝洁，宝洁则主动补货，使得沃尔玛不但解决了库存与缺货问题，也取消了订货作业，更不必预付货款；而宝洁则通过自动补货系统，不但掌握了零售商的货品展示空间，也同时掌握了渠道。实际统计数据显示，宝洁的及时供货率由 9.4% 提升到 9.6%，而沃尔玛的销售增长率达 40%。再如我国北京的王府井百货大楼，地处中国商业第一旺地——王府井大街，锁定外地顾客市场，实施精品战略，取得了很大的成功，单店利润达 8000 万元以上。

三、企业的 R&D 能力

零售企业的核心竞争力是企业内部资源知识、技术等不断积累、整合和完善的过程。而这些内部资源、知识、技术等都必须具备独特性、个性、不可仿造性，即异质性。如果核心竞争力不具备这种最起码的特点，就不可能成为企业的核心，从"核心"二字出发，在企业内部资源中最能体现"核心"二字的应该是企业的核心技术，而企业今天的核心技术不等于也是明天的核心技术，在经济全球化的市场经济体系下，企业所面对的市场不再是一个国家或一个地区，而是全球化的市场，因而企业的R&D能力是获取企业核心竞争力的核心。这就要求企业必须利用从研究和实际经验中获得的现有知识或从外部引进技术，为生产新的产品、装置，建立新的工艺和系统而进行实质性的改进工作，在异质的基础上求发展，通过不断的发展，企业的技术才能始终走在科学的前沿，才能成为企业的"核心"。2003年6月，在美国芝加哥市召开的零售业系统展览会上，沃尔玛宣布将采用一项名为RFID的技术，以最终取代目前广泛使用的条形码，成为第一个公布正式采用该技术时间表的企业。按计划，该公司最大的100个供应商应从2005年1月开始在供应的货物包装箱（盘）上粘贴RFD标签，并逐渐扩大到单件商品。如果供应商们在2008年还达不到这一要求，就可能失去为沃尔玛供货的资格。

四、核心组织管理能力

面对不断变化的市场，企业要有优势，必须始终保持生产、经营管理各个环节和各个部门协调、统一高效。它涉及企业的组织结构、企业战略目标、信息传递、激励机制和企业文化等方面。根据生产中不同阶段要求，有效组织资源，并使其在各自的位置上正常运转，这就是企业核心组织管理能力，包括企业获得信息能力、推理能力、决策能力和迅速执行决策的能力，也可以理解为狭义的"企业核心能力"，它是培育企业核心竞争能力的保证。组织管理能力还应包括市场应变能力，客观环境时时都发生变化，企业决策者必须具有敏锐的感应能力，保持经营方略适应外部环境的变化。若出现无法预料的事件，如某项技术的发明、政府政策的调整等，企业就必须迅速、准确地拿出一套应变的措施和办法，把可能对企业自身的影响减少到最低程度。组织管理能力也应是企业独特的组织管理模式，而不应是现存的一般意义上的PDCA模式、A模式、E模式，企业只有根据自身的特点，在原来管理模式的基础上进行扬弃，在现有的基础上进行创新，研究开发适应企业自身需要的并能反映企业个性的科学的企业管理模式，才能保证企业组织结构合理、管理优化，企业在管理上才具备真正意义的核心竞争力。

世界零售巨头沃尔玛和家乐福纷纷减少企业的管理层次，向下分权。在沃尔玛的组织结构里，上层的CEO下面只设四个事业部：购物广场、山姆会员店、国际业务、配送业务，下层就是庞大的分店。众所周知，家乐福在管理分权方面做得更远，家乐福的各个分店具有较大的自主权，管理更趋扁平化。它实行以门店为中心的管理体系。家乐福的门店和店长可以根据实际情况，具有独立的行事权，包括商品组合结构的建议权和决定权、商品的价格变动权、人事管理权、商品的促销权等。家乐福以门店为中心的管理体系是其海外经营成功的关键因素之一。

五、核心营销能力

经济全球化的竞争，实际是全球化的市场竞争，在全球化的市场竞争中，企业的核心竞争力应体现在企业的营销能力方面，企业生产出来的产品的价值必须通过市场配置才能体现。企业在竞争中将会面临客户砍价能力、供货商砍价能力、替代品的威胁潜在、进入者的威胁以及竞争对手的威胁，企业必须拥有一批忠实的顾客，才能保证企业具备独特的营销竞争力，为企业巩固现有的市场份额，为企业开拓新的市场提供竞争优势，为新产品开拓市场提供客源保障，化解各种潜在的威胁。企业的核心营销能力涉及企业营销网络及渠道的管理和控制，运用科学的营销方案培养优秀的营销队伍，配合各级营销点，有效利用广告效应，通过高效的产品、价格、促销和营销渠道的整合向顾客提供满足其个性化需求的商品和劳务，通过一定的管理技术将配送中心、营销网点、信息体系和信息系统等联系在一起，形成覆盖较大区域市场的营销网络，将企业的技术优势外化为市场竞争优势。

六、规模扩张能力

企业在目前的无序市场竞争中应具备一定的规模优势，只有具备规模优势才能在企业跨国经营中具备竞争力。这种规模不是一种企业自己的生产规模，而是一种通过资本经营、品牌经营所能控制的一种生产规模、市场规模、资本规模，是现代意义上的规模。少部分企业通过联合兼并，组建行业集团，成为本行业中少有的几个寡头垄断企业，最终成为行业垄断的大企业。过去的 20 多年里，零售业唯一不变的是其动荡多变的兼并和收购，美国顶级百货公司 Saks Fifth Avenue（世界零售业 200 强排名第 90）和加拿大最大的零售商 Hudson's Bay Company（世界零售业 200 强排名第 113），以及 Office Depot（世界零售 200 强排名第 73）无一例外地都是通过兼并和收购实现快速成长而跻身列强的。这绝不是巧合，它们恰恰是过去两个世纪中零售业发展的真实写照。细览世界零售 200 强名录，无一不是以连锁店独霸一方，最小的一家销售额也有 20 多亿美元。

七、企业声誉

声誉是拥有私人信息的交易方对没有私人信息的交易方的一种承诺。在产品市场上，声誉是卖者对买者做出的不卖假冒伪劣产品的承诺；在资本市场上声誉是企业家、经营者对投资者（股东、债权人）做出的不滥用资金的承诺。这种承诺通常不具有法律上的可执行性，但如果卖者、企业家不履行这种承诺，就要失去买者的光顾和投资者的青睐。从这个意义上说，我们不应该把声誉理解成一个道德问题，而应该把它理解为一种制度。对于生产复杂的产品以至于买者或投资者一时无法判定质量，如汽车、房地产，以及买者靠承诺购买未来产品或服务的服务业和资本市场，声誉是企业获得核心竞争力甚至生存的根本和生命线。

零售企业必须十分注重形象和声誉，强调企业责任、文化内涵和环境氛围，抒发情感，传达温馨与欢乐，创造时尚与经典。零售企业的卖场在布局时应注意留出一定的休闲共享空间，一方面便于顾客休息，另一方面营造出卖场的人文氛围。同时，在经营中要注重文化营销和公共关系，善于举办与核心能力相符的主题活动和顾客联谊活动。沃尔玛在选择供应商时，就需要考虑对方的声誉，比如不能使用童工等，否则可能将导致连锁反应，影响沃尔玛的声誉。星巴克董事长舒尔茨在把一家咖啡豆公司转型为全球知名品牌的过程中充分树立和宣传星巴克的企业形象与声誉。舒尔茨认为企业声誉是通往成功之路，而非成功的副产品。他坚信，提供良好的工作环境以及为社区积极做贡献等星巴克的指导原则就是最好的广告。星巴克的员工都被公司称为"伙伴"，只要每周工作超过20小时，都有权分配股票期权并享受医疗福利。星巴克的总裁吉姆奥林还表示，这些做法也并不意味着每一位员工或者每一位顾客时时刻刻都能感到满意。"因为我们并不完美，时刻期待着开诚布公的对话，我们愿意做出改变"。哈佛商学院商业历史学家南希凯恩说："舒尔茨走在了大多数企业领导人前面，他认识到当今社会的用户是用钱来行使投票权的，他们仰慕哪家公司的价值观就会愿意往哪家公司身上花更多的钱。"

八、企业文化凝聚能力

企业文化是企业共同遵守的价值观、信念和行为方式。价值观是企业文化中相对稳定的要素，比如企业提倡"诚信、合作、创新"，都是企业的一种价值观念，也就是企业发展的最高指导原则，应该长期保持不变，除非企业经历了转型、重组等大的变革。信念是支撑企业价值观的各种信条、观念，比如人才观、发展观、竞争观、营销观等，必须结合企业的行业特点、市场状况、竞争对手等进行动态调整，是企业发展与竞争策略的指导思想。很多企业的文化建设只是停留在这两个层面，但是却忽略了企业文化的最重要部分——行为方式，行为文化是企业文化中最真实、最直接和最重要的部分，一个企业真正的文化其实并不是那些冠冕堂皇的"书面文化"或者"口头文化"，而是企业员工的行为方式。沃尔玛公司虽然仅有50多年的历史，但一直非常重视企业文化的作用，充分发挥企业文化对形成企业良好机制的促进和保障作用，增强企业的凝聚力和战斗力。沃尔玛公司创始人山姆·沃尔顿，为公司制定了三条座右铭："顾客是上帝""尊重每一个员工""每天追求卓越"。这也可以说是沃尔玛企业文化的精华。

家乐福将它的企业文化从以下几个方面进行表述："①企业的使命：我们所有的努力是为了让顾客满意。我们的零售活动是通过对商品及品质的选择，提供最佳价格，来满足顾客的多变需求。我们卖100元，有1.5元退货才满意；有2元退货太高；没有退货，表明顾客不满意。第一不缺货,第二便宜。②企业的员工:我们最主要的资产是士气高昂的员工。每一个员工应具有主动积极及分层负责的精神团结互助的工作态度,为公司整体利润而努力。员工不是成本,而是资产,好资产要更新,进行知识培训资产要投入。③我们的资源:我们必须保持简单而明了的理念。为了在竞争中取得优势,最大限度使用它。④我们的目标国际化。⑤我们的价值:我们需要协调与合作伙伴的关系,达到双赢,双方如发生矛盾,由离顾客近的决定。⑥我们的价值观:关注顾客,积极主动,诚实正直积极决策,参与管理遵守承诺;树立榜样团结合作,忠诚信实。"

第三节 零售业核心竞争力的提升策略

据中国连锁经营协会提供的数据显示,2006年内资零售企业的单位营业面积销售额比外资零售企业低40%左右;中华全国商业信息中心的调查则表明,在全国百强零售企业中,外资零售企业的商品销售额增幅约为30%,比国有零售企业高出近10个百分点。尤其是在大型综合超市等领域,外资零售企业已占据明显优势;在上海等一些商业中心城市,外资零售企业的市场份额已超过10%。据分析,外资大型零售企业,包括沃尔玛、家乐福、麦德龙等领军企业,低价竞争、规模化经营、开展衍生业务是其基本经营模式,三者相互作用,构成了企业的核心竞争力,值得本土零售企业学习和借鉴。

一、实施有效的人力资源战略

长期以来,由于缺少吸引、培育和激励高层次零售人才的机制,中国零售企业内部掌握现代零售知识的高级人才比较匮乏,成为制约中国零售企业发展的"瓶颈",使得中国零售企业在参与国际化竞争时处于明显的劣势。因此,建立长期稳定的人力资源战略,对员工进行适当的培养和管理,对零售企业可谓意义重大。中国零售行业是一个劳动密集型行业,它需要一线人员优秀的执行能力,否则再好的政策或想法如果没有员工的积极合作与参与都是不能实现的。

有效的人力资源战略包括以下几个环节:明确企业发展需要具有什么特质的人;招聘到合适的人并给他们提供全面的初期培训,日常管理中坚持进行定期培训、开发有效的沟通方法,时刻灌输以顾客为中心的思想;建立合理的激励机制。目前我国零售企业在人力资源管理方面实施的措施,包括工资改革、奖金制度、配股、福利待遇、提升和晋级等方面的激励机制,已经不能只是一种口号和提法,也不能只是一种似是而非的概念,而应该是一整套系统管理体制。随着科技的发展和时代的进步,零售业正逐步从劳动密集型向技术型转变,零售业的高技术含量逐步提升,正在走上传统经验与高科技相结合的道路。为不断满足及响应顾客不同的消费需求，零售从业人员须具备许多领域的专业知识与技能，比如采购技术物流技术、信息技术、管理知识、顾客关系管理等，并在诸多方面做出努力。因此既懂业务又懂科技的复合型人才在业内非常抢手。如沃尔玛，以各方面人才为基础支撑起强大的信息系统及高效的物流分销系统，快速处理商品销售及库存信息，结合商品计划，实施有效的供应链管理，以大量丰富的优质商品和极低的价格赢得经济实惠型的消费者。运用先进的技术，特别是EDI技术、物流管理技术，已是实施企业战略的根本保障，掌握这些技术的人才更是企业的竞争基础。

二、组建区域集团，扩大零售商规模

进入中国的外资零售企业普遍规模巨大，如沃尔玛公司，年销售额高达2400多亿美元，相当于我国社会零售总额的45%，我国本土零售企业在总体经营规模上与跨国集团有较大差距。面对强大的竞争对手，必须进行资产重组，培育一批具有国际竞争能力的大型流通企业，发展我国自己的"商业航母"，这是本土零售企业应对跨国零售集团冲击的重要手段。

（一）中小型零售企业通过连锁扩大经营规模

连锁经营是将现代工业大生产的原理应用到了商品流通领域，采用先进的集团化管理办法，实现流通行为的标准化、专业化、集中化和单纯化达到提高协调运作能力和规模经营的目的。我国中小型零售企业可尝试在不改变现有设施、不进行大量投入的条件下，以连锁经营的形式改造现有的零售组织形式，实行横向一体化经营，冲破单体销售增长的极限，形成规模。

（二）大型零售企业通过兼并重组，组建企业集团

大型零售企业可探索以资本为纽带，通过兼并重组的方式，强强联合建立战略联盟，形成跨地区、跨部门、跨行业、跨所有制经营的混合型商业企业集团，实现资本的快速集中与企业规模的迅速扩张，实现资源的优化配置和企业的优势互补，壮大企业规模与综合实力，通过战略性重组，增强企业的核心竞争力，从而全面提升企业群体竞争能力。以百联集团、华润万家、大商集团为代表的一批我国零售企业在将所购并的企业进行资源重组后，其经营绩效获得了明显上升，竞争力得到增强。

三、提高零售业创新能力

零售业外部市场环境变化以及零售业自身发展规律使得中国零售业正处于一场深刻的变革之中，任何零售企业无视这场变革，拒绝参与适应这场变革的创新活动，都将被时代

所淘汰。技术进步使得零售商和供应商以及零售商和顾客之间的信息交流更加流畅，交易更加便利，能带来更高效率的运营、更快速而有洞察力的决策、更好的存货管理以及更高的员工生产率。中国本土零售企业要在急剧变革的市场环境中生存和发展，唯一的途径便是创新。只有通过创新，企业才能够吸引顾客，才能够获得可持续发展的动力。创新就是比别人多走一步，创新就是有别于他人的做法，创新就是敢为人先。在企业经营管理中时刻关注竞争对手，研究对手的优劣和不足，同时分析自身的长处和局限，从各个方面进行创新。零售业创新可以从各方面着手，例如发展战略创新、组织结构创新、业务流程创新、服务创新、店堂布置创新、营销创新、技术应用创新等。目前国内零售商正在不断尝试着将新技术引入公司的运营管理和决策中，如运用POS系统可使顾客更快进行交易结算；电视会议将零售店员工与公司总部连接起来，可以更好地用于培训员工、播发信息、激励员工士气；电子商务的兴起和不断普及，为零售商大施拳脚提供更为广阔的空间。在与外资零售企业多年的竞争生涯中，国资零售商越来越深刻地认识到，只有按消费者需求持久地进行创新，才能使企业长期具有核心竞争优势。

四、建立基于企业实际的企业文化

企业文化是企业中长期形成的共同理想、基本价值观、作风、生活习惯和行为规范的总称，是企业在经营管理过程中创造的具有本企业特色的精神财富的总和，对企业成员有感召力和凝聚力，能把众多人的兴趣、目的、需要以及由此产生的行为统一起来，是企业长期文化建设的反映。企业文化必须形成若干规范才能称为文化，而这些规范不仅具有一般文化的理念形态，还必须具有比较强的可操作性，必须成为这个企业的成员共同遵守的行为规范。围绕公司核心价值观的企业文化的建立将明显地区别于其他企业，以这样的文化为基础开展的各项活动，竞争对手将无法模拟和效仿，这样将提高企业的综合竞争能力，同时增强公司的凝聚力，企业的品牌价值进一步提升，成为企业持续发展的动力源泉。建立基于本企业实际的企业文化，是一个动态的、长期的过程，一般通过企业高层管理人员和一般员工及外聘专家确定合理的调查内容，选择恰当的调查方法，调查分析企业环境，调查企业文化现状并最终对企业现状及企业文化形态进行准确的评价与判断；从零售行业特点、零售企业特点、零售产品特点和零售市场特点等方面，突出零售企业个性，树立企业精神或调整、重塑企业精神，确定企业文化发展目标；采取具体措施如借助规章制度、树立良好风气、借助模范人物等培育具有本企业特色的企业精神和价值观体系；由高层管理者或专门评价小组，灵活运用科学标准，如降低物资和能源损耗、降低废品率、提高产品质量、资源优化配置、增加销售额、减少销售支出等，在实践中评价和完善企业文化。真正适合企业自身的文化是被全体员工认同的，是能被细化可实际操作的，企业文化体现在企业员工的一言一行上，体现在企业的工作流程上，体现在员工的服务技能上，体现在处理问题的方式与技巧上,体现在企业的日常管理上,体现在企业员工的精神风貌上。

五、加大科技投入,提升零售业核心技术

当代的零售业早已不再是传统的"整买零卖,贱进贵出"的简单商业行为,已经发展为行业间科学管理和高科技应用的竞争。现代高新科学技术在零售业中有了广泛的应用,比如信息技术、EDI 技术、电子数据交换、网络技术、条码技术、电子商务、科学的调查统计分析方法等。这些高科技的应用对于提升零售业核心竞争力起着关键的作用。运用先进科学技术促进商业活动的信息化、智能化、网络化发展,依据准确信息对市场进行超前预测和预警,避免经营活动的盲目性,提升科学管理的程度。自 2004 年 12 月 11 日中国零售市场全面开放以来,国际零售巨头通过独资合资、合作或并购等方式,大举进军中国零售市场。国外零售企业凭借其强势的管理手段和策略以及高新技术的广泛应用,其竞争优势显而易见。高科技在产品开发、商品策划、销售预测、货源采购和精确定价等各个环节的应用已经成为经营者们不可缺少的决策依据。现代社会科技飞速发展,高科技与广大消费者的联系越来越紧密,在零售业的竞争者中谁能够在自己的企业里率先架起高科技与消费者的桥梁,谁就能把握市场先机,引领业界潮流。目前我国零售企业的技术含量普遍不高,与外资零售企业相比相距甚远。商务部在 2004 年上半年对部分流通企业的调查显示,仅有 6.84% 的企业基本实现了电子商务,流通企业信息化投资占总资产平均不到 2%,与国外大企业 8%~10% 的平均水平相比差距较大。随着国家信息服务业的飞速发展,全国经济信息网、企业产品信息网、行业信息网及国际互联网等一大批经济数据网的开通使用,为我国零售企业带来了新的契机,国内零售企业应抓住这一时机,用信息化手段增强内功,提升企业的核心竞争力。零售业要加大技术投资力度,建立完备的网络智能系统,实现内部管理及经营自动化。首先需要加强供应链管理,通过 SCM 与上游的供应商进行信息交换来改善供应链;其次是电子商务,零售企业可尽快应用 Pos(销售点)管理系统 MIS(管理信息系统)、EDI、EOS(电子订货系统)等现代管理技术建立电子商务体系和交易平台,提高管理效率,降低经营成本。零售商还可借助开展网上购物来提高公司形象、方便顾客或与合作伙伴开展电子交易,从而为零售业的发展开辟了更为广阔的空间。

六、创零售业服务品牌,提升企业核心竞争力

在商业竞争日趋激烈、商业服务趋向理性化的背景下,"服务品牌"已成为企业核心竞争力的重要组成部分,各商场的服务品牌已成为企业的一种资源,被重视和推广,商家对服务的投入也开始加大。服务品牌往往不是代表某项单一的服务产品,而是代表整个企业的形象。一个出色的服务品牌能展示服务质量和价值、客户获得的利益,体现企业文化

和个性，使消费者对企业经营的商品和服务产生认同感与亲和力，良好的服务品牌，是企业竞争的一种重要资源，而且竞争对手难以模仿。在市场竞争日趋激烈的今天，服务品牌已经成为零售企业的一种深层次、高水平的竞争，是建立和培育零售业核心竞争力的关键。

（一）塑造企业品牌，提升产品形象

随着商品的日益丰富，商品质量的差异在不断缩小，同样的商品、同样的价格因企业服务水平不同而形成经营效果的明显差异。消费者在购买时，不仅关心购买的具体内容，而且十分看重提供服务的企业，企业的实力、形象、口碑等往往成为直接影响消费者购买决策和购后评价的重要依据，为此零售业必须通过塑造优秀的企业品牌来提升所经营商品的形象。同时，随着人们生活水平的提高和文化知识的丰富，消费理念也发生了很大变化，消费者已不再只停留在对热情耐心微笑的传统服务形式的满意上，而更多地将服务看作是一种"消费体验"，这种体验存在于企业与顾客接触的所有时刻。企业可以通过规范每一次交流，创造出全面激发顾客兴趣的体验，引起顾客心理上的共鸣，从而提升企业在消费者心目中的形象。企业还应重视形象识别系统，企业名称、标志以及包装对企业形象有重要影响；增强社会营销意识，重视对一些危机事件的处理，培养顾客对企业的信赖感，努力构建优秀、鲜明的企业形象，在此基础上通过消费者的心理移情作用来提升产品形象。

（二）推行零售商自有品牌，实施形象差异化战略

零售商自有品牌（PB商品）是零售业在收集、整理、分析消费者对某类商品需求信息的基础上，提出新产品的开发设计要求，选择合适的生产厂家或自行设厂进行生产制造，由零售企业定义商标并注册，仅在本企业内进行销售。自有品牌能给零售商带来许多好处：节约流通费用，实现价格优势；根据消费需求开发商品，灵活经营，实现终端优势；重点展示自有品牌，拥有促销优势；针对目标顾客细分市场，形成地域优势；产品独一无二，形成差异化优势，有利于零售商的持续经营。自有品牌战略的实施对零售业创服务品牌，培育零售业核心竞争力将发挥积极的作用。零售企业可以利用其直接面对顾客的独特优势，积极开发设计自有品牌产品，达到贴近消费者需要和降低成本的目的。零售企业可以组织研究人员或与高校、咨询研究机构合作，根据市场环境变化，在及时捕捉、收集、分析消费者需求信息的基础上，提出最可能满足消费者不同需求的新产品设计方案或要求，包括特性、质量与包装等方面的要求和标准，设计自有品牌产品；一些有条件的零售企业可以通过选择合适的合作生产商，甚至可以自己并购一些生产厂家进行生产，树立零售企业有特色的自有品牌产品。零售企业核心竞争力的建立并非一朝一夕，它需要企业

全体员工根据市场和社会环境的变化，与时俱进，不懈努力，逐步完善，在提高自身综合竞争能力的同时，以最优质、最鲜明的特色吸引消费者，提高市场占有率。这样企业才能够在激烈的市场竞争中稳步前进。多年前，中国零售业通过学习、借鉴、模仿国外零售企业先进的模式，走上了快速发展之路；今天，中国零售市场已经发生了巨大的变化，本土企业之间、本土企业与外商零售业之间的竞争日趋激烈，特别是中国零售市场全面开放以后，已进入和即将进入中国市场的国外零售商，在确定目标市场、扩张及发展速度和方式上，都将产生一系列的变化，要在激烈的竞争中立于不败之地，唯有建立和强化自身的核心竞争力。

第五章 未来新零售业信息化发展

第一节 零售业信息化与信息系统

一、零售业信息化

（一）信息化的内涵

"信息化"一词最早出现在 1963 年日本学者 Tadao Mesa 发表的《论信息产业》中。对于信息化的理解可以分为两个层面：①广义的信息化可以理解为把现代信息技术应用于社会经济各个领域，发掘信息资源的潜力，更有效地开发和利用信息资源，以信息产业带动国民经济和社会发展的过程。它以信息产业在国民经济中的比重、信息技术在传统产业中的应用程度和国家信息基础设施建设水平为主要标志。②狭义的信息化是以一个组织的管理活动为服务对象，应用 IT 技术，实现对 IT 技术的管理，从而提高效率、降低成本的过程。广义的信息化侧重于信息化的基础建设，而狭义的信息化主要强调信息化在各领域的具体化。

信息化的内涵在不同的时代有不同的解释，多数学者认为我国现阶段的信息化包括以下六要素：(1) 信息技术的发展是信息化的前提条件。没有当代先进的信息技术就没有信息化。信息技术具有鲜明的时代特征，其内容不断扩充。从总体上看，包括计算机技术、微电子技术、通信技术、自动化技术、光电子技术、多媒体技术、缩微复印技术、声像技术、网络技术、数据库技术、人工智能技术、仿真技术、专家系统及机械电子技术等。其中，计算机网络技术、成像技术、数据存储和人工智能等在不远的将来将对信息化产生革命性的影响。现代信息技术在经济系统中的应用是国民经济信息化的关键。(2) 信息资源是信息化的核心内容。其他要素均是直接或间接服务于信息资源的获取加工、存储、传播和使用。(3) 信息网络是信息化的基础。信息网络是信息技术应用的最主要的方式之一，信息资源在信息网络流动的过程中实现价值。（4）信息产业是信息技术得以应用的必要条件。信息产业是利用信息技术开发与利用信息产品和提供信息服务的产业。它包括：信息服务业、信息通信工程设备制造业和派生出来的软件业、广电文教业、金融保险业、行政机关以及国民经济与社会生活中各种间接信息部门。（5）信息产业人才是国民经济信息化的能动因素。它的特点是拥有相对较多的更新较快的知识和技术。（6）适当的信息化政策法规和体制标准是国民经济信息化实现的保证。

（二）零售业信息化的内涵

零售业信息化是零售企业利用信息技术实现经营管理目的的全过程管理活动。信息化所涉及的不是简单的会计电算化、销售自动化或办公自动化，更多的是组织行为和业务模式的再造与设计，所以信息化的本质就是如何通过信息化工具的应用来实现更为有效的管理，从而创造和获取属于自身的竞争优势。对于零售企业来讲，必须结合企业的实际和零售行业的特点来确定信息化的出发点。或是建立成本优势，解决人工成本过高的问题，降低运营成本；或是建立差异化优势，塑造自身形象比如商业自动化；或是不断创新经营业态或销售手段等，最终建立自身的核心竞争优势。信息技术在零售企业中的作用主要体现在以下几点：（1）数据采集能力。来自 POS 终端的商品和顾客服务数据。（2）数据传输能力。与供应商和分店的数据共享，改变供应链信息不对称状况，提高补货和存货共管能力。（3）数据存储能力。完成如数据存储、合同存储、货品移动、票据传递、手续查证等工作及流程的记录和约束。（4）数据分析能力。对组织机制设计和业务流程沟通关系的固化，及其商品流、资金流、信息流的实时数据处理。（5）数据服务能力。作为一种资源被内部和外部供应链伙伴广泛应用，而解决来自本地需求与总部网络集中服务的差异化的复杂流转问题。随着零售组织的日益庞大，信息化使规模化经营的人工成本、组织成本、交易成本都大大降低，而不受人工、地域和文化的过多影响。

（三）零售业信息化的内容

清华大学侯炳辉教授认为，企业信息化是一个很广泛的概念，总的来说就是广泛利用信息技术，使企业在生产、管理等方面实现信息化。具体可以分为三个层次。第一层是企业在生产当中广泛运用电子信息技术，实现生产自动化。如生产设计自动化（CAD）、自动化控制智能仪表、单板机的运用等，凡是用到电子信息技术的都是企业信息化的一部分。第二层是企业数据的自动化、信息化，用电子信息技术对生产、销售财务等数据进行处理，这是最基础的、大量的数据信息化过程。第三层是更高层次的辅助管理系统、辅助决策系统、Intranet、Extranet 制造资源规划（MRP）、计算机集成制造系统（CIMS）、办公自动化（OA）等都是用来辅助管理辅助决策的，这是更高层次的信息化。零售业信息化应包括两大部分：①销售过程信息化。类似工业企业的生产过程的自动化，利用各种信息技术工具，实现商品销售的自动化。②管理自动化。就是建立管理信息系统（MIS）、办公自动化系统（OA）以及决策支持系统（DSS）、供应链管理（SCM）、客户关系管理（CRM）等，通过自动化工具不仅代替的体力劳动，而且还代替人的脑力劳动。如果将两者结合起来，从计算机辅助设计（CAD）计算机辅助生产（CAM）到计算机辅助管理（MIS、DSS、CRM、SCM）等形成一个完整的有机整体，那么企业就达到最高级的信息化，也可称作"企业E化"。下面介绍IBM的零售业信息化方案。

根据IBM的零售业信息化方案，零售业的信息化可以归结为五大模块：业务流程和数据管理、客户接触点管理、运营系统管理、知识管理以及服务支持系统管理。其中最有零售业特点的，是客户接触点管理和知识管理。所谓客户接触点管理亦即接触管理，是指决定在什么时间、什么接触点以及用何种方式与顾客及潜在顾客进行接触。任何一个接触点都是一个"真实瞬间"。一些接触点是通过客户与企业的直接互动实现的，如现场服务、业务拜访电话交谈等。而另外的接触点如目录管理、宣传手册等更具间接性的特点，但这些接触点同样能够影响客户满意度。消费者有成百上千种和企业接触的方式、方法，例如朋友和邻居彼此交换意见、产品包装、新闻杂志和电视资讯、消费者和潜在顾客在零售店中得到的服务，产品在商店中陈列的位置等。而且接触并不会随着购买完成而结束。同时接触也包括朋友亲戚对一个正在使用该产品的人的看法等。但在零售企业中，大部分的接触点还是集中在卖场当中，如何通过对这些接触点的有效控制来提高客户的满意度和忠诚度，成为零售企业接触点管理的核心内容。信息技术的应用可以有效地提高消费者在接触点的简单性与方便性体验。举个最简单的例子：POS系统的引入，使顾客在结账时感受到了比原来更舒适与方便，未来的射频技术又肯定会比现在的POS系统更好。这些类似的应用，使企业增加了收入，同时使顾客满意实现知识管理。在国外，一家超市的某顾客一天接到超市发来的电子邮件，内容是："恭贺你做父亲了，有了一个可爱的小女孩，您都需要些什么我们给您配齐，保证质量。"超市怎么知道顾客家里的事？原来，商店通过这位先生每次持信用卡购物的清单，分析出他原是单身，所购商品都是单身男人的用品；可是最近多次购买婴儿用品，而且都是女孩的。这家超市的情报这么及时、准确，依靠的就是知识管理。商店通过对交易信息和客户信息的大量积累，就可以从中提取有价值的市场信息并加以利用。比如畅销商品的类别、商品在不同地区的销售对比、最经常光顾的客户群的共性和个性等。通过对这些信息的分析整理，零售企业就可以采取有针对性的做法，为每一位客户做到贴心服务。业务流程和数据管理的意义首先是采用电子文件代替传统的纸质文件，它的作用不仅是节约纸张，更重要的是总部和连锁店之间信息的及时传递。运营系统管理的模块对于制订和实施销售计划特别有用，同时，它也用在商品库存管理和存货补充上面保持一个合理的最低库存服务支持，系统管理虽然在五大模块中排在最后，但前面四大模块的各项功能都要它这个统一的平台来支持,这个 IT 系统的设计和运行应当体现可靠、实用、安全、标准化、快速灵活等特点,新开发的业务应用能够很快地加入到原有的系统中,并且以一种整合的方式进行运作。能做到这一点的,才是好的零售业信息化系统,但是反过来,零售企业也必须能用好这样一个功能强大的信息化平台,为提高自己的竞争力服务。

(四) 零售企业信息化的主要范围

1. 营销管理

传统的营销方式是建立在庞大的物理销售网、遍布各地的销售代表和铺天盖地的广告攻势的基础之上的。而随着网络技术的发展,尤其是国际互联网(Internet)的出现,将改变传统的营销方式。人们将发现,在计算机网络商场中彼此间更容易接触,营销成本会更低廉,消费者也将会更满意。网络营销并非要取代传统的营销,而是迎合信息科技的发展,来创新与重组营销方式。传统的营销组合由 4P 组成,即产品(Product)、价格(Pice)、促销(Promotion)和地点(Place)在互联网络的冲击下,传统的营销组合亦有了新的内容。(1) 产品/服务。适合在互联网络上销售的产品通常具有下述特性:具有高科技感或与电脑有关;以网络族为目标市场;市场需要涵盖较大的地理范围;不大容易设店贩卖的特殊商品;网络上销售的费用远低于其他渠道;消费者经由网络上的信息,即可做出购买商品的决策。(2) 价格。虽然网络交易的成本较为低廉,但因交易形式的多样化,价格的弹性也大,企业应充分考虑所有渠道的价格结构后,再设计合理的线上交易价格。而且,由于不许零售商的介入,零售价格易于在各地统一,企业也容易随时改变价格体系。(3) 促销。线上促销除了可以为公司做广告外,同时也是发掘潜在顾客的最佳通道。但因为线上促销基本上是被动的,因此如何吸引消费者上线,并且能够提供具有价值诱因的商品信息,对于企业将是一大挑战。通过创造新鲜感激起上网者的好奇心,广告主吸引顾客注意力搜集顾客资料的目的也就达到了,现在网络上出现的有奖竞猜有奖问答、有奖注册等比比皆是。(4) 渠道。线上交易的产生对于企业现有渠道结构是一大挑战,互联网络直通消费者,将商品直接展示在顾客面前,回答顾客疑问,并接受顾客订单。这种直接互动与超越时空的电子购物,无疑是营销渠道的革命。网络营销能够有效地帮助企业实现营销的 4C(Consumers Want and Need, Cost to Satisfy, Convenience to Buy, Communication),消费者的需求及欲望可以随时了解,消费者获取满足的成本相对低廉,消费者可以足不出户地采购,与消费者的沟通易于实现。我国电子商务的发展在金融外贸、民航等系统已经取得了很大成效。零售企业从现在开始就可以进行自己网络营销的长远规划。另外,企业通过建立内部的顾客信息系统,并与网络相连接,则可以代替以前的顾客卡片或顾客档案并及时进行更新,也便于随时跟踪顾客和对顾客情况进行统计分析。

2. 人力资源管理

对于零售企业来说，现代信息技术使得企业对于人力资源的吸收和开发、测试、录用、培训、奖励等都变得更容易，而且费用也大大降低。一个人力资源管理系统基本架构包括如下内容：（1）数据。包括动态数据和静态数据。动态数据是员工在进入企业后，随着时间的推移不断发生的，如工资数据、考核数据等。动态数据要求企业能及时准确地对其进行跟踪、辨别、搜集更新。动态数据是企业领导掌握人力资源状况管理水平以及提供未来决策支持的主要数据来源。静态数据有两大类：一类是如员工性别、经历、通信地址等员工自身数据，另一类是如部门职责、部门结构、职位分布等组织数据，静态数据在很大程度上决定了下面的数据关系和规则。（2）数据关系和规则。数据间关系和规则的建立要根据企业人力资源管理工作的具体需要。关系和规则要能够很好地反映企业现实状况，适应未来需求，能够帮助处理人力资源数据和提供有价值的报告。（3）统计分析报告。利用数据关系和规则企业就可以对发生的大量人力资源信息进行分类、统计和分析，产生定期的报告，如工资状况工资分布、员工考核情况、报酬系统的激励效果等。简洁明了的人力资源管理报告，不仅提高了人力资源的管理效率，而且便于企业高层从总体把握人力资源的管理状况。分析我国零售业人力资源信息系统的现状，首先是缺少适宜企业需要的人力资源管理系统软件，这是由于计算机软件人员对这个领域还不熟悉，同时企业里的人力资源管理缺乏理论支持。其次有些企业的动态数据并没有做到随时更新，而系统的功能往往表现为工资的记录器，这主要是人力资源部门对人力资源信息系统的理解不够、重视不足。

3. 财务管理

从企业管理的角度来看，企业财务管理分为成本管理流动、资金管理和投资决策。详细的内容如下：稳健的财务是经营的第一保证，财务状况和理财能力是财务管理的主要对象。财务状况反映了企业的资产损益、资金变动情况，也表现了其获利和支付能力，反映财务状况的系列指标直接给高层决策提供最可靠和真实的支持。理财能力是企业筹措资金和运营资金的能力，所以应根据企业的整体运作和长远规划来运用资金，加强预算管理，致力于降低成本和减少不必要支出，并以财务为基础，加强资本运营能力。现代信息技术将使财务管理变得越来越重要，同时财务管理工作却越来越轻松。财务管理人员将从烦琐的财务工作中解放出来，参与企业的经营管理，而高层领导能更方便、容易地获取财务信息，从而做出正确的决策。

4. 决策支持

决策活动是管理的主要活动，当企业面临问题时，通过决策活动，找出解决问题的可行方案。决策活动决定了企业资源投入的方向，对企业影响巨大不同层次的企业管理者需要不同的信息。企业的高层领导需要更多的战略信息，中层管理人员需要的是战术信息，而基层管理人员需要的是业务信息和作业信息。也就是从决策实行的管理层次来看,管理决策可以分为作业控制、管理控制和战略决策三个层次。战略决策需要战略信息,战略信息大部分来自外部,管理决策关系到战术信息,战术信息内外部兼而有之,而作业控制所需的业务和作业信息基本来自内部。一般而言战略信息寿命长、更新慢,业务和作业信息寿命短、更新快,而战术信息居中。战略信息加工灵活,战术信息次之,而业务和作业信息则比较规范。战略信息的使用频度和准确度低战术信息居中,业务和作业信息则最高。信息的不同层次也影响着管理决策的不同信息化的发展使企业将有越来越多的可程序化决策纳入计算机系统,管理人员将有更多的时间用于无法程序化的决策上。有人说两者关系是,可程序化决策与无法程序化决策之比为80∶20;用现代化的计算机和数据终端设备进行数据集中处理,将分散数据集中到计算中心,促进重要决策的集中化,提高决策速度和质量;重要决策集中,次要决策分散,将需要在各部门间取得协调的决策下放给中层。随着信息处理条件的改善,决策者可以亲自对其决策加以控制,减少了中层管理人员的监督作用,促进以监督为主要职能的管理层次和部门实现精简。总之,表现了企业管理组织既高度集中又机动灵活的柔性特征。根据西蒙(Simon)的理论,决策过程可分为三个阶段:认知(Intelligence)——寻找问题;设计(Design)——形成方案;选择(Choice)——选择方案。信息是正确做出经营决策的基础。企业经营者要做出适应环境的正确决策,尤其是战略决策,除了凭借个人经验和判断外,更重要的是掌握足够的外部环境信息和企业内部信息,这些信息还必须正确、可靠、及时、全面而适度,错误的、过时的、多余的信息将导致错误的判断和决策。而信息系统能够极大地改善信息的质量,保证信息的数量,加快传递的速度,所以,信息系统能帮助管理者增强决策能力。在线实时系统使管理者几乎可以在问题发生的同时就知晓。数据库管理系统可以使管理者很快掌握事实真相,用不着再找人帮助查阅大量纸张文件。管理者可以通过普通的电子表格软件或新式的决策支持软件进行"如果……则会……"的分析,从中找出最优方案。信息就是企业的生命。正是由于现代信息技术带来畅通无阻的信息资源,使得企业高层管理者在决策时有了更加丰富的依据。管理人员可以更加容易地运用现代博弈论方法进行企业的战略决策。

5. 全面企业管理

随着企业管理技术的不断发展,全面企业管理应运而生。目前的全面企业管理概念及内涵包括传统财务管理、办公自动化管理、企业生产流程管理、网络系统管理及企业与市场、与合作伙伴相互沟通的电子商务在内的管理,它囊括了我们前面所提到的信息化范围的五个方面。有效实施全面企业管理将为企业提供解决复杂性和多样性挑战的方案,有助于加强企业的综合竞争能力。全面企业管理适应经济全球化的趋势,使企业与市场的沟通形成标准模式。它包含了电子邮件、群组软件及视频会议等要素,能够支持多任务应用平台和所有网络协议;它综合了各种管理功能,充分发挥彼此间的相互协调作用;提供整体的安全控制管理；提供程序开发界面，供其他厂商开发相关产品，并可根据特定需求进行修改和扩充；既能监控网络流量，又能提供预警与分析功能。

（五）零售企业信息化的条件

零售企业要实现信息化，须具备以下条件。

1. 企业信息化的需求欲望

企业信息化的首要条件是企业真正具有信息化的需求欲望。企业信息化尤其是开发管理信息系统，技术和经济投入巨大，管理的要求较高，难度很大。很明显，一个要求信息化的企业领导不仅要有开发、应用信息系统的勇气和决心，而且还应有高瞻远瞩的眼光。即他真切地感到必须实现信息化，才能满足企业当前以及未来战略性发展的需要，从而以百折不挠的决心和恒心实现企业的信息化。相反，如果一些企业没有信息化的需求欲望，勉强进行信息化，则必然达不到预期效果，甚至失败。

2. 有自己的技术和管理人才

企业信息化是充分利用高新技术的过程，而所使用的高新技术不是一次购买、一直使用的技术。从项目立项、开发到投入使用以及以后的维护，技术总在变化、升级和更新，信息系统也就不得不升级和更新。管理本身及人员使用要求的变化，也会影响到信息系统的建设。那么，用户如何适应这种变化？如何处理和对付这种变化？当然，开发单位应当考虑这种变化因素，以便使管理信息系统（MIS）在设计时就具有应变性。但无论怎么考虑，它总不能代替用户的逻辑（包括用户的思想），所以企业必须有自己的技术力量，在开发、应用和维护阶段都必须有自己的技术人才。用户既不能幻想购买一个一劳永逸的如电视机那样的 MIS，也不能幻想开发单位会无穷无尽地提供维护服务。由于 MIS 客观上或者本质上是一个不完整产品，它的功能可能随着管理体制的变化而增减，它的应用可能随着用户的思维变化而提出新的要求，它的技术由于时间的推移需要更新，它的某些缺陷可能在日后暴露等。这个不完全产品总需要人维护，且维护次数有时可能很高，技术要求也很大。所以企业必须有自己的技术人才维护，才能保障系统的更新与运转。

3. 技术和管理基础

企业信息化是建立在规范化的基础上的，因此，企业首先应有一定的现代化和自动化的基础才能谈得上信息化。如果企业技术基础很落后，自动化水平很低，那么企业就不可能实现信息化，这时应当在基本的技术设施建设上下功夫，而不是只谈信息化。管理信息系统的建立不仅要有技术基础，还要有管理基础。首先是企业管理人员，尤其是主要领导人员，有没有现代化管理的意识，有没有这方面的需求欲望；其次是管理制度是否完善，管理机构是否稳定和合理，管理数据是否完整、科学。如果当前的管理就很混乱，则谈不上现代化管理。否则即使勉强搞管理信息系统，那么也不可能顺利开发，即使开发成功，也不可能有效运行。

二、零售业信息系统

在现代，市场需求更加多样化、复杂化。复杂的市场状况，必然形成日趋激烈的市场竞争。零售企业要在市场中求生存、求发展，就必须保持对市场变化的高度敏感。一个综合性、全方位的零售业信息系统，可以有效提升企业信息获取、处理和辅助科学决策的能力。零售业信息系统就是以人为主导，以计算机相关设备与网络设备所构成的集成化的信息系统，用于收集、整理、分析业务信息，以使决策者能更好地进行科学管理，提高决策效率。与传统手工系统相比较，零售业信息系统具有很好的系统性和高效性。系统性是指从系统的角度解决企业营销所需要的信息，并把系统的问题放在整体中处理，力求达到整个系统的最优化。它对企业内部的购、销、调、存等业务信息和企业外部市场信息进行统一搜集与管理，以实现市场信息管理整体最优化。高效性是指现代计算机强大的运算能力对市场信息的处理速度和处理范围都大大增强；计算准确、传递及时提高了效率；另一方面，对信息的综合、分析和加工提炼，又保证了信息的质量，提高了使用效果。同时，系统具有很好的适应性，能够不断地从外部市场环境中输入各种信息经过加工处理，提供给使用者。计算机的使用加速了这一过程，使企业可以迅速根据市场情况变化，调整营销策略，提高了企业的应变能力。

（一）现代零售业信息系统的基本特征

1. 系统化

现代零售企业的计算机系统功能越来越强大，系统也越来越庞大。零售业发展经历了从传统百货到新型百货再到电子商务的变革，经历了从手工到计算机、从单店到网络、从粗放型到集约型转变的过程。现代零售业企业的计算机系统要适应当前及未来的变化，基础架构必须具备以下特征：越分越细，越分越专业，只有将大系统分成相对独立的子系统，才能更好地适应变化，易于异构，易于扩充。

2. 网络化

现代零售企业已从同城向异地发展，管理模式也从单店管理向网络管理发展，这就对作为技术支撑的计算机系统提出了更高的要求，普通的进、销、存管理已不能适应新的发展，建立网络化的配送体系和连锁体系是现代零售业信息管理系统的发展方向。

3. 接口标准化

现代零售企业的计算机管理已深入到了管理的各个层面，这些管理系统之间形成的是一个个信息孤岛，而连接这些孤岛的纽带就是标准化的接口。

4. 智能化

零售企业在经营过程中会产生许多数据，这些数据蕴含了丰富的市场信息，对这些信息的分析和挖掘可以找出市场潜在的规律及发展趋势，这对管理者制定市场决策有着重要意义。

5. 电子商务

电子商务将完全改变传统零售业获取信息的方法，将取得传统消费群、意向消费群和未来消费群的多种信息，这些信息的分析结果将为零售企业制定未来战略和调整经营方针提供重要依据。电子商务还有增加供货及销售渠道、提高企业知名度、改进连锁经营的管理方法等诸多优势。

（二）现代零售业信息系统建设的原则

1. 先进性

要用全局、集成和发展的观点来看信息系统的建设。综合信息系统建设的是全面提高企业业务管理水平和市场竞争力，信息系统是零售业管理思想的载体。因此，信息系统的设计应具有一定的先进性和超前性，在技术上，应使用当前国际上先进成熟的、通用的、开放的软件和硬件技术。

2. 实用性

信息系统的建设要体现投资效益原则，在保证系统质量和性能的同时，尽量使用性能价格比高的系统和软件，节约投资。在计算机系统高速发展的情况下单纯追求技术先进是有限度的，必须考虑系统的扩展性和满足较长一段时间的应用，在系统扩展时保护原有的投资。

3. 安全性和可靠性

零售业务对信息的实时性、安全性要求较高，因此，系统应具有高可靠性和有效的抗错能力。硬件方面网络、服务器、通信、前端客户机等尽量做到系统中没有单点故障；系统软件方面，应选用具有较高安全级别的网络操作系统数据库系统；应用软件方面应充分考虑操作的稳定性和各类故障情况下的系统恢复和备份能力。当通信线路发生故障时，POS 支持脱机及后台联机工作方式，并可平滑切换，保证营业正常运行。

4. 可扩充性及平滑升级能力

综合信息系统的建设不仅要满足现行业务的需求，而且系统方案应为未来的发展留有充分的余地，并能平滑升级；业务软件系统应具有充分的扩展性，业务软件系统的设计不仅要满足现有的百货零售业态，并且能适应向多业态、多店连锁经营模式转变的需求。

5. 从上向下规划、从下向上开发

综合信息系统按照"统一规划、分步实施"及"业务优先"的原则进行建设。总体规划需要建立信息系统发展框架，结合现有成功信息系统实施的经验和零售行业的特点，充分考虑业务、管理和技术上的可行性，总体上要充分考虑各系统的集成性，便于实现数据的共享和交换，并需要在该框架下定义可度量的阶段目标和工作计划。

6. 抓开发、重培训与推广

衡量管理信息系统成功与否的重要标志是应用的广度与深度。广度指的是上至总经理，下至各层管理人员、业务人员及收银员，都在使用计算机办公；作业深度指的是采购、进货、验收、储存、调拨、调价、销售、退货等整个业务流程的各个环节均实现计算机处理。要让全体员工成功地应用业务系统，必须抓住推广应用这个环节，采用行政命令和辅导培训相结合的方法使计算机应用达到较高的水平。

（三）现代零售业信息系统的主要构成

现代零售业信息系统主要包括以下几个部分。

1. 零售商场信息系统

零售商场信息系统包括进销调，全面实现商场经营管理的计算机化，是高效准确的现代化管理工具。

2. 零售业财务系统

面向零售业的财务系统，负责收集系统产生的数据，生成财务凭证建立商经营的财务账目，输出各种财务报表。

3. 物流与配送中心系统

物流与配送中心系统包括采购管理、订货管理、订货处理、存货管理、配送中心管理系统。配送中心管理系统具有进货验收搬运、储存、补货、拣货、流通、加工、集货、出货检验、出货、报损处理、退货等标准作业流程，为零售企业带来快捷、及时、准确的物流与配送服务。

4. 电子商务平台

零售商场信息系统与电子商务紧密结合，扩展了传统零售系统的应用范围，并引入商业智能系统辅助商业决策，是现代化零售系统的全面解决方案。

5. 商业数据管理系统

让数据说话，让数据驱动决策，全面实现经管决策科学化。对经营数据进行抽取、提炼和多维分析，从而可以从宏观到微观、从定量到定性、从广度到深度、从点到面，真正透彻、全面、深入地评估经营情况，挖掘经营的内在规律，把握市场变化趋势，为经营决策提供重要依据。

第二节　零售业信息化模式创新

一、电子商务——提升零售企业核心竞争力的利器

电子商务是为了适应以全球为市场的变化而出现和发展起来的。电子商务提出了一种全新的商业机会、需求规则和挑战，它代表了未来信息产业的发展方向，已经并将继续对全球经济和社会的发展产生深刻的影响。零售业是电子商务的主要应用领域。

（一）电子商务的内涵

电子商务源于英文 Electronic Commerce，简写为 EC。顾名思义，其内容包含两个方面：一是电子方式，二是商贸活动。电子商务指的是利用简单、快捷低成本的电子通信方式，买卖双方不见面地进行各种商贸活动。电子商务可以通过多种电子通信方式来完成。简单的，比如通过打电话或发传真的方式来与客户进行商贸活动，似乎也可以称作为电子商务；但是，现在人们所探讨的电子商务主要是以 ED（电子数据交换）和 Internet 来完成的。尤其是随着 Internet 技术的日益成熟，电子商务真正发展将是建立在 Internet 技术上的。所以也有人把电子商务简称为 IC（Internet Commerce）。实际上，电子商务是为了适应以全球为市场的变化而出现和发展起来的，它可以使销售商与供应商更紧密地联系起来，尽快地满足客户的需求，也可以让商家在全球范围内选择最佳供应商，在全球市场上销售产品。我们可以为电子商务做出如下定义：电子商务是各种具有商业活动能力和需求的实体（生产企业、商贸企业、金融企业、政府机构、个人消费者等）为了跨越时空限制、提高商务活动效率而采用计算机网络和各种数字化传媒技术等电子方式实现商品交易和服务交易的一种贸易形式。

（二）电子商务的分类

电子商务参与方主要有四部分，即企业、消费者、政府和中介方。应该看到，中介方只是为电子商务的实现与开展提供技术、管理与服务支持的，而前三者则是以另一种姿态成为参与方的。尽管有些网上拍卖形式的电子商务属于个人与个人之间的交易，但是，可以这样讲，企业是电子商务的核心，考察电子商务的类型，主要从企业的角度来进行分析。

按参与电子商务交易的对象对电子商务进行如下分类。

（1）企业与消费者之间的电子商务（Business to Customer，B to C）。企业与消费者之间的电子商务活动是人们最熟悉的一种电子商务类型。大量的网上商店利用 Internet 提供

的双向交互通信，完成在网上进行购物的过程。由于这种模式节省了客户和企业双方的时间和空间，大大提高了交易效率，节省了各类不必要的开支。

（2）企业与企业之间的电子商务（Business toBusiness，B to B）。有业务联系的公司之间相互用电子商务将关键的商务处理过程连接起来，形成在网上的虚拟企业。例如，企业利用计算机网络向它的供应商进行采购，或利用计算机网络进行付款等。这一类电子商务，特别是企业通过私营或计算机增值网（VAN，Value Added Network）采用 EDI（电子数据交换）方式所进行的商务活动，已经存在多年。这种电子商务系统具有很强的实时商务处理能力，使公司能以一种可靠、安全、简便快捷的方式进行企业间的商务联系活动并达成交易。

（3）企业与政府之间的电子商务（Business to Government，B to G）。政府与企业之间的各项事务都可以涵盖在其中。包括政府采购、税收、商检、管理条例发布等。政府一方面作为消费者，可以通过 Internet 网发布自己的采购清单，公开、透明、高效、廉洁地完成所需物品的采购；另一方面，政府对企业宏观调控、指导、规范、监督管理的职能通过网络以电子商务方式更能充分、及时地发挥。借助于网络及其他信息技术，政府职能部门能更及时全面地获取所需信息，做出正确决策，做到快速反应能迅速、直接地将政策法规及调控信息传达给企业，起到管理与服务的作用。在电子商务中，政府还有一个重要作用，就是对电子商务的推动、管理和规范作用。

（4）消费者与消费者之间的电子商务（Customer to Customer，C to C）。Internet 为个人经商提供了便利，各种个人拍卖网站层出不穷，形式类似于"跳蚤市场"。其中最成功、影响最大的应该算是 eBay，它是美国加州人奥米迪尔 1995 年创办的，是 Internet 上最热门的网站之一，我们把这些网站称为消费者与消费者之间的电子商务（C to C）。

（5）消费者与政府之间的电子商务（Customer to Government，C to G）。它指的是政府对个人的电子商务和业务活动。这类的电子商务活动目前还不多，但应用前景广阔。居民的登记、统计和户籍管理以及征收个人所得税和其他契税，发放养老金、失业救济和其他社会福利是政府部门与社会公众个人日常关系的主要内容，随着我国社会保障体制的逐步完善和税制改革，政府和个人之间的直接经济往来会越来越多。按照交易的商品内容，电子商务主要包括两类商业活动：有形产品（或称间接）电子商务和无形产品（或称直接）电子商务。有形商品指的是实物商品，这商品的交付不能通过计算机网络实现。有形商品的电子商务模式指的是这种品在互联网上进行成交，而实际交付仍然要通过传统的方式。网络本身具有传递的功能，又有信息处理的功能，因此，无形产品，如信息、计算机软件、视听娱乐产品等往往可以通过网络直接向消费者提供。

（三）零售业电子商务系统的功能

零售企业建立在 Internet 上的电子商务系统可以不受时间和空间的限制，每天 24 小时不分区域地运行，在很大程度上改变了传统零售的形式。电子商务以在网上快速安全传输的数据信息电子流代替了传统商务的纸面单证和实物流的传送，对企业来讲，提高了工作效率，降低了成本，扩大了市场，必将产生可观的社会效益和经济效益。相对于传统零售业，电子商务具有不可替代的功能。

1. 广告宣传

电子商务使零售企业可以通过自己的 Web 服务器、网络主页（Home Page）和电子邮件（E-mail）在全球范围内做广告宣传，在 Internet 上宣传企业形象和发布各种商品信息，客户用网络浏览器可以迅速找到所需的商品信息。与其他各种广告形式相比，在网上的广告成本最为低廉，而给顾客的信息量却最为丰富。

2. 咨询洽谈

电子商务使零售企业可借助非实时的电子邮件（E-mail）新闻组（News Group）和实时的讨论组（Chat Group）来了解市场和商品信息、洽谈交易事务，如有进一步的需求，还可用网上的白板会议（Whiteboard Conference）、电子公告板（BBS）来交流即时的信息。在网上的咨询和洽谈能超越人们面对面洽谈的限制，提供多种方便的异地交谈形式。

3. 网上订购

零售企业的网上订购系统通常都是在商品介绍的页面上，提供十分友好的订购提示信息和订购交互表格，当客户填完订购单后，系统回复确认信息单，表示订购信息已收悉。电子商务的客户订购信息采用加密的方式使客户和商家的商业信息不会泄露。

4. 网上支付

网上支付是电子商务交易过程中的重要环节，是指由银行、信用卡公司及保险公司等金融单位提供包含电子账户管理在内的金融服务，客户的信用卡号或银行账号是电子账户的标志，它是客户所拥有金融资产的标识代码。电子账户通过客户认证、数字签名、数据加密等技术措施的应用保证电子账户操作的安全性。客户和商家之间可采用信用卡、电子钱包、电子支票和电子现金等多种电子支付方式进行网上支付。采用在网上电子支付的方式节省了交易的开销。对于网上支付的安全问题现在已有实用的技术来保证信息传输安全性。

5. 服务传递

电子商务通过服务传递系统将客户所订购的商品尽快地传递到已订货并付款的客户手中。对于有形的商品，服务传递系统可以通过网络对在本地或异地的仓库或配送中心进行物流的调配，并通过物流服务部门完成商品的传送；而无形的信息产品如软件、电子读物信息服务等则立即从电子仓库中将商品通过网上直接传递到用户端。

6. 意见征询

零售企业的电子商务系统可以利用Web及时收集客户对商品和销售服务的反馈意见，这些反馈意见能提高网上、网下交易的售后服务水平，使企业获得改进产品、发现新市场的商业机会，使企业的市场运作形成一个良性的封闭。

7. 交易管理

电子商务的交易管理系统可以借助网络快速、准确收集的大量数据信息，利用计算机系统强大的处理能力，针对与网上交易活动相关的人、财物、客户及本企业内部事务等各方面进行及时、科学、合理的协调和管理电子商务的上述功能，对网上交易提供了一个良好的交易服务和实施管理的环境，使电子商务的交易过程得以顺利和安全地完成，并可以使零售企业电子商务获得更广泛的应用。

（四）零售企业电子商务发展模式

1. 成立新兴网络零售企业

利用电子商务技术从事零售业务的企业，叫作虚拟零售企业。从表面上讲电子商店是建立在网络上的虚拟商店，到电子商店消费的顾客不必出门，而是在家中通过电脑的网络连线选购。而商店的老板也不用将笨重的商品搬到店铺中，而是在消费者的电脑画面上，供消费者选购。这样的购物方式与销售方式与传统的零售业态如超市等截然不同。任何交易都应包括四个流程：商流、物流、资金流、信息流，在网络零售企业的交易过程中也是如此。从技术上讲，电子商店综合了Internet网络能达到的广泛领域和传统的信息技术系统的巨大资源的特点。它是动态和交互式的，它的范围相当广泛，包括从企业网、共享的外部网络到公用的Internet，它利用网络特点将客户、卖主、供应商和雇员以一种前所未有的方式联系起来，在各种信息工具的支持下，可以实现对以上四种流程不同程度的支持和实现，从而完成交易。著名的亚马逊（Amazon）最初就是这样的网络零售企业。

2. 鼠标和水泥相结合

鼠标代表像亚马逊（Amazon）这样的零售企业，水泥则代表传统的零售企业。它们的结合就是新兴零售企业和传统零售企业的结合。世界上融合得最好例子仍然是亚马逊。该公司最先出售书籍和CD，现已扩展到这一领域以外的广阔天地，成为一个大型网上购物商店，销售从美食到服装的各种商品。亚马逊从单纯的零售商发展成为"零售平台"，目前与多家传统零售商合作经营网上商务。网上和离线的结合，为消费者提供了新的购物方式。他们可能在网上搜索并订购商品，然后在附近的零售网点取货，以省去送货费用，并可先看到或试用商品。他们也可能收到零售商寄来的宣传手册，发现一款喜欢的衣服，去一家商店看看，仔细考虑一番然后在网上订购。

3. 传统零售商开展电子商务业务

一些大的美国零售商正在发展一体化运营业务。彭尼百货（J. C. Penney）是一家具有百年历史的连锁百货商店，年网上销售额曾高达6亿美元。它提供20万种商品，可以送货到顾客家中，也可以送货到其1020家商店中的任何一家。科尔尼（A. T. Kearney）咨询师瑞奥丹（Steve Riordan）表示，还没有接受网上世界的传统零售商将面临巨额投资和一些艰难选择。它们是自己经营网上业务，还是将其外包出去？它们是否运用相同的采购模式从相同的工厂采购？它们是否有不同的分销中心？他说："目前还没有确立一套最佳实践方案。"虽然美国仍然领先，但它并没有独占成功的互联网零售商。英国超市特易购（Tesco）拥有全球最大的网上食品销售业务，并帮助美国第三大超市连锁店Safeway建立了互联网业务。不过，目前网上零售的现状与几年前的预测存在很大差异。除了亚马逊（Amazon）和eBay之外，多数大型网上零售商并非互联网初创企业，而是传统商店或是邮购集团。它们把自己的投资实力和获得信任的品牌运用到互联网零售领域，增强了公众的信心。许多零售商将网上销售纳入"多渠道"战略，即结合网站、商店和邮购目录。贝恩管理咨询公司的全球零售实践主管里格比（Darrell Rigby）说："有一阵，大家都认为互联网将会抢走商店的生意。但相反的情况正在发生：多渠道零售如今已成为现实。事实上，许多传统零售商比亚马逊更早实现网上业务的赢利。"

（五）对电子商务核心内容的思考

电子商务所具有的强大功能注定了它是零售企业面向未来的必由之路。任何企业，包括零售企业必须对电子商务的核心内容有正确把握，才能有效实施电子商务战略。

1. 对电子商务核心内容的几种认识

（1）电子商务首先是商务，根本是商务。这种观点认为，在电子商务中，电子是手段，商务是核心。电子商务战略要根据企业的商务选择和利益判断，防止过度技术化倾向，避免追求表面的商务。"电子化"而忽视商务活动本身的需求。这种观点的产生是有现实根源的。我国最早涉足电子商务的一般是IT企业，它们利用技术上的优势建立起电子商务系统，然后开始销售传统的产品。但由于IT企业没有成熟的商业渠道和商业经验，并受制于网络支付配送和网民数量等因素，到目前为止，真正赢利的电子商务网站极少。由此认为，这都是没有以"商务"为核心的结果。因此，要把电子与商务有机地结合起来，以商务应用为根本，信息技术和信息网络要立足于为传统产业服务；传统企业要积极发展新的商业模式，适应信息革命的要求。

（2）电子商务的核心是人。中国第一个电子商务专业博士学位获得者李琪教授在1997年提出了"电子商务的核心是人"这一观点，这种观点认为：一方面在电子商务诞生的初期阶段，消费者不习惯在线购买方式的传统消费习惯是影响电子商务发展的一个主要因素；另一方面，当电子商务基本环境成熟之后，如果经营业绩不佳，仍然将原因归结于用户的消费习惯等问题显然是不合适的，这并非消费者单方面的问题，更多的还在于电子商务经营者自身的认识，就要从经营者自身的认识方面去考虑问题了。例如，为了获得某些信息和服务，用户愿意在一定范围内提供个人信息，但同时对于个人信息保护也非常关心，个人信息保护已经成为影响电子商务发展的重要因素之一。正是这种对个人信息的需求，在一定程度上影响了电子商务的发展。因为互联网用户对个人隐私非常关心，在很多情况下，用户不愿提供详细的个人信息。正是因为如此，如果遇到一些网站要求用户登记很详细的个人信息，除非对该服务特别有兴趣，用户可能会选择放弃注册，对商家来说，也就意味着失去了一个潜在顾客。另一种情形是，如果为了获得某个网站提供的服务，用户不得不填写个人信息时，往往会提供一些不真实的信息，这些信息通常又难以验证，这样根据用户在线填写的信息来开展针对性的服务往往会形成信息的错误传递，造成效果不佳或者资源浪费。正是这些看似简单的因素，用户甚至不会因此而投诉就已经下意识地拒绝了电子商务，而经营者对此尚无感觉。

（3）技术至上论。这种观点在电子商务的初期阶段尤为突出。电子商务区别于传统商业的一个重要特点是，企业与用户联系的场所不是实体商场，而是网站界面。网站是由后台技术支撑的，一旦出现技术故障，电子商务就无从谈起，尤其是在电子商务开展初期，企业往往没有赢利的压力，保持系统正常运行是首要任务之一，正是这种现象形成了技术至上的思想，将技术功能看得重于一切，甚至超过了对一般商业经营原则——用户需求和用户行为等方面的关注。从理论上说，电子商务代表了最先进的商务模式，节省了大量手工劳动和经营费用，尤其在订单管理、库存管理、顾客关系管理等方面，电子商务的优势非常显著，但拥有了这些基本的商业流程电子化系统并不意味着就可以自动实现高水平的经营管理，何况许多电子商务网站本身在技术方面还不完善，尤其在一些细节问题上，还没有实现真正的人性化，通常正是一些不太引人关注的细节问题让交易最终无法完成。在管理方面同样存在不少问题，如顾客服务、在线帮助、营销策略、对用户个人信息的管理和利用用户行为和需求的认识等，这些都在一定程度上影响着电子商务的最终效果。在目前的环境下，对电子商务的核心思想需要进一步加深认识，转变技术至上的观念将工作中心集中于对用户和市场方面。

（4）"模式"之困。这种观点认为，电子商务的要点就是要发现与创造新的盈利模式。从最初国内学界与商界讨论最多的 B to B、B to C 与 C to C，到后来的亚马逊的"品种齐全"，阿里巴巴的"信息服务平台"，各种概念层出不穷。当 eBay 从在线拍卖业务延伸到个人交换平台，阿里巴巴转道淘宝，亚马逊从图书渗透到一切可能的领域时，模式的概念在不断混淆，一个兼具多种形态的电子商务出现时，人们才开始明白电子商务其实不过是商务的一种应用综合体罢了。传统行业的多元化业务都可以存在，那么网络时代的电子商务当然也可以。尽管每一种类型都有存在的合理性与发展的空间，我们仍然可以断言，模式并不是电子商务发展的根本，只有 P to P（Path to Profitability）的概念，即通过建立在因特网基础之上的电子商务来实现企业的利润增长才表示了电子商务的内涵。

2. 电子商务核心内容的再思考

（1）电子商务的本质与目的。电子商务的本质是运用现代计算机通信技术尤其是网络技术进行的一种社会生产经营形态。其根本目的是通过提高企业生产效率、降低经营成本、优化资源配置，从而实现社会财富的最大化。对于一个具体的企业来讲，实施电子商务战略的要求是整个生产经营方式与价值链的改变，是利用信息技术实现商业模式的创新与变革。在实现自身创新发展的同时，在企业赖以生存的更大规模的价值链上能谋得一席之地。发展电子商务的目的应着眼于实现企业的全面 E 化，从而实现 E-Business，即通过电子商务来整合企业资源改善效率，降低成本，提高竞争力。

（2）电子商务的功能与实现。电子商务的三大功能即提高效率、降低交易成本和密切客户关系，都涉及企业的核心竞争能力。在这三大功能中，最初大家比较关注的是成本和效率功能，相对而言，其密切客户关系功能往往被忽略着商业竞争全球化的加剧，客户关系已成为企业制胜之道。电子商务的能使其具有其他交易模式不可比拟的优势。例如 Dell 公司电子商务系统所体现出来的成本和效率优势；世界物流巨霸 UPS（United Parcel Service）支持和发展客户关系的能力，使其有能力每天为全球近 800 万个客户提供相关服务，满足客户的一般需求和特殊要求。比如商品处理能力、准确无误的投递能力和即时向客户报告商品的跟踪能力等。从 1996 年开始建立电子商务团队帮助公司利用因特网技术来管理业务运作，连续 5 年净收入的年增长率在 22% 以上。尤可置疑，电子商务三大功能给企业带来了满足时代要求的竞争能力。实现电子商务的三大功能则要通过对企业商务活动信息全面和及时地掌握才能达到功能实现的目的。企业电子商务应用战略是围绕企业核心战略展开的，主要决定企业如何开展电子商务。可以有三种选择：一是利用信息技术来改变一些企业非关键的业务，降低成本，改善运营效率。二是把电子商务作为既有商业模式的拓展引入企业，要求既有商业模式利用信息技术进行一定程度的改造。三是将企业重要的业务过程或产品特性用电子商务的手段转化为持久的企业竞争优势，即企业全面 E 化，这和企业信息化建设更是不谋而合。这三种方式都须与企业核心战略相一致，而且要求建立在企业自身信息化建设的基础之上。没有企业的信息化，电子商务就无从谈起其功能也无法实现。

（3）电子商务是企业信息化的深化和延伸，信息化是电子商务的核心。从电子商务的目标与本质以及功能实现的分析，我们不难得到这样的结论：企业的信息化是电子商务核心和首要的内容。从国内知名市场调研公司——艾瑞咨询公司有关研究数据也可以看出，企业信息化建设普遍滞后是制约中国电子商务发展的根本原因。有学者发出了建立"第二代电子商务"的呼吁。认为，在中国当前还处于"第一代电子商务"时期，特点是"以技术推动、强调访问量与人气、利用风险资本、不受管制、单纯的网上信息发布、先行者优势"，经过几年的发展并没有真正地提高我国电子商务水平和企业信息化建设水平。由此迫切呼唤第二代电子商务模式的出现，即真正用信息化推动企业电子商务发展，改造传统产业结构，提升产业竞争力。

由于电子商务具有强大功能，成了企业构建核心竞争力的一个重要手段。它有利于企业降低产品成本和管理成本；有利于企业提高管理效率，改善管理环境，构建核心竞争力。在推进企业电子商务战略实施之前，首先要认识到电子商务的核心内容是企业的信息化建设。内部管理信息系统和外延的电子商务是一个统一的整体，首要和核心的内容是内部管理信息系统的建设，服务的对象是企业的商务活动，利用的手段是信息技术。即只有在拥有完善的企业管理信息系统的企业，才能顺利实现商务部分的向外延伸，从而提升企业管理信息系统的商务功能并形成电子商务概念。

二、客户关系管理（CRM）——零售业信息化的核心

在全球化的市场竞争格局之下，片面追求提升最佳产品已经不足以保持领先地位。在技术、产品、渠道、服务等企业内部活动基础上，客户越来越成为企业成败的外部决定力量。将客户信息数据系统化、整体化，并且善加利用，使之成为企业的信息资源，上升为员工的自觉意识和企业长期战略，被称为客户关系管理。零售企业为了应对国内外同行的挑战，构筑起竞争优势，积极实施 CRM 是十分必要的。CRM（Customer Relationship Management）是一种旨在改善企业与客户之间关系的新型管理机制，它实施于企业的市场营销、销售、服务与技术支持等与客户相关的领域。企业客户关系管理（CRM）最早始于美国，是由接触管理延伸发展而来，所谓"接触管理"也就是专门收集顾客与公司联系的所有信息。CRM 的目标是一方面通过提供更快速和周到的优质服务吸引和保持更多的客户，另一方面通过对业务流程的全面管理来降低企业的成本。CRM 既是一种概念，也是一套管理软件和技术，利用 CRM 系统，企业能搜集、跟踪和分析每一个客户的信息，从而知道什么样的客户需要什么，同时还能观察和分析客户行为对企业收益的影响，使企业与客户的关系及企业利润得到最优化。

（一）CRM 的内涵

CRM 是一个涉及企业各部门的应用系统，CRM 软件而并非其内涵的全部。要全面认识它，必须从以下三个层次来理解。（1）CRM 是一种全新的管理理念，足以改变企业的传统思维模式。CRM 要求企业从以产品为中心全面转向以客户为中心，需要企业将其客户视作企业最重要的资源和资产，并通过完善的客户服务和深入的客户分析来满足客户的

需求，保证实现客户的终生价值。(2) CRM 也是体现以客户为中心管理思想的软件产品。CRM 应用系统综合应用了数据库和数据仓库技术、OLAP、数据挖掘技术、面向对象技术、客户机和服务器体系等信息产业成果，它是以 CRM 管理思想为灵魂的软件产品。值得指出的是，企业应该正确认识信息科技在 CRM 中的地位，信息物质的应用主要是让企业与客户间的互动更有效率、更加密切。从基本上来说，CRM 可以理解为一套转换系统所需的输入项目，包括营销销售服务、成本等数据，而其输出则包含客户所得到的利益以及从企业获得的价值。(3) CRM 是一个整合了管理思想、业务流程及信息技术的系统。技术万能论者常常忽略 CRM 应用中人的作用。认为有了先进的 IT 技术和软件就可以无坚不摧。他们没有注意到 CRM 所管理的对象其实是客户与企业的关系。而不是单纯的对客户的管理或是对客户数据的管理，从而使得 CRM 系统只能发挥与 M 系统相同的用途。事实上，CRM 能够通过对客户数据及客户信息的管理发展客户关系，从而使企业能提供更周到的优质服务，提高客户满意度，这样企业便于最大化地提高客户关系总价值。一个完整的 CRM 应该从管理思想、软件产品、管理系统三个不同层面入手。这三个层次层层递进，其中，CRM 管理思想是 CRM 概念的核心；CRM 软件为其管理思想的实现构筑了现实的信息平台；管理系统是企业最终受益的体现形式，也是管理思想和软件产品所服务的对象。目前，在实务上，一般将客户关系管理与客户管理系统视为意义相通。例如 IBM 在提出它的电子商务架构中，CRM 其实是指 CRM 系统，事实上，一般习惯以客户关系管理或 CRM 统称与它相关的管理观念、程序或信息系统。

(二) 零售业 CRM 系统的内容

IBM 对 CRM 的定义，包括两个层面的内容，首先是企业的商务目标。企业实施 CRM 的目的，就是通过一系列的技术手段了解客户目前的需求和潜在客户的需求。企业只要牢牢抓住这两点，就能够适时地为客户提供产品和服务。其次，企业要整合各方面的信息，使得企业对某一个客户的信息了解，达到完整性和一致性。企业对散布于不同部门、存在于客户所有接触点上的信息进行分析和挖掘，分析客户的所有行为，预测客户下一步对产品和服务的需求。分析的结果又反馈给企业内的相关部门，相关部门根据客户的需求，进行了一对一的个性化服务。Sybase 将 CRM 所应该包括的内容概括为 7 个方面（简称"7P"）：客户概况分析，包括客户的层次、风险爱好、习惯等；客户忠诚度分析，指客户对某个产品或商业机构的踏实程度、持久性、变动情况等；客户利润分析，指不同客户所消费产品的边际利润、总利润净利润等；客户性能分析，指不同客户所消费的产品按种类渠道、销售地点等到指标划分的销售额；客户未来分析，包括客户数量、类别等情况的发展趋势、争取客户的手段等；客户产品分析，包括产品设计、关联性、供应链等；客户促销分析，包括广告、宣传等促销活动的管理。就零售业而言，CRM 的主要内容包括 3

个方面：营销自动化（MA）、销售过程自动化（SFA）和客户服务。这3个方面是影响商业流通的重要因素，并对零售业CRM项目的成功起着至关重要的作用。

1. 营销自动化（MA）

传统的数据库营销是静态的，经常需要好几个月时间才能对一次市场营销战役的结果做出一个分析统计表格，许多重要的商业机遇经常在此期间失去。新一代的营销管理软件建立在多个营销战役交叉的基础上，能够对客户的活动及时做出反应，因而能够更好地抓住各种商业机遇。现代MA是基于资产的，除了所有阶段的营销管理外，许多核心营销功能（如客户统计、贸易展览管理等）可以通过增加自动化程度来得到改进。MA包括领导管理、营销战役的执行和营销辅助管理。营销规划关键功能、人口统计学分析、客户行为预测等从本质上讲都是可分析的，企业必须能够协调多种营销渠道，如电话销售、电视营销、直接邮寄、传真 E-mail 和 Web 等方式之间的通信，并能防止渠道间的营销策划发生交叉或冲突。MA系统直接与客户进行通信如通过直接邮寄、电话营销或直接从客户那里通过销售点或书面调查的形式了解客户的需求等。MA系统必须确保产生的客户数据和相关的支持资料能够以各种有效的形式散发到各种销售渠道。反过来，销售渠道也必须及时返回同客户交互操作的数据，以便系统及时地对本次营销战役进行评估和改进。对于已经建立固定联系的客户，MA系统应该紧密地集成到销售和服务项目中以便实现下列目标：同具有特殊要求的客户进行交互操作（个性化营销）；在一个 B to B 模式的环境中，确保不同产品间的关系分析是明白的；在一个 B to C 环境中，要尽可能发现 B to C 和 B to B 之间的可能关系（如一个 B to C 客户可能是一个重要的 B to B 客户的家庭成员等）。从总体上讲，MA软件可以被分成3个领域：高端营销管理、Web 方式的营销执行、面向营销的分析。高端营销管理主要集中在涉及 B to C 营销（如金融服务和电信等）的公司里，而 B to C 公司一般都具有很大的用户规模，相应的用户数据库有时会超过 TB（太比特级）。这些数据库的规模及其需要的基础设施引起了硬件厂商的极大兴趣，他们已经开发了全套的企业 MA 或 EMA 产品来满足 B to C 市场的需求。高端营销管理需要用户实现一个数据仓库结构并且具有成熟的基础，以用于管理庞大的数据仓库，Web 方式的营销执行绝大多数用在 B to B 市场上（较少的用户数量，所有的目标用户都具有现成的 E-mail 地址），这些用户除了直接邮寄、传真和电话外，还使用 Internet 作为主要的执行工具。营销执行包括旨在收集更多客户信息的大量电子邮件、反映营销全过程的 Web 站点和用于某些目标客户的个性化的 Web 页面。面向营销的分析重点是分析销售和营销的所有主要方面（如赢利），并且将其与客户活动数据和 ERP 数据关联起来，以便进一步改进营销策略。

2. 销售过程自动化（SFA）

SFA 是 CRM 中增长最快的一个领域，它的关键功能包括领导/账户管理、合同管理、定额管理、销售预测、赢利/损失分析以及销售管理等。销售功能的自动化是实施 CRM 时最困难的一个过程，不仅是因为它的动态性（不断变化的销售模型、地理位置、产品配置等），而且还因为销售部门的观念阻碍了销售力量的自动化。销售部门一般习惯于自己的一套运行方式，往往会抵制外部强制性的变化。在销售过程自动化的过程中必须特别注意以下四个方面：目标客户的产生和跟踪、订单管理、订单完成营销和客户服务功能的集成。

3. 客户服务

客户服务主要集中在售后活动上，不过有时也提供一些售前信息，如产品广告等。售后活动主要发生在面向企业总部办公室的呼叫中心，但是面向市场的服务（一般由驻外的客户服务人员完成）也是售后服务的一部分。产品技术支持一般是客户服务中最重要的功能，为客户提供支持的客户服务代表需要与驻外的服务人员（必须共享/复制客户交互操作数据）和销售力量进行操作集成。总部客户服务与驻外服务机构的集成以及客户交互操作数据的统一使用是现代 CRM 的一个重要特点。

（三）CRM 在零售业中的应用

1. 创造客户资产

所谓客户资产就是零售企业所拥有客户的终身价值可以折现值的总和。客户资产首先反映零售企业当前的赢利能力，而且反映零售企业未来的赢利能力，零售企业 CRM 系统可以低成本、高效率地帮助零售企业获得大量的顾客信息。如果你愿意，你甚至可以知道某个人一年用了几支牙膏，穿破了几双袜子等，这些正是你的供应商们迫不及待地想要得到的资源。由此，客户资产对于零售企业要价能力的提高的作用是显而易见的。客户资产对多数零售企业来说是企业价值最重要的组成部分，客户的资产化就是将企业的客户作为有形的资产方式来处理。CRM 的应用中，其基本的精神之一就是将客户资源进行资产化管理，实现资产的保值和增值。

2. 客户细分管理

客户细分是指将一个消费群体划分为若干小的细分群体，同属于一个细分群体的客户具有相似的消费特征。对客户分类的思想并不新鲜，著名的 SIP 营销理论中，客户细分是其理论的基石。但是在 CRM 理念中，客户分类重要标准是客户能为企业带来的终身价值而不是市场的容量，事实上，由于资源有限，企业无法对所有客户予以相同的重视，客户细分可以使商家对不同细分群体中的客户区别对待。基于成本与利润出发，企业必须寻找出利润贡献度最高的客户并加以满足。比如说经济学中的二八原则如何区分 20% 与 80% 的客户？只有通过 CRM 系统实施深层次的数据挖掘才能帮助商家从众多的客户分布中寻找那些属于 20% 的客户。通过客户细分，可以提高促销活动的有效性。零售业常通过广告、优惠券各种折扣和让利的方式进行促销活动，以达到推广产品、吸引顾客的目的。只有充分了解客户，才能针对细分群体准确定位促销对象，降低活动成本。

3. 商品分组布局，购买推荐和商品参照分析

通过从销售记录中挖掘相关信息，可以发现购买某种商品的顾客同时也购买另一种商品的概率。这类信息可用于形成一定的购买推荐或者得出商品的最佳分组布局，来帮助客户选择商品，节省顾客购买时间，从而达到刺激顾客的购买欲望、增加销售量的目的。

4. 忠诚客户管理

CRM 的一个重要应用是忠诚客户管理。零售企业经常通过办理会员卡、积分卡等建立顾客会员制度的方式，来跟踪顾客的消费行为。通过对顾客会员购物信息进行数据挖掘，可以记录顾客的购买行为特征，将同一顾客在不同时期购买的商品分组，形成时间序列进行序列模式数据挖掘，来分析顾客的购买趋势或忠诚度的变化。对企业的忠诚度高并且能为企业带来大量利润的客户，企业应与之保持密切联系，进行适当回馈。当他们的消费行为有发生异常的情况，应主动追踪，并适时表达对他们的关切。并据此对价格和商品的花样加以调整和更新，以便留住老客户吸引新客户。这样一来，客户不仅能够受到企业对他们的关心，同时也通过吸引其他潜在客户，以得到最多的商业利益，进而帮助企业拥有稳固的客户群体。即使客户的交易金额不大，但只要长时间内重复购买，就能创造可观的利润。

5. 订制化商品和服务

在以客户为导向的营销时代，零售企业应该要让商品类别及销售服务能够更具弹性，以符合每一位客户的需求，CRM 系统的应用能够帮助零售企业更好地了解客户的待性，利用各类信息技术，收集大量交易信息，建立完整的客户数据库，寻找客户交易的轨迹。找出与客户有关联的各种趋势，进而预测客户的购买偏好，其最终目的是通过为客户提供订制化的产品和服务，从而增强客户满意度，进一步创造出忠诚客户，实现客户终身价值的最大化。零售业和客户之间的关系是持续不断的发展的，零售业通常通过保持这种关系的时间和尽量多的交易的次数来保证自己从客户这里获得最大的利益，那么向老客户销售新的产品或服务就成为保持这种关系的最佳手段。CRM 的优势在于可以使商家比较容易地得到老客户较为丰富的信息，从而保证了实施个性化服务的准确性。同时，CRM 使得客户主动与商家互动变得方便，客户可以容易地把自己的需求反映到零售企业的 Call Center（客户呼叫中心），企业也可以及时做出回应。

三、业务流程重组（BP）——现代零售业再造

（一）业务流程重组的内涵

在 1990 年，美国哈佛大学博士 Michael Hammer 教授提出了业务流程重组（Business

Process Reengineering, BPR)的概念,并将它引入到西方企业管理领域。Michael Hammer 教授认为业务流程重组是指企业"追求业务流程变革的根本性和彻底性,希望取得成本、质量服务和速度方面的显著性改善",后来经过了不同学者的补充完善,这种比较激进的管理理念逐渐变得内涵丰富。目前 BPR 的基本内涵是以流程运作为中心,摆脱传统组织分工的束缚,提倡面向客户、组织变通、员工授权及正确地运用信息技术,达到快速适应市场变化的目的,包括不同程度的业务提升、业务优化、业务改造。综合理论界对 BPR 的探讨以及多年来对 BPR 实践的经验,大家逐渐对 BPR 的内涵做到了较为一致的理解。

1. 根本性的重新思考,追求绩效的显著改善

实施 BPR 要求对长期以来积累和演变而成的、在人们心目中已熟视无睹的经营过程、组织管理模式和运行机制进行重新思考,以顾客为中心,结合经营目标和战略导向,根据顾客需求来设置经营过程及其运作。重新设计要求彻底摆脱人们头脑中的旧框框,在一张白纸上勾勒出一个全新的企业经营过程。要不受现有部门和工序分割的限制,以一种最简单、最直接的方式来设计企业经营过程,要面向经营过程设置企业的组织结构,以实现企业的重组。BPR 不是基于原来流程的小改进,它是从系统全局的角度将技术、人员和流程进行优化重组,往往要改变原有的组织管理模式和人员角色权限,要对企业资源重新配置。通过 BPR,使得流程改进后具有显效性,改进后的流程提高了效率,缩短了时间,提高了顾客满意度和公司竞争力,降低了整个流程成本。

2. BPR 是一项战略性的系统工程

企业成功实施 BPR 的根本动力是企业长期可持续发展的战略需要。这种需要来源于激烈的市场竞争下,顾客资源有限的事实给企业带来的强烈市场竞争意识和危机感;来源于对企业产生的生产周期降低、投入产出比提高等不断升级的竞争要求的压力与紧迫感;更来源于企业上下对流程改进的必要性、方向和具体措施所达成的共识。在企业业务流程重组中,连接企业战略和企业过程的桥梁是流程的理想模式,而流程的理想模式是对未来流程应该如何运作以及运作程度的具体描述。BPR 是根据企业未来发展的战略规划对企业各项运作活动及其细节进行重构设定与阐述的系统工程。具体而言,BPR 借助了工业工程技术、运筹学方法、管理科学、信息技术等多项现代社会人文科技手段,从业务流程、组织结构和企业文化等方面对企业进行系统重构。

3. BPR 的核心是追求顾客的最大满意度

市场或顾客需求,是企业一切活动的目标和中心。零售业的使命就是要了解市场和市场上的顾客需要,并有针对性地提供产品与服务。应清醒地认识到,顾客需要的不仅仅是产品,他们最终需要的是消费意愿的满足。因此,一切为了顾客,一切为了方便顾客,而不是为了方便自己,这就是面向顾客满意的流程改造的出发点和归宿。企业只有以市场和顾客来规划自己的流程,才会有立足之地。企业流程重组,从根本上说,就是站在顾客的

立场重建企业。这要求企业对顾客的需求要有准确的把握。如果做不到这一点，重组工程一开始就会偏离方向，以错误的目标来创造新流程或取消旧流程将毫无意义。面向顾客重组业务流程的目标就是能及时满足顾客的需要，以顾客为驱动，业务流程中的每项活动都要能为顾客增值。全体员工建立以顾客而不是"领导"为服务中心的原则。每个人的工作质量由它的"顾客"做出评价，而不是"领导"。

零售企业构建"把顾客需要放在中心地位"流程体系需要从以下两方面着手：一方面，BPR要求从订单到交货或提供服务的一连串企业作业活动，按照"所有工作/活动必须以顾客需求为核心"的原则，打破原有的科层组织中的职能与部门界限，使企业的活动重新构建在跨越职能部门与分工界限的"顾客需要导向"基础上。相应地，组成企业活动的要素应该是一项项能够直接满足顾客、服务顾客的任务或作业，而非一个个部门。另一方面，BPR要求重新检查每一项作业或活动，识别企业的核心业务流程和不具有价值增值的作业活动简化或合并非增值的部分，剔除或减少重复出现和不需要的流程所造成的浪费，并将所有具有价值增值的作业活动重新组合，优化企业的整体业务流程，缩短交货周期，提高企业运行效率。

4. BPR以流程为导向

企业的业务以流程为中心，而不以一个专业职能为中心进行。一个流程是一系列相关职能部门配合完成的体现于为顾客创造有益的服务。对流程运行不利的障碍将被铲除，职能部门的意义将被减弱，多余的部门及重叠的"流程"将被合并。基于流程的组织形式为快速响应外部的需求和变化，保持系统的灵活性提供了保障。形成以流程为中心的组织模式，一般表现出扁平化的特征，按照业务流程形成工作团队。

5. BPR必须以人为本

在组织的外部，以追求顾客的满意度作为企业业务流程设计的首要任务，充分考虑顾客的需要，建立一套使顾客得到最大满意度的作业方式，真正在整个组织内部贯彻"顾客就是上帝"的经营理念，从而赢得顾客对本公司的信任和对本公司产品的忠诚度，巩固公司的市场地位。在组织内部，以激发员工的积极性和创造性为目标，强调在组织中下放权力，降低决策层级，把人本管理的思想纳入新的组织体系当中，建立以员工为主体的流程体系，充分发挥每个人的主观能动性和潜能。充分尊重员工的人格，组织和员工要共同成长，共同发展，达到员工和组织目标的一致。组织应满足下属情感需要、受尊重的需要以及自我实现的需要。为员工提供继续教育的机会，授予员工决策权力，鼓励员工自己决策。没有人的再造，只有技术的应用，最终将脱离企业的实际需要，无法实现企业的既定目标。

6. BPR以信息技术为支撑

传统的业务流程和管理组织形式往往与当时的社会发展水平和较为平稳的管理环境相

适应，更是信息技术不发达的结果。Chester Barnard 曾指出，组织的共同目标和人们的协作意愿要通过沟通来连接才能成为动态的过程，由信息传递技术所决定的传递通道、体系、覆盖面积密度在很大程度上影响着组织的结构。信息技术的发展改变了企业组织及其传统管理体系赖以生存的信息基础，改变了主要依靠语言和文字的信息交流方式，改变了主要依靠人脑和手工的信息处理方式，改变了主要依靠人脑和稳健的信息存储方式。现代信息技术已经使信息的快速处理实时传输与全方位共享成为可能，这意味着它使企业实现资源跨时空限制的协同机制与分布式管理成为可能。于是，全新的企业业务流程、组织结构和管理模式也就呼之欲出了。

（二）业务流程重组的成功要素

1. 选好重组领导人

企业业务流程重组，首先必须有一个具有全局意识、并能意识到变革重要性的资深领导。这种领导人首先一定了解企业业务流程重组，由衷地相信企业业务流程重组，并愿意全力以赴。其次，领导人必须精通业务情况和财务情况，并了解其中的互动关系。事实上，也只有注重流程、能够全面思考流程的领导，才能领导重组。总之，选择企业业务流程重组领导不仅要考虑资历与权威，其理解力和正确的心态也是关键。

2. 建立危机意识

建立适度的危机意识是企业业务流程重组成功的起点，这一点至关重要。企业什么时候发生危机，是难以预料的，必须有随机应付的准备。一个集体如果对于面临的危机缺少共识，这个集体就很难同心协力再创佳绩。

3. 明确目标

远景展现了企业业务流程重组后企业取得的总的结果。改革伊始，企业重组工程指导团应向企业的有关方面，包括客户、股东、员工等方面，详细勾画企业远景，使他们清楚了解企业所要进行的改革以及可能带来的变化。

4. 做好面对阻力的思想准备

企业在重组流程时，承受阵痛是很正常的事情，大家会抗拒重组，也不足为奇。负责重组的人，应见怪不怪，尤其不能把阻力作为停止变革的理由。经验表明阻力并不是改革失败的主要原因，而管理阶层不正视、无法应变才是企业业务流程重组失败的真正原因。

（三）业务流程重组在零售业中的应用

1. 零售企业业务流程重组的原则

（1）以顾客满意为导向调整组织结构。BPR 强调以适应"顾客、竞争和变化"为原则，建立能以最快的速度响应和满足顾客不断变化的需求的运营机制及相关的业务流程，并将决策点定位于业务流程执行的地方。在业务流程中建立控制程序，从而大大消除原有各部门间的摩擦，降低管理费用和管理成本，减少无效劳动和提高对顾客的反应速度。

（2）关注信息的就地采集与控制。在零售企业的信息化建设中，信息资源的收集是一项重要内容，要尽量从信息来源地一次性地获取信息，利用条码、会员卡等相关技术加快信息采集速度，并给予一线员工一定的自行决策权力，在流程中建立控制，为压缩管理层次和实现扁平组织提供技术支持。

2. 基于客户的零售业业务流程重组

相关研究表明，20%的顾客创造了企业80%的利润。因此"让顾客满意并使之趋于忠诚"成为越来越多企业的最高经营目标，企业的最终商品是顾客的满意。许多企业的实践证实，顾客的忠诚度和企业的获利能力成正比关系，并可延长企业增长周期，实现企业长期可持续发展。为使得零售商的经营理念、服务意识有所提升，增强竞争优势，有必要实施基于客户的业务流程重组。

（1）围绕顾客需求组织流程。了解不同细分市场的顾客偏好，如消费者的生活习惯、购买行为、商品服务方式与服务渠道的偏好，对顾客需求深度理解和全面把握，从而构建顾客喜欢的服务体系和服务环境，提供吻合顾客需求的个性化商品与服务，创造最佳的全面顾客体验，使顾客情愿消费，提升忠诚度。顾客很挑剔，会在不同的零售企业之间比较，越来越注重商品获得的便利性、购买的休闲性和商家的服务态度。因此，零售商要加强服务功能，真正做到"顾客至上"，如大客户服务、环境舒适、导购热情、存包方便、商品摆放有序等。面向市场，以顾客为导向的流程意味着商家必须真正以顾客为业务流程的起点与归宿，围绕顾客体验、顾客利益、顾客满意度而组织。

（2）关注内部运营效率。仅有好的流程，没有好的顾客服务意识，如彬彬有礼、和蔼可亲、不厌其烦等，或仅有好的顾客服务意识，缺乏高效的流程，都无法令顾客满意。最佳的状态是结合高效的流程和一流的顾客服务意识，这样才能提供令顾客满意的优质商品和高质量服务。业务流程体系要体现整体服务思路。在流程再造中，促使企业的高层、项目成员切身感受到顾客服务是整个企业的责任，整合整个企业的资源，让流程突破部门界限，全体员工共同努力改进顾客服务，顾客满意是整个企业的共同目标。

（3）建立与流程控制目标匹配的绩效度量体系。只规划了以顾客需求为导向的业务流程再造是不够的，还需要改变企业内部的游戏规则，最为重要的是企业的目标管理体系、组织形式、激励机制、考核机制，要与以顾客需求为导向的业务流程体系相匹配，支持再造后的流程得到切实执行，只有这样才能有效改变零售商多年来形成的一些不良传统与经营惯性，适应新的竞争环境。

（4）让顾客参与流程再造。邀请一些顾客，如大客户、忠诚顾客，参与流程再造体验再造前后的服务流程，与顾客实现真正的互动，只有这样才能使业务流程围绕顾客需求而组织。

3. 改进补货流程，建立快速补货体系

常规的零售商与供货商的业务流程一般如下：零售商进行销售→发现商品库存快到最低点→向供货商要货→供货商发货→零售商入库→进行销售，这种方式对需求的反应太慢。我们可以采取另一种方式，如在计算机及网络技术的基础上进行，对于某零售商每天的销售数据，不仅要发到自己的总部，同时通过软件包，利用互联网，发送到供货商的计算机系统内。这样，供货商对其商品销售的数据不再是一两个月后才能知道，而是可以做到"实时监控"，马上可以掌握该地区的商品销售组合、流行、顾客类型、销售时段，可据此提前组织资源进行生产和分销。此时，供货商不再引用出库批发数据，而是零售数据，生产目的更加明确，自动为零售商补货。而零售商则免除了为保持库存量而花的费用。利用先进的信息技术，收集供应链各方以及市场需求方面的信息，用实时、准确的信息取代实物库存，减小需求预测的误差，也降低了库存的风险。

4. 实现商业自动化

在BPR的前提下实施商业自动化的步骤为：第一，分析全部作业流程，一般的企业，原来的手工业务处理流程都存在很多重复或无效的环节，许多处理方式也不符合计算机信息处理的要求。为此需要对手工业务处理流程进行重组，对重复或浪费的部分进行合并或抛弃。第二，在重组的基础上，建立合理、通畅的流程体系。第三，利用计算机技术完成如数据采集、票据传递、数据分析等工作，最终建立企业先进的管理模式及计算机系统。BPR对商业管理软件也有新要求，软件是现有业务流程的镜子，目前的许多商业MIS均基于"模块""组织机构""工作岗位"，这种基于组织机构的软件开发思路将被淘汰。在新的基于BPR的软件开发过程中，应该采用一种可视化的方法，来表达一个企业的业务流程以及在过程重组中可能产生的变化；应基于一组过程而不是基于机构的描述，应是能使企业升值、使顾客满意的过程。在大型零售企业实施一种新的管理理念的最大困难就是要使整个组织及其员工都了解、认可和接受这种变革。获得高层管理人员的支持、认同和理解是大型企业实施新管理方法的一个重要障碍。然而，中小企业往往雇用较少的人，管理层次也不多。任何新的管理理念、方法往往只须得到企业所有者的支持即可实施。与大型企业相比，小企业业务流程重组的过程要容易一些。即使如此，BPR对企业来说，仍是一个脱胎换骨的过程，是一场革命决策者必须有革命的决心和魄力，去推动这种革命性的决策，但行动本身不是一场革命，在实施策略上必须循序渐进。与发达国家相比，我国零售业的信息化还处于初始阶段。虽然近年来零售业对信息化投入的增长速度较快，但投入的大部分是用于硬件建设，用于软件建设的比重很小。因此，有必要大力推广CRM，以提高零售业的信息化管理水平，增强企业的竞争力。同时，有了前一阶段信息化建设的基础，预计在今后的发展中，CRM的应用将成为零售业信息化建设中的重点并发挥出重要作用。

第三节　中国零售业信息化发展战略

一、外资零售巨头的信息化竞争优势

沃尔玛、家乐福、麦德龙等零售业巨头不仅创造着零售业的奇迹，同时也创造着世界经济的奇迹。探索隐藏在其奇迹背后的成功经验，寻找我国零售业与世界领先水平之间的差距，对于进一步促进中国零售业的发展具有重要的现实意义。

（一）利用先进的数字化技术来降低成本

零售业肯定是大规模的，但它是标准化的大规模，它的最主要优势就在于使价格分摊到规模中，不是靠自己创造利润，而是靠降低成本来增加利润的。比如使沃尔玛"天天低价"成为现实的正是其"永远比对手节约成本"的经营理念。和沃尔玛相似的是，许多外资零售巨头都致力于成本控制。这首先体现在对运营成本的控制上。在采购方面，它们利用全球性的供应链，在全球范围内选择物美价廉的商品，批量进货又使它们往往能得到最低廉的价格。不仅如此，它们更是利用自己的品牌优势，直接要制造商开发生产它们需要的商品，这些自有品牌的商品成本更低，价格更低。在配送方面，零售巨头们通过自己的配送中心，使用先进的数字化技术来降低成本。在运输货品方面，它们将产品信息精准到数量、型号、送货时间、送货地点等每一个细节，同时会根据坐落在不同国家的不同店铺类型来设计送货方案。在库存方面保持适当的数量，既不积压货物又不缺货，甚至实现零库存。在"永远比对手节约成本"的口号下，零售巨头将利润以最低售价的方式部分转让给了消费者，从而赢得了广大消费者的青睐。

（二）开创数字化零售时代

优秀的商业管理思想和高技术的结合开创了数字化的零售时代，使零售业从分散、弱小、劳动密集型的产业形象，逐渐转换为庞大的技术密集型产业的新形象。而这些外资零售巨头正是零售业信息化、科技化时代的创造者。

零售巨头在信息技术的投资与应用上具有以下两个突出的特点：

（1）服务于战略发展的信息技术。这些零售巨头在信息系统投资与应用上的第一个重要经验就是把零售业的经营战略与信息技术很好地结合起来，使其信息技术源于战略要求，并服务于战略发展。在面对信息技术时，它们首先考虑的是如何利用信息技术创造商业价值，所有信息技术的投资决策都是战略决策的结果，都只能作为其"降低成本、提高效率"的重要手段。为了实现这样的战略，它们建立起了快速、高效的网络信息系统。利用该系统，它们可以向成千上万的供应商提供商业文件、发出采购指令、获取收据和装运清单等，同时也让供应商及时准确地把握其产品的销售情况，为供应商提供更多的商品信息。正是凭借着先进的电子信息手段，零售巨头们实现了商店的销售与配送保持同步，配送与供应保持同步，从而提高了工作效率，降低了成本，并在价格上取得了绝对优势。

（2）以卫星为核心的配送系统。外资零售巨头的另一条重要经验就是建立起了以卫星为核心的配送系统。它们拥有自己独立的配送中心，通过使用电子数据交换系统在将自己的各个店面与配送中心连接起来的同时把自己与供应商也连接在一起，供应商先将货物运到配送中心，配送中心再根据每个店面的需求量对货物进行重新打包，然后配送。还有一些零售巨头通过公司专用的卫星通信系统使得总部分销中心和各商店之间可以实现双向的声音和数据传输。沃尔玛遍及全球的4000多家分店，能够通过自己的终端与总部进行实时联系，总部可以在1小时之内对这4000多家分店中每种商品的库存、上架、销售量全部盘点一遍，以及时补货。先进的配送系统，为零售巨头在与竞争对手的竞争中在时间上争取优势提供了坚实的物质保证。难以置信的科技力量推动着零售领域的经济增长，它不仅是数字化信息技术在零售领域的应用，更促使零售业发生着彻底的变革。这些零售巨头正在通过科技的进步与创新来开创数字化的零售时代。

二、零售企业信息化的三个阶段

世界零售巨头的信息化优势不是一日之功，零售企业想要走向信息化也不可能一蹴而就。美国信息系统专家诺兰通过对200多个公司、部门发展信息系统的实践和经验的总结，提出了著名的信息系统进化的阶段模型，即诺兰模型。诺兰认为，任何组织由手工信息系统向以计算机为基础的信息系统发展时，都存在着一条客观的发展道路和规律。数据处理的发展涉及技术的进步、应用的拓展、计划和控制策略的变化以及用户的状况四个方面。1979年，诺兰将计算机信息系统的发展道路划分为六个阶段。诺兰强调，任何组织在实现以计算机为基础的信息系统时都必须从一个阶段发展到下一个阶段，不能实现跳跃式发展。诺兰模型的六个阶段分别是：初始阶段、传播阶段、控制阶段、集成阶段、数据管理阶段和成熟阶段。诺兰的阶段模型总结了发达国家信息系统发展的经验和规律。一般认为模型中的各阶段都是不能跨越的。

我们认为，零售业的信息化一般可以划分为以下三个阶段：第一阶段是信息技术应用的萌芽阶段。这一阶段的特点是信息技术工具的独立应用，通常用于完成零售业某项具体工作，如收款机、电子秤等。这些工具的应用提高了某个具体工作的速度和效率，降低了该工作岗位的劳动强度，同时也提高了该环节的数据的准确性。第二阶段是零售企业信息管理系统（IS）的发展阶段。它包含POS的数据采集和MS的采购、销售和库存信息的管理，主要功能是为企业管理服务，通过单品管理和进、销、存的信息管理为企业的业务决策提供支持。第三个阶段是零售企业全面信息化（E化企业）阶段。这个阶段的主要特征是内部网和互联网的广泛应用。计算机网络能够实现低成本和高效率的信息共享，基于信息共享的商务流程的重组和优化在企业中被大量应用。在这个阶段，电子信息技术对零售企业的经营业务进行基于信息共享上的全过程支持。它支持企业对内部的各部门、分支机构、下属店铺的全流程管理，包括企业内部的商品订货、调拨、验收、销售和库存等全流程管理，以及企业外部供应链管理，支持与供应商或客户的交易、流程和信息管理，即对供应商实现电子订货、商品验收、退货、促销、变价、结算、付款的全面支持，国外大型零售企业已经进入第三阶段的应用，信息技术在企业的应用，使这些企业的运作成本大大减低，效率大大提高。如沃尔玛公司，就拥有着行业最大的私有卫星通信系统，把它遍布全球的几千家连锁店连在一起，及时地获得销售数据，并通过其EDI系统向主要供应商进行采购。这样的信息优势使其他零售企业很难与其竞争。因此，面对竞争，中国零售企业除了加强管理，做大规模外，加快信息化建设是当务之急。

三、中国零售业信息化过程中存在的问题

我国零售业信息化还处于起步阶段，尽管有不少零售企业对信息化建设的理解和认识在不断加深，但受软件开发应用技术水平、信息化知识教育程度、企业管理水平等因素的制约，我国零售企业在信息化建设过程中仍存在不少问题，影响了这项工作在企业应有的地位和作用，干扰了企业信息化建设的进程。

（一）对信息化建设的总体规划考虑不成熟

信息化建设不是一个简单的投资，必须有总体的、全面的和长远的考虑。然而，目前的零售企业大多还缺乏规划，运作系统缺少一致性，原来的手工操作系统同新建的体系不匹配，造成信息孤立、培训难度大、维修费用高、收益低下、风险增高。信息化会导致零售企业在管理方面发生质的变化，会使一系列的工作职能发生变化，从而对整个企业都会发生重要的影响，但如果在建设的规划阶段，不认真对信息化的指导思想综合考虑，会导致对系统的目标、管理体系、关键的成功因素、重点应用的领域等诸方面造成不可弥补的损失，使信息化建设的实施和实际运作难度加大。

（二）对信息系统的期望值过高

许多零售企业自身的管理停留在旧的模式当中，实际管理人员素质不高，管理不规范，不能按照信息化的应用需要"管理配套流程配合，分段进行，逐步提高"，而对软件期望值很高，希望得到一个现成的"产品"。甚至希望能在短期内投资信息化建设而一劳

永逸，并能得到长期的回报；认为一套系统就能解决一切问题。从零售企业角度来考虑，在维持正常经营条件下，长期进行一项大规模的"管理改造"是不太容易做到的，所以希望能得到一个能拿来就用的"产品"，这是可以理解的。但是，基础数据建立、软件的使用必须经过企业员工之手才能完成，软件实施毕竟不同于一台POS的应用，所以，经常听到一些企业抱怨：投了一大笔资金，使用了多年的IS至今仍无什么明显的效果。仔细分析其原因不难发现他们的应用一直处于新技术辅助旧的管理运作模式中。虽然新技术的应用使企业在管理效益上得到了一定的提高，但是企业的管理模式并没有发生根本的变化。

（三）对信息化建设具体运作不了解，实施目标不明确

许多零售企业的经营者对于信息化建设的具体运作不是很了解，在何时引进、引入何种软件系统、投资多少、如何调整现有的管理体系来适应信息化、现有的业务如何发展等问题所知较少，也就无法对企业信息化建设做出正确的决策。由于企业对新系统并不熟悉，可借鉴的成功经验又很少，要提出很明确的目标十分困难。因此能得到的功能越多越好，在这种思想指导下进行选择，使得实施方将许多没有把握，甚至是不能做到的事情承诺下来，为以后的实施留下了障碍。

（四）对数据资源管理的认识不足

信息系统的实施是建立在完善的基础数据之上的。对于零售业信息系统来讲，商品信息资源和顾客信息资源是重要的内容。很多企业在这方面认识不足，把注意力仅仅放在信息化的其他环节上，恰恰忽视了数据资源是信息系统发挥作用的重要前提。"巧妇难为无米之炊"，离开了数据资源，再好的系统也只有做个无米的"巧妇"了。零售企业中，商品基础数据量庞大，如果再建立良好的客户关系管理系统，相关的数据量更是超出我们的想象。一些企业试图在实施期内将数据收集工作一次性完成，实际上这是不现实的。但也有另一个极端：在实施期内不做任何数据收集工作，只把软件流程空转起来，之后需要什么数据再做什么。这是两种极端的错误。一般来讲，可以分为静态的数据和动态数据，分别在实施期和应用期进行收集工作在有的零售企业中，信息系统正常运行已经采集了不少的信息，可在部门需要某个数据的时候再从计算机系统中倒出数据来，重新整理、加工、制表后再进行人工传递。由于新的职能定位或新的管理规则不健全，使得手工统计工作仍处于重要位置。例如，卖场月盘点管理在信息系统中由循环盘点取代，要求货位现存量"日清日结"，而旧的管理模式是采用月盘点、月报表、月结算的形式，这种管理无法控制每日刷新的物流和资金流。故新的物流、资金流技术无法发挥其作用。

（五）没有正确实施业务流程重组

在信息化项目刚启动时，项目的设计者们是根据企业当时的管理需要设计业务流程的。但是随着信息技术应用的推进，或者企业需求的改变，新的需求自然随之产生，业务流程也将引起相应的变化，业务流程也应做新的调整。但是往往在这个时候或许因软件供应商已经结束实施服务，或因企业的信息化推进小组已结束任务，或因没有足够的知识与能力处理到该项技术，导致业务流程未能随之进行调整而导致项目应用夭折。

（六）全员培训重视不够

大部分零售企业现有的管理人员文化素质较低，对信息化的认识和重视程度不高，在信息化实际运作方面能力偏低，这是一个企业在信息化建设和运行中遇到障碍的重要原因。但是这些企业骨干又是精通业务的强手，他们是企业经营和发展的精英，企业往往忽视了对人员的培训，是企业的信息化管理出现"肠梗阻"的现象，为此进行企业的全员培训，使之能适应信息化建设，才能够在企业转型过程中经受挑战。

四、中国零售业信息化发展战略的实施

信息化建设实现的是内涵增长，是一个逐步发展的过程，信息技术的应用要循序渐进，从零售业信息化三个阶段的分析可以看出，前一阶段是后一阶段的前提和基础。没有收款机和POS就很难进行的应用，同样如果没有具备提供商品、结算、销售数据、库存数据的经营信息，就不可能完成店铺的商品订货、调拨、验收、库存等全流程管理。没能提供精确的订货发货验收和结算数据，就不可能实现与供应商的电子订货、商品验收、退货、促销、变价、结算、付款的全面支持。我国零售企业大都已经进入第二阶段，都有销售管理、库存管理、财务管理系统等。对于企业未来的发展，在以下思路的指导下，企业可以有很多不同的选择。

（一）选择正确的信息化切入点

一个企业的信息化，从实施范围来看，有企业全面信息化与重点业务信息化等方式；从信息系统的开发方式来看，有自行开发合作开发与委托开发等方式；从信息系统运营维护的组织结构来看，有企业内部的IT部门完全承担日常维护与业务外包等方式；从信息系统适应性来看，有完全订制、软件产品客户化、购买标准化软件产品等方式。如何根据企业急需的竞争力、企业自身具有的技术和经济资源来寻找一个恰如其分的信息化切入点，应该是我们首先要解决的问题。零售企业进行信息化建设应该高度重视开发目标的确定，企业应根据自己的预期目标、企业的资金投入能力，结合企业的实际，对信息系统的

先进性、安全性、功能性提出要求，确定所要采用的硬件系统、操作系统、软件平台、数据库系统等技术条件。特别要高度注重软件的前期选型和考察。零售企业在确定软件类型时要认真地考虑如何使所选定的软件适应自己的经营模式，除考虑软件的价格外更应考虑软件内在的功能，要对软件开发商的实力和售后服务加以考察，这样才能在复杂多变的环境里，让软件能够适应企业经营管理的变化。零售企业如果自身在技术力量方面存在不足，企业可以向提供企业信息化咨询的专业公司进行咨询，请求指导和帮助。专业管理咨询公司能够针对零售企业所处内外环境和信息化的具体需求、企业发展和经营管理中的薄弱环节进行诊断，对企业进行系统调研，帮助企业确定信息化发展战略。

（二）做好企业信息化软件和硬件基础建设

只有拥有良好的信息化建设硬件基础，企业更高层次的信息化应用和发展才成为可能。目前我国零售业信息化程度较低，正处于电子技术对零售企业信息管理的支持阶段，国外大型零售业已经进入电子信息技术对经营业务过程支持的阶段。造成这种差距的原因之一就是中国零售业信息技术投资太少，根据商务部相关调查显示，中国零售企业信息化投资仅占总资产的2%，与国外企业8%~10%的平均水平还有较大的差距。信息化建设水平的低下，严重地影响了零售业的发展。强化企业信息系统的基础性工作，除了信息系统硬件基础设施建设之外，还要大力培养信息化意识，否则，信息化工作将无从谈起。要对企业员工做全方位信息化培训，使其除了具有信息系统需要的基本技术能力之外，还要使其具有强烈的信息化意识，全面实现以计算机系统为中心的新的工作方式。企业信息化建设的基础性工作应该有统一的规则和约定，其中包括信息规范、计算机的软件和硬件平台规范以及管理模式，包括系统运行规程、岗位设置、计算机技术人员和操作人员的上岗标准、员工操作标准等，这是零售企业信息化建设开发中不可或缺的软件保证。

（三）加强数据规范化和统一化管理

企业要进入全面信息化阶段，首先要求具备商品、结算、销售数据、库存数据的经营信息，并且各环节产生的数据要规范、准确和及时，规范就是数据的名称单位和编码等的统一和规范，以及数据的唯一性。如果企业商品数据充斥着一品多码和一码多品的现象，就很难在这种数据的基础上进行业务流程的实施，诸如包装单位的转换或数据传输产生的误差都将使业务流程出现障碍而停滞。另外，数据的准确和及时，也是很重要的。各环节产生数据的要及时提交系统，才能保证业务系统的信息流畅，不耽误业务的进程。

（四）进行基于信息共享的企业业务流程重组

企业要让电子信息技术对经营业务过程进行支持，就应该对企业业务流程进行重组。

因为企业信息系统的运转不同于过去的业务过程，它拥有更大的信息支持、更快捷的信息传递，也需要更加快速的决策过程。原有的业务流程已难以满足信息技术的要求。在零售业进入信息时代的今天，客户与企业、企业内部、企业与供应商对于信息共享的需求在不断增强，因此对于零售企业来讲，业务流程重组的出发点是信息共享，并由此形成全新的 CRM-MIS-SCM 价值链。业务流程重组是一个动态过程。在项目启动时，项目的设计者们根据企业当时的管理需要设计业务流程，随着信息技术应用的推进，或者由于企业需求的改变新的需求自然随之产生，业务流程也将引起相应的变化业务流程也应做新的调整。

（五）围绕客户需求建立客户关系管理系统（CRM），提升顾客的满意度和忠诚度

在信息技术的支持下，零售业 CRM 系统的开发与应用门槛将大大降低。通过 CRM 的应用，企业对客户资源进行深入管理，并借助于数据挖掘技术对客户信息进行进一步的分析，为企业的经营决策提供支持。CRM 是零售业信息化建设规划中的重要组成部分。通过各种信息技术手段搜集和分析尽可能多的客户资料。对于企业的客户资料，无论是电子形式的还是纸面形式的，都应将其整理为可用的信息，对其进行处理，以提供企业决策的依据，并进行进一步的跟踪和分析。如果这些资料使用得当，不但能建立稳定的老顾客群，还会给企业带来新的客户。建立良好的客户关系，还可以通过电子商务来提供个性化服务、一对一的服务，要分析顾客提供给企业的数据，包括年龄、性别、职业、教育程度、家庭收入和购物倾向等，对顾客提出有针对性的购物建议和进行有针对性的推销。利用在长期经营中培养出来的品牌信誉和顾客信任感打消顾客对网上购物的安全和信用问题的顾虑，开网上虚拟社区是一种有效的方法。允许并鼓励顾客在网站发表言论甚至抱怨，形成顾客对企业和网站的兴趣聚集大批"铁杆网民"，在带动网站人气的同时也使网站深入人心，进而培养顾客的在线忠诚。虚拟社区的开辟，不仅使用户之间方便交流，也为用户和企业之间交流提供了方便。通过了解社区中成员的言论问题，企业可以掌握消费者的真实想法，迅速得到成员的建议，及时了解成员的新需求，启发企业的新产品开发和创新，更好地服务于顾客。

第六章 未来零售业营销新模式

第一节 零售业的品牌营销

品牌营销即零售企业通过收集整理消费者的需求信息提出对商品功能造型等方面的设计和品质要求，并生产或选择合适的生产企业生产，最终由零售企业使用自己的商标对新产品注册并在本企业内销售的营销战略。在零售业利润空间不断降低的今天，利润率相对较高的自有品牌已经成为各大型零售业圈地战、价格战之后的又一竞争利器。它是竞争发展到一定程度的产物，是零售企业为了突出自己的形象，维护竞争地位，充分利用无形资产而采用的一种竞争策略，其核心是企业名称或企业自己确定的名称作为品牌在本企业销售，而不是使用制造商品牌在全国销售。

一、零售商自有品牌的产生与发展

零售商自有品牌（Private Brand，PB）是指零售商投资建厂或者选择合适的生产企业或者在相关生产企业拥有一定的股份，由这些厂家为其生产标有零售商自己开发的品牌。零售商品牌（PB）在国外已有几十年的历史。英国是 PB 商品的发源地，而且也是目前全球 PB 商品最发达的国家之一。1882 年，英国的玛尔科公司就开始经营自己的品牌商品，1995 年该公司全部食品销售额的 99% 是用自有品牌创造的。英国最大的零售商——马狮百货集团公司，1982 年创立了"圣米高"品牌，品类有服装、食品及酒类、鞋类、化妆品、书籍等，"圣米高"这一品牌已被公认为英国自有品牌商品的典范。马狮百货集团也被称为"没有工厂的制造商"，它向制造商提出原材料、生产工艺和品质等方面的要求，并提供技术支持和管理咨询。目前，该品牌已占领了全英国 15% 的服装市场，1/3 的睡衣市场，1/4 的裤袜市场。20 世纪 60 年代后期，零售商自有品牌商品开始成为制造商品牌商品的对手，在有包装的日用消费品市场上更是如此。20 世纪 80 年代英国零售商自有品牌发展迅速，到了 90 年代，在消费品领域，生产商和零售商之间的力量对比出现了重大的变化，零售商逐渐成为日用消费品市场的控制力量。零售市场规模巨大的美国，零售商品牌商品的销售额领先于其他各国。据美国自有品牌商品创造协会（PLMA）对以销售食品为主的美国超级市场的统计，零售商品牌商品的销售额占总销售额的15.1%，销售量占销售总量的19.7%。西尔斯公司是美国著名的零售企业，经营的商品90%以上是自有品牌的商品。20世纪80年代，日本也出现了零售商品牌。近些年来，中国零售商自有品牌也有所发展。

从世界范围来看，零售商自有品牌已成为制造商品牌的强劲对手。商业向制造业渗透，是经济发展的必然。零售商自有品牌的出现是市场竞争发展到一定阶段的产物，这种竞争不仅表现在水平方向上各种零售业态、不同零售商之间对市场的控制与争夺，而且表现在垂直方向上同处在商品供应链上的零售商与制造商利润的争夺，特别是处于渠道控制优势的大零售商对知名品牌制造商的争夺。在商品的供应链中，零售商由于处于更接近消费者的环节，在与制造商的博弈中，市场力量的天平逐渐向这些控制渠道的大零售商倾斜。随着零售商之的水平竞争加剧，为了寻找市场业绩的突破口，一些大型的零售商开始推出自有品牌，试图从上游制造商那里转移更多的利润。

二、零售业实施自有品牌战略的竞争优势

和生产商品牌相比，自有品牌的实施使零售业引导生产、创造生产的职能得以发挥出来，作为商业零售领域经营一大变革，可使商业企业创造新的竞争优势。

（一）差异化优势

生产商品牌的商品可以在各个零售企业销售，这就使各零售企业在商品品种构成方面趋同，很难形成自己的特色。这种"千店一面"的经营状况导致零售企业之间的竞争日益激烈，利润越来越少。因此，差异化乃至于独特化成为企业制胜的法宝。实施自有品牌战略，企业可根据自身的实力情况、竞争者的市场地位、目标市场的需求特点来确定自有品牌商品在市场中的地位。品牌定位一旦明确，差异化的经营特色便可充分体现。借助这种个性化的商品又可进一步强化企业形象，二者相得益彰，形成企业对消费者独特的诉求。实践证明，商业自有品牌可以克服零售企业趋同性强、缺乏特色的弊端，实现以差异化取胜的目的。

（二）价格优势

自有品牌的实施增加了商品的竞争力，最突出地表现在它实现了商品的低价，扩大了商品的销售。其中的原因有以下几点：一是进货不必经过中间环节，大大节省了流通费用；二是自有品牌仅在本企业内部销售，其广告宣传主要借助宝贵的商誉资产，在商场内

采用广告单、电视和广播等方式进行，品牌的推广也只集中在一个品牌的宣传上，于是商品的广告费就大大减少；三是自有品牌的包装费用较少；四是大型零售企业拥有众多的连锁分店可以进行大批量销售，使生产的规模经济效益显著，从而降低成本，便于薄利多销。据有关资料显示，欧美商业企业中使用自有品牌的商品一般比同类商品的价格低30%左右。质优价廉是自有品牌商品的最大优势。

（三）利润优势

据资料统计，零售商沃尔玛30%以上的销售额、50%以上的利润来自自有品牌。在全球经济不景气的情况下，它的净利润这几年仍大幅度增长。自有品牌的高利润来自以下几个方面：①零售商掌握了第一手的销售数据，没必要经过复杂的市场调查就可以对大多数商品的销售趋势做出较为准确的判断；②在自有商店销售，零售商们不必承担人员工资等销售管理费用；③一些零售企业自身已经成为相当强势的品牌，和无品牌商品相比，消费者愿意为超市自有品牌支付更高的价格；④商业企业自行开发生产或委托生产厂家加工自有品牌，只须支付生产成本或付给厂家合理的加工费用和佣金就可以使商业企业不仅得到流通领域的销售利润，还可以有部分生产利润。这样和生产品牌比起来，自有品牌可以节约大量的前期市场调研和后期市场推广费用，这正是它的根本竞争力之所在。

（四）无形资产的优势

一些大型零售企业经过长期的经营，在消费者的心中形成了良好的企业形象和服务信誉，有的甚至是有口皆碑，影响到了消费者的购买决策，这正是企业巨大的无形资产。商业企业通过开发自有品牌，将自己的良好形象注入商品之中，使消费者更容易认识接受以至于偏爱和依赖，并影响他人的购买决策。而自有品牌的成功，反过来又会进一步强化消费者对企业的满意度。由此可见，自有品牌的实施，正好将企业的无形资产具体化，使企业的无形资产流动起来，成为企业利润增长的一个源泉。通过商品赢得商标信誉，并使这种商标的信誉最终变成商店的信誉，这就使得零售企业容易形成较高的品牌指认率和同一率，从而吸引消费者，赢得稳定的市场。

（五）自主权优势

自有品牌不仅是获取高额利润的工具，更是制衡大品牌的筹码，是零售商敲打强势制造商的有力武器。零售商与供应商的争斗由来已久，在双方的博弈中，产品品牌是制造商的终极力量，如一些制造业巨头仍保持着对零售价格的控制。而自有品牌改变了这一规则，让一些制造业巨头不得不低头，其中受到冲击最大的二、三线品牌。零售商庞大的销售网络是吸引生产商的砝码。由于零售商对于自有品牌的定价拥有完全的定价权，可以根据需要灵活调整，不会受到生产商的制约。在自有品牌的供应商选择上有更大的灵活性，因而具有更强的谈判力。因而诸多制造商面对沃尔玛这样的零售巨头时，往往显得不知所措。比如之前两位食品巨头卡夫和凯洛格宣布把速食谷类产品的价格提高2%～3%，但沃尔玛断然拒绝接受这种提价。

（六）避险优势

大型零售业的优势集中体现在其收集消费者信息能力和营销上，自有品牌的实施使其优势得到有效的发挥。零售商直接面对消费者，能够迅速了解市场需求动态，并及时做出反应，从而大大减少了品种选择上的压力，降低经营风险。

三、零售企业实施自有品牌战略应具备的条件

（一）需要具备一定的规模

由于自有品牌一般只能在零售商自己的终端销售，而且开发一个自有品牌耗费的资金很大，自有品牌战略的成功离不开规模经济优势的发挥，这就要求零售企业必须具有庞大的销售网络和雄厚的资金实力，零售商的经营面积、经营项目和销售量要达到一定的规模，以实现大规模生产和销售。所以，不是所有的零售企业都适用自有品牌战略。它必须以大规模经营和广泛的销售网络为基础，这样才能以大订单吸引生产企业的合作，降低单位产品的成本，并利用自身广大的销售网络加以推广，自有品牌的优势才能充分发挥。国外大型商业企业的自有品牌之所以成功，关键就在于他们具有庞大的销售网络。尽管我国近几年大型零售商业企业包括一些连锁企业发展迅速，但真正能够实现规模经营，取得规模效益的并不多，如果再具体到某一种产品上，这种规模效益要求就更高了，这一点已成为制约自有品牌在中国发展的重要因素。

（二）需要有良好的信誉

事实上，良好的信誉是培育自有品牌的价值内涵中最主要的一部分。较高的信誉可以使零售企业所销售的产品极易被广大消费者认可和接受，因此良好的信誉是零售商实施自有品牌战略的前提和内部条件。

（三）需要具备较强的实力

零售商实施自有品牌战略是一项十分复杂的系统工程，零售商不仅要负责品牌的开发设计与管理、进行市场调研和选定产品项目，还要自行组织生产或委托厂家定牌加工生产、确定商品价格和商品的市场促销策略，没有足够实力的中小型零售商是无力承担所有

这些工作的。比如，零售商可与采用先进生产管理及质量控制技术（如采用六西格玛质量控制方法、引入 ISO9000 系列标准等）的制造商结成战略联盟，共同致力于产品品质提升。像沃尔玛对每一批货物都会委托 SGS 来检验，每年就检验的情况做一次总结，因为他们相信"稳定的产品质量是赢得信誉的关键"。

四、我国零售业自有品牌战略的实施

结合欧美经验，我国大型零售企业在发展自有品牌的过程中应遵循品牌经营的基本原则，总体上应注意以下问题。

（一）摒弃货架崇拜，树立品牌竞争意识

货架是零售企业发展自有品牌的优势条件，但绝不是充分条件。认为把自有品牌产品塞满货架就能赢得消费者的想法是肤浅和错误的。品牌是一种认同，更是一种承诺。品牌的竞争并不在货架上，而是在消费者的心智上。

（二）选择恰当的商品项目

西方研究人员发现，并不是所有的商品都适合实施自有品牌战略，在不同种类的产品中，自有品牌产品所占的份额差别很大，这提醒处于起步阶段的我国自有品牌战略的实施在产品选择上要慎重。一般而言，购买频率高、单位价格低、购买风险专业技术性低、品质差异较小的商品更适宜商业企业发展为自有品牌商品。企业选择这类产品，投资少，资金流动快，对企业整体经营不会带来大的风险。具体来说包括：对保鲜保质需求高的商品；科技含量不高的非专业化产品；时尚化商品，主要为服饰鞋袜等。对于一些购买风险大、要求质量高而消费者本身辨识力又较低的商品（尤其是技术性强的商品），消费者一般信赖在生产技术等方面享有优势的制造商。目前零售商品牌影响较大的主要是食品服装等行业。随着实力的增长和市场的发展，要伺机向其他领域扩展。

（三）警惕自有品牌的异化

自有品牌一般只在零售商所属店铺中出售，这有利于培养消费者对它的可信度并避免假冒行为的侵害。如果基于短期利益盲目将自有品牌产品向系统外的通路拓展，则是一种异化行为。将给假冒伪劣大开方便之门，损害消费者对自有品牌的信赖和企业形象，不利于自有品牌的培育和发展。

（四）建立品牌运作机制

零售企业虽然有丰富的销售经验，但品牌运作可能是弱项，因此有必要在组织内建立

品牌运作机制，以确保实施专业化、规范化的品牌经营。例如，国美自有品牌商品有两大类：一类是小家电，一类是刚刚打入我国市场委托国美代销的大家电。目前，我国消费者对两个来源的商品的认识是不一样的，因此，适合采用不同的品牌，即多品牌策略来加以差别化，这样有利于保护不同品牌的商品，不会因一个品牌的商品出现问题而危及其他商品。同时，因为国美根本不需要在打造品牌上投入太多的人力、物力，而只是让商品在卖场里顺势销售。因此，不同品牌策略既能保护品牌，区别商品，又不增加国美的经营成本。

（五）保证商品质量

这是推行自有品牌商品的关键点，也是最大难点。质量是所有商品在市场上生存的基础。很多自有品牌商品销售商不是其直接生产者，因此对商品质量的严格监控是保证自有品牌顺利实施的重点。要保证商品质量首先要慎重选择制造商，一些小型生产企业没有实力采用先进设备，商品质量不易保证，交易信用不易保证。因此，在选择制造商时，一定要综合考虑各方面的因素，从中挑选出具有潜力的制造商，并帮助其重新树立质量、信誉观念。再者，零售企业还可以成立专业的质量监控小组，深入各企业的生产流程，对其商品质量进行监控。

（六）完善商品的售后服务

在通常情况下，商品的售后服务都是由厂家负责，零售企业作为卖家仅提供厂家和消费者交易的场所。现在零售企业实施自有品牌，即便是小商品，售后服务也不能忽视，因为每一个消费者都有自己的社交圈，在这个社交圈里他既受别人的影响，又对别人施加影响。对商品质量和售后服务满意的社交圈，不仅自己会继续上门购买，成为零售商可靠的回头客，而且还会成为零售商的宣传员和广告员，主动向身边其他人推荐。反之，不仅不再上门，而且会向自己的亲朋好友散布不满，使企业丧失一大批潜在的消费者。但作为自有品牌的销售商来说，向消费者提供专业的售后及维修服务很难，对此，销售商和生产商可就此问题达成协议，销售商可专门购置部分同类商品以作为应急替代品，即消费者购买的商品出现故障了，拿来维修，在维修期间为了不影响消费者的使用，可以先拿另外一台回去用。这种服务在国内很少提供，但却是便民利民的好服务，如果销售商能够提供这种有特色的服务，则会吸引大量的消费者购物。

第二节 "互联网+"背景下的网络营销

"互联网+零售业"并不是互联网与零售业的简单相加,它是一种全新的社会经济形态。"+"号的位置不同代表了互联网在零售业发展运营中扮演的不同角色。"+"在左边,互联网作为一个工具,丰富了零售业发展的渠道;"+"在右边,互联网充当了零售业发展的主体,在零售业发展过程中起到决定性作用,旨在引领零售业的创新发展。互联网工具,既是指依托于计算机信息处理技术、数字通信传播等技术,包括互联网和移动互联网以及互联网和移动互联网而产生的诸多新技术、新思维在内的创新工具。"互联网+零售业"并不改变零售业的本质。在此基础上,"互联网+零售业",即是把互联网创新成果与零售业深度融合,充分利用以云计算、物联网、大数据为代表的新一代信息技术,充分发挥互联网在零售业发展过程中的主体地位,发挥互联网对生产要素的有效整合作用,提高零售业效率,提升零售企业生产力和创新力。"互联网+零售业"主要表现为以下五大特征:一是跨界融合。"+"即跨界"互联网+"零售业,即零售业与互联网进行深度融合,以融合促创新,颠覆传统零售业的商业模式。二是创新驱动。"互联网+零售业"是零售业以互联网思维来自我改革,改变传统零售业弊端,将发展动力转变到创新驱动上来。三是重塑结构。打破了原有的买方卖方的关系,消费者参与到商品的生产,销售全过程,实现消费者需求的柔性订制。四是以人为本。尊重人性,既是推动科技进步的最根本力量,也是零售行业经营发展的根本原则。零售业的行业本质就是坚持人性化经营,提供人性化服务。五是开放共享。以开放、共享实现零售业最优的资源配置。

一、中国网络零售市场发展现状概述

(一)市场规模

1. 市场交易额

根据国家统计局最新数据显示,2015年全网零售额38 773亿元,比上年增长33.3%,其中网上商品零售额32 424亿元,同比增长31.6%,增速比社会消费品零售总额高20.9个百分点。2007年后,我国网络零售业进入了快速发展阶段,网络购物市场交易规模和市场份额实现快速增长。到2013年,我国网络零售市场规模已经高达1.86万亿元人民币,并超越美国,成为全球最大的网络零售市场。2010到2014年的5年间,我国网络零售市场规模已经从5091亿元上升到近28万亿元,同年增长率高达49.7%,高于社会消费品零售总额增速37.7个百分点。

2. 用户规模

根据中国互联网络发展状况统计调查报告数据显示，2015年，我国网购用户已经达到4.13亿人，仍然保持高速增长，同比增长14.3%。手机客户端数据显示，我国手机网络购物用户也在不断壮大，目前已成为3.40亿人的市场，增长率高达43.%，远超过网购用户的增速。同时，移动端购物使用比例也有大幅提升，由42.4%升至54.8%。截至2018年12月，我国网民规模达8.29亿，全年新增网民5653万。而网络购物用户规模达6.10亿，年增长率为14.4%，网民使用率为73.6%，网络支付用户方面，截至2018年12月，规模达5.83亿，年增长率为10.7%，手机网民使用率达71.4%。网民在线下消费时使用手机网络支付的比例由2017年底的65.5%提升至67.2%。

3. 支付方式

伴随移动互联网的发展，以第三方支付为代表的互联网金融迅速发展，改变了消费者的支付渠道并极大地便利了消费者的支付。支付宝、易租宝等第三方支付平台成功绕过传统的网银支付渠道，并以安全变量赢得消费者的信任。数据显示，目前，我国网购消费者使用第三方支付平台支付的比率已高达82.9%，已经高于传统的网上支付的比例（65.3%）。同时，选择快捷支付或者通过手机支付的消费者比例也有明显增加，近一半以上的消费者是通过这两种渠道支付的。

（二）市场结构

1. 市场份额

根据中国电子商务中心2015年数据显示，占有我国B2C网络零售市场份额最大的前3家企业仍为阿里巴巴、京东商城、苏宁易购。天猫以57.7%的份额位列第一；京东以25.1%的份额名列第二；苏宁易购虽然排在第三，占比却比天猫、淘宝少很多，占比为3.4%。前三甲份额总和高达86.2%。排名第四位的唯品会移动端的销售份额占比高达76%，领先业内，市场占有率为2.5%；受沃尔玛注资、积极布局供应链金融，借助微信发力移动端等一系列举动带来的积极影响，1号店市场占有率也有大幅提升。

在移动购物市场中，2015年上半年阿里无线在移动客户端占据绝大领先地位，市场份额高达80.1%；京东移动端也表现突出，占移动购物市场的10.7%左右；手机唯品会以2.6%占据第三。通过以上分析不难发现，我国网络零售业发展还很不均衡，阿里巴巴一家独大，市场占有率遥遥领先。

2. 市场集中度

市场集中度是以企业市场份额、业务规模、经营利润等指标的相对规模分布为基准，衡量市场绩效及竞争程度的重要指标。按照贝恩的市场结构分类方法，网络零售市场的集中度一般分为两种类型：在B2C电子商务市场中，其CR4等于81.3%，为寡占Ⅱ型，而

C2C 电子商务市场的 CR4 达到 100%，归属寡占 I 型。由此可见，我国网络零售市场属于寡占 II 型市场，市场集中度过高，形成寡占，其他电商的生存会愈加艰难。

3. 品牌渗透率

2014 年，阿里巴巴旗下的淘宝网品牌渗透率高达 87%，位列第一，天猫紧随其后，为 69.7%。京东以 45.3% 位居第三位。唯品会本年度以特卖形式表现突出，品牌渗透率高达 18.8%。目前，我国网络零售业品牌影响力分布不均匀，拥有品牌影响力的企业还不多，阿里巴巴垄断的地位明显。

4. 品类分布

随着网购市场发展，我国网购商品品类日益丰富。由于毛利高，重复购买率高，我国 2014 年在线消费最为活跃的品类依旧为服装鞋帽，占整体网民的 75.3%。超过半数网购商品品类较 2013 年有所下降，电脑、日用百货、箱包类商品网购比例下降明显；随着网络平台供应链整合能力的加强，家用电器、食品保健品类产品被越来越多的在线消费者认可；酒店、机票、电影票等在线预订业务网购比例同比上升。

（三）市场需求

近年，随着我国居民消费水平的提升，我国总体消费水平和购买能力逐年攀高。在 2015 年，我国居民人均可支配收入约为 21 966 元，同比增长 8.9%；若扣除价格因素，实际增长为 7.4%。其中，城镇居民的人均可支配收入达 31 195 元，同比实际长率 6.6%；农村居民平均可支配收入总量较城镇居民少，为 11 422 元，但是同比实际增长率高达 7.5%，具有较大潜力。消费结构方面，2015 年人均消费支出主要集中在烟酒以及居住成本上。其中食品烟酒支出占消费支出的 30.6%；居住支出占比 21.8%；交通通信占比 11%。

购物习惯方面，全年网购消费者交易总次数 173 亿次，人均交易次数约为 48 次。其中，网购支出占日常消费支出的 14.2%。当前，消费者对微信、QQ 等社交媒体的使用比率越来越高，数据显示，在所有网购用户中，微信使用比例已经占到 70.6%。考虑到我国庞大的网购群体，社交电商即通过社交媒体、网站进行购物将成为网络零售的重要渠道。随着互联网信息技术的广泛普及以及云计算、物联网及大数据等应用的快速发展互联网技术与零售业深度融合，成为零售业"互联网+"转型升级的重要基础。

二、中国互联网络发展现状概述

（一）网民规模

虽然我国互联网产业发展时间不长，但是已经表现出强劲的后发优势。自 2008 年开始，我国网民人数已经位居世界第一，目前高达 6.88 亿。这个数字已近我国总人口的半数之多，超过欧盟的总人口。庞大的网民人数，不仅为"互联网+"的落地创造了现实基础，也充分显示了我国"互联网+零售业"的巨大市场潜力。"互联网+零售业"已经成为零售企业的必争之地，成为不可阻挡的时代潮流。尤其值得注意的是，目前我国手机网民规模已经占网民总数的近90.1%。伴随移动互联网的迅猛发展，手机客户端已经成为各大商家竞相争夺的主要战场。对于传统零售商来说，PC端天猫、淘宝、京东等平台运营商逐渐形成垄断，移动终端是传统零售商抵挡网络零售商制胜的关键。截至2015年1月，我国网民通过电脑接入互联网的比例分别达到67.6%和38.7%。

（二）互联网普及率

2015年，我国互联网普及率从2005年的8.5%实现6倍的跨越式增长，跃至50.3%，高于世界平均水平46.1%，但与北美高达87.9%的互联网普及率还有不小差距。

（三）网络基础环境

目前，我国网站总数423万个，同比增长26.3%。中国网页数量首次突破2000亿。截至2015年底，我国顶级域名（CN）总数占到我国域名总数的已达到1636万个，增速为47.6%，并以该数量级成功超过德国，成为全球顶级域名注册保有量第一的国家。同时，我国公共区域无线网络迅速普及，网民通过Wi-Fi无线网络接入互联网的比例高达91.8%，同比增长8.6个百分点。目前，Wi-Fi无线网络已成为网民在固定场所接入互联网的首选方式。

（四）企业网络使用情况

截至2015年12月，我国企业互联网使用比例已经达到89.0%，同比上升了10.3个百分点，其中已部署信息化系统的上网企业有40.7%。固定宽带接入、移动宽带接入比例为持续上升，8.9%的企业部署了网络安全硬件防护系统。

综上，通过对我国网络零售市场、互联网络发展现状的概述，反映出我国网络零售业发展势头强劲，市场规模较大、市场结构较集中、市场需求强劲。同时，由于我国互联网技术的不断发展，我国互联网络基础运营环境良好，为我国"互联网+"零售业的发展提供了良好的网络基础。同时，消费者在互联网时代的购物方式、购买行为上也发生了重要变化，消费者在零售业中扮演的角色不断转变，客户体验成为零售业生存发展的重要基石。以上研究结果都对进一步研究我国"互联网+零售业"发展路径影响因素提供重要参考价值。

三、中国"互联网+零售业"发展路径影响因素研究

我国零售业的发展不同于西方零售业态不断创新和更替的演进过程，而是通过短期内快速引进和模仿，从单一业态快速过渡到多种业态竞相发展。所以，下面从影响因素的角度对我国零售业发展路径进行研究。

（一）政策法规因素

杨永超（2006）认为政府政策导向等因素是综合影响我国零售业态演变的重要影响因素。张姗姗（2011）对比了中美两国政策法律、经济、文化、物流环境的不同，并认为不同的环境影响了两国网络零售业的发展。马超（2010）在总结前人研究的基础上，指出经济体制、经济发展情况、市场需求、消费者购买力等对我国零售业演变路径的影响。本文在借鉴了前人研究经验的基础上，认为我国"互联网+零售业"的发展是在我国当前特定的政策法律环境下发展起来的，相关的政策法规对我国"互联网+零售业"发展路径无疑具有重要影响。虽然我国网络零售业发展时间较短，针对规范网络零售业发展的相关法律法规还不完善。但是，目前，我国已经先后出台了众多有关网络零售业的法律规范和产业政策，维护消费者和网络零售经营者的合法利益，确保网络交易的规范、快速发展。2010年，工商总局出台《网络商品交易及有关服务行为管理暂行办法》，依法规定网络商品交易经营者实名信息认证，为我国网络零售也得安全有序发展提供了基础。2013年，交通运输部和国税总局先后公布《快递市场管理办法》以及《网络发票管理办法》；2014年，国务院落实电子商务网站可信认证服务工作，进一步推进我国网络诚信体系建设；同年，商务部积极推动电子商务信用评价体系建设，旨在建立公开、透明、动态的企业信用记录，以及各部门信息共享和协同监督的管理机制。国家相关部门先后出台《网络交易管理办法》《网络零售第三方平台交易规则制定程序规定（试行）》等法律规定，进一步促进网络零售业的发展。

针对跨境电商的迅速发展，国务院办公厅以及商务部等各部门积极出台有关政策意见，对于跨境电商零售出口业务报关、报检、税务、收付汇等方面提出举措，并在上海、重庆、杭州等5个城市实施试点先行的政策。紧随互联网发展浪潮，国家适时提出"互联网+"行动计划，并将其确立为国家战略。2015年7月，国务院发文《国务院关于积极推进"互联网+"行动的指导意见》，旨在加快互联网的创新成果与经济社会各领域的深度融合，逐步促进"互联网+"成为当今经济社会发展的重要驱动力量。在此背景下，我国零售业应该充分利用国家政策利好，大力发展"互联网+零售业"的发展路径。完善的法律法规以及相关政策支持是我国"互联网+零售业"健康发展的重要保障。

(二) 经济发展因素

经济发展因素是对一国经济发展规模、结构、速度等整体水平的衡量。经济发展水平是决定零售业发展路径的基础决定性因素，同时也制约着零售业发展水平。纵观西方现代零售业的三次革命，每一种零售业态的产生都与当时的经济发展水平相适应。

虽然我国现代零售业发展时间不长，但是各种零售业态的竞相出现也基本上与我国当时的经济发展水平以及市场开放程度相关联的。改革开放以来，我国经济持续快速增长，目前已成为世界上第二大经济体。我国零售市场在引入外资竞争后，也保持较快增长，呈现多元化发展局面。2015年，我国国内生产总值（GDP）达到676708亿元，经济总量仍保持平稳较快增长。但是增长速度为近年最低水平，同比增长6.9%。当前，我国经济发展已经步入"新常态"，经济增长速度减速换挡，经济结构不断优化。这也说明，我国经济发展方式已经重视经济发展速度和规模，转向注重经济结构优化升级，既要"稳增长"也要"调结构"。我国经济发展动力已经从依靠要素驱动转向创新驱动。在此背景下，国家适时提出"供给侧和需求侧两端并行发力"促进产业迈向中高端的重要举措。我国零售业作为我国第三产业中最重要的产业之一，应该牢牢把握我国经济发展"新常态"的阶段特点，抓住互联网浪潮契机，充分发挥"互联网+"对零售业的资源整合作用，通过"互联网+零售业"发展路径，优化零售业产业结构，提升零售企业创新力、竞争力。

(三) 信息技术因素

信息技术对我国零售业发展路径的影响日新月异，互联网信息技术的应用使网上购物成为可能，并引发网络零售业对传统零售格局的挑战。我国"互联网+零售业"发展路径正是基于当前我国迅猛发展的互联网信息技术，并通过其引领零售业变革近年来，新兴互联网技术，云计算、大数据、物联网技术，移动支付技术突飞猛进，我国网络零售业也取得较快发展。但总体上，我国零售企业科技创新能力不强，运用互联网的意识和能力不足，信息技术的投入和使用还较低。在信息互联网时代，信息技术对零售业发展起着越来越重要的作用，信息技术对零售业从产品采购、货物运输、仓储分类、冷藏保鲜到销售结算、财务统计的每个环节都产生着重要的影响。零售企业对信息技术应用的深度和广度充分展现着其竞争力的强弱。早在20世纪80年代，美国零售巨头沃尔玛就开创了"互联网+零售业"发展的先河。沃尔玛率先将电脑、条形码技术、无线射频技术应用到超市管理中，并通过卫星通信技术，建立起庞大的沃尔玛信息帝国。信息技术的使用极大的降低沃尔玛的运营成本，提高了运营效率，也先后10次将其送至财富500强的宝座。"互联网+"的出现改变了传统零售业商流、物流、资金流、信息流的运作模式。随着"互联网+"的不断发展，不仅使传统零售企业摆脱了时间和空间的限制，缩短了经营渠道，打破了信息不对称的藩篱,实现了信息实时交互,同时也改变了消费者购物、付款等行为和习惯。随着我国企业互联网接入及使用情况越来越频繁,也为我国"互联网+"零售业发展提供了的坚实基础。由此,信息技术的应用程度对零售业发展路径产生影响,信息技术因素是我国"互联网+零售业"迅速发展的先决条件。

(四)市场竞争因素

市场竞争对于优化零售业结构、降低零售业交易成本,提高零售业资源利用率具有重要作用。理论界对市场竞争对零售业发展路径影响的观点比较统一,李飞(2003)从生产、需求和竞争三个维度研究零售业演变的影响因素,即社会生产力的推动作用消费者需求的拉动作用,以及竞争角度解释零售业的发展变化。杨永超(2006)、马超(2010)等人从竞争的角度出发,认为零售业态间的竞争,外资零售企业的进入、本土零售企业整合都对我国零售业的发展路径产生重要影响。同时,互联网时代,网络零售业的出现极大的加剧了零售市场的竞争。一方面,作为一个新进入者,有些部分网络零售企业与原有零售企业形成了直接竞争;另一方面,部分传统零售企业战略性变为网络零售企业,促使网络零售发展更加动态与多样。我国零售市场已经面临越来越激烈的竞争。从供需角度讲,我国零售业已经进入商品过剩的绝对买方市场;从竞争范围讲,全球经济一体化以及市场经济发展,使我国的零售企业面临全球零售企业的竞争;从经营成本来看,持续上升的房租和人工成本使传统零售企业间的竞争更加残酷;从竞争对象来看,既包括国内零售企业间的竞争,国外零售企业与本国零售企业间的竞争,也包括网络零售企业与传统零售企业的竞争。由此,我们将市场竞争因素作为影响我国"互联网+零售业"发展路径的重要影响因素,同时也认为市场竞争因素是推动我国"互联网+零售业"发展的重要力量。

(五)市场需求因素

市场需求即指在一定时期和价格条件下,消费者对某种商品或服务愿意而且能够购买的商品数量。市场需求主要由消费者的购买愿意和消费者的购买能力决定,两者缺一不可。市场需求可以区分为现实的需求和潜在的需求两个方面。如何更好地满足消费者现实需求,发掘潜在需求是我国零售企业面临的重要问题,消费者的购买能力主要是指消费者的货币支付能力,即直接购买力;对于整个国家的消费群体而言,这与国家经济的发展水平以及国民收入水平有着很大关系。随着我国经济社会的发展,我国居民消费水平和购买能力有大幅提升。2014年,过年国民总收入约63万亿元,较10年前增长了近6倍。2015年,我国人均可支配收入约2.2万元,同比增长8.9%。同时,我国消费者奢侈品消费,海外留学、旅游、投资热情高涨,也充分说明了我国消费者的购买力不断提升在购买意愿方面,随着互联网技术,特别是移动互联网技术的发展,我国消费者购买意愿表现出多元化、个性化的时代特点。移动互联网技术不仅使消费者的购物时间和空间得到极大延展，也创造了一批新的消费需求。我国消费者的购买意愿和消费行为发生巨大改变，主要表现在以下几个方面：

1. 消费者需求多元化

消费者需求越来越多元化、个性化。注重购买、售后、购物环境等一系列购物体验的全流程。未来零售业的趋势将是消费者越来越愿意为情感、文化、为体验买单。

2. 消费者角色改变

消费者已经不能满足于简单商品购买角色，越来越多的消费者参与到产品的设计生产环节，形成"众包"效应。将商品生产从大规模流水作业解救出来，向小规模独一无二的订制生产转型。形成消费者驱动，生产在商业链条上进行波浪式、倒逼式传导。

3. 消费者购买渠道丰富

消费者可以通过实体店、电视购物、网络购物、门户网站、社交媒体、移动手机等多种渠道进行购物。

4. 消费者结构改变

随着80后、90后等逐步升级为主流消费群体，消费者的喜欢更加新潮，更加注重体验。随着我国人口老龄化加剧，预计2020年65岁以上人口将达到2.4亿人，我国老龄人零售市场前进广阔。

5. 消费者接受信息渠道以及购买决策改变

根据Emarketer数据统计，北美消费者在进行网络购物时，他们的购买决策主要依赖家人朋友推荐（81%）、在线用户评论（76%）、第三方专家推荐（70%）、网站信息（67%）、新闻报道（63%）、社交媒体（49%）。而传统营销渠道广告却排在最末端，所占比例仅为47%。由此可见，互联网时代消费者接受信息的渠道改变。消费者更相信产品在亲戚朋友中间形成的口碑（品牌效应）以及在线评论，在网上搜集产品信息等途径。

6. 消费者购买习惯改变

消费者希望随时随地随心，全天候碎片化时间购物。消费者希望随时与零售商进实时互动，渠道转换，订单、提货、取货方式。互联网的迅猛发展极大地改变了消费者的消费行为。消费者购物习惯开始追求体验式、社交化消费。消费者通过社交媒体分享购物体验，交流购物心得，消费沟通将越来越成为购物中心差异化重要的利器。综上，互联网改变了消费者的消费行为模式，使得移动互联网时代消费者需求更加碎片化、个性化。在互联网背景下，研究我国"互联网+零售业"的发展也必须涵盖市场需求因素。

（六）路径依赖因素

演化经济学理论的动态演进思想为研究零售业发展路径这一课题提供了全新的研究视

角。"互联网+零售业"是零售业运用新兴互联网技术的新尝试，这一过程可以很好地用演化经济学理论进行解释。汪明峰和卢珊（2009）认为零售业发展的历史轨迹、消费者文化传统的传承、零售业态空间格局的改变、政府法律环境的变化以及零售现代科技的运用都对网络零售的发展路径依赖具有重要的影响作用。吕玉明、吕庆华（2013年）从演化经济学的角度得出影响网络零售产业演化路径的主要因素，即产业结构因素、消费者因素、政策法规因素和技术因素。

路径依赖是演化经济学针对业态演进过程中，对历史路径依赖现象的解释，意味着任何新的演变业态及路径的产生都离不开历史路径的影响。演化经济学理论认为，由于路径依赖的存在，各个国家和地区的零售业在发展的过程中，一般都会遵循原有的轨迹，最终形成具有本国特点的发展路径。在西方，网络零售业的迅速发展，与其悠久的无店铺零售业历史不无关系。美国无店铺（Non-store）零售商已经拥有了3个多世纪的历史，同时，由于其市郊并重的传统零售业空间格局以及开放的消费文化，无疑为网络零售的运营奠定了基础。而在我国，无店铺零售的历史只有10来年，网络销售也是从2000年后开始进入消费者视野。毫无疑问，对于我国"互联网+零售业"发展路径的研究，也不能剥离了我国特定的零售业演进过程。

四、中国"互联网+零售业"发展趋势及策略研究

（一）中国零售业发展趋势研究

1. 线上线下一体化趋势明显

线上线下一体化是未来零售业发展的大势所趋。线上做推广和引流，提高线上转换率。从国外零售业发展经验来看，美国排在前10名的电子商务企业中，除了Amazon是单纯做网络零售的以外，eBay、沃尔玛、苹果、Target等企业都是由传统零售转型发展起来的，实现了线上线下的有效协同。

2. 网络零售业逆回归现象

逆回归现象首先出现在美国制造业经过高速增长后回归平稳低速增长的现象。我国网络零售业经过一段时间的高速增长后，从2011年开始，网络购物的用户增长也明显放缓，出现网络零售逆回归现象。而到2015年，综合类电商已经从线上领域渐渐触摸到线下传统零售业来，如"阿里并购苏宁""京东入股永辉"。

3. 网络零售向移动端转移

当前，我国网络零售从PC端向移动互联网端转移趋势明显。移动购物比率已经超过网购比例的一般以上，并持续增长。移动支付手段的发展进一步促进了我国移动交易增长。同时，目前我国仍有超过70%的C2C网络零售业务，C2C向B2C转移，网络零售逐

步向农村、三四线城市转移现象也很突出。

4. 农村电商市场广阔

随着一线城市电商用户日趋饱和，同时面对农村市场巨大的潜力，国内电商巨头纷纷宣布进军农村电商市场。目前，我国农村网民规模达 1.86 亿，与我国庞大的农村人口相比较，市场前景广阔。我国农村地区互联网普及率 30.1%，是城镇互联网普及率的一半，34.1 个百分点。特别是 2015 年 8 月，商务部等 19 部门联合发布《关于加快发展农村电子商务的意见》，对农村电子商务市场的发展起到巨大的促进作用。2016 年 2 月，阿里巴巴与发改委签署合作协议，在未来 3 年内，双方将共同扶持 300 余个试点县（市、区）进行返乡创业试点促进发展农村电商，以及建立属于农村的电子商务生态链和生态圈。可以预见农产品拥抱互联网必将对传统的农产品行业带来巨大冲击。

5. 跨境电商急速崛起

随着跨境电商政策倾斜，跨境电商在中国市场迅速崛起并进入了快速成长通道。数据显示，2014 年有近 4.8% 的"海淘族"有过海外网购经历，主要消费商品集中在服饰、化妆美容产品、婴幼儿用品以及电脑等数码产品等，市场前景广阔。近年，实体零售也积极试水跨境电商，跨境垂直电商如"考拉海购""洋码头"以及母婴品牌"蜜芽宝贝"等迅速崛起，原有的网络零售企业海外市场竞争日趋白热化。京东"全球购"、当当"海外购"纷纷上线，苏宁、亚马逊中国、聚美优品等网络巨头纷纷加强跨境布局。

（二）中国"互联网+零售业"发展对策研究

1. 完善相关政策法规，产业结构优化升级

"互联网+"零售是在高度依赖信息技术和众多社会公共资源的基础上，对传统零售模式的转变，其发生、发展离不开政府的支持。首先，需要我国相关部门不断完善相关政策法规，为"互联网+零售业"的发展夯实法律基础。目前，我国尚未制定"互联网+零售业"专门完善的法规政策。需要政府部门制定完善的法律法规，不断培育网络文化，保障网上交易的合法合规，规范网上交易程序，保障交易公平、安全、有序进行。并针对网络零售目前存在的问题，借鉴发达国家的经验，结合我国零售业实际情况，构建切实可行的、有利于促进我国网上零售业健康的法律法规。

政府部门应针对我国网上零售业发展存在的问题，确立发展网上零售业的指导思想，积极引导"互联网+零售业"的发展方向，通过完善的法律法规为零售企业发展保驾护航，为企业的信息化创造条件，制订相应的发展规划，加强外部基础设施建设，从税收上给予网上零售企业适当的扶持和优惠，创造良好的社会经济环境，努力提高国民经济和社会的信息化水平。同时，各相关行政主管部门要密切配合，通力合作，深入实际，调查研究，采取切实有效的政策措施，促进网上零售业的健康稳定发展。

2. 整合全渠道资源，线上线下一体化发展

全渠道零售（Omni-Channel Retailing）最早由贝恩全球达雷尔·里格比提出，即指零售企业通过多种渠道与顾客互动，开展零售业务。主要渠道包括线下实体店、线上网店、服务终端、社交媒体、移动设备、直邮和目录、上门服务等。清华大学中国零售研究中心副主任李飞（2014），从全部营销组合要素的视角给出全渠道零售营销的定义，认为个人或组织群体为实现相关利益者利益，以及满足消费者购物需求（包含娱乐和社交的综合体验等），采取线上与线下的零售渠道类型进行组合和整合的营销行为，涉及产品、服务、价格、店址、店铺环境、信息不同营销组合要素的有机组合。

目前，我国传统零售企业整体经营渠道还比较单一。"互联网+"改变了传统零售业的商业模式，使产品价值链上下游企业直接对接，传统零售业主体脱媒。虽然越来越多的传统零售企业试图自建电子商务平台，或者通过网络平台积极开通了网络销售渠道，但是还没有掌握"互联网+"的实质。零售企业需要从与消费者的每个接触点入手，增强用户黏性，充分发挥线上线下的各自优势，通过"互联网+"实现线上线下的商品交易、会员营销及服务的无缝对接。尽可能多地构建面向顾客的销售及服务渠道。通过 PC 端或移动客户终端向消费者提供更多信息增值服务，加强移动端布局为消费者提供及时、便捷、个性化的购物体验。

移动互联网技术、物联网、大数据以及 3D 打印机等高科技的迅速发展和广泛应用，既对消费者的购物需求产生重要影响，也为零售企业的全渠道策略提供无限可能。这就要求零售商从过去"以产品为中心"的单渠道零售模式，转变为"以顾客为中心"的全渠道模式；要求零售商在发现、搜索、购买、订单履行、产品维护以及退货各个环节，具备全渠道实时响应的能力。在营销决策过程的每一个步骤都提供尽可能多的备选渠道，力求在每一个接触环节为顾客提供无缝购物体验。同时，促进各个渠道相互整合，形成全方位的营销力量。

3. 柔性化订制，全产业链融合发展

随着新一代移动通信网、物联网、云计算、人工智能等技术及其产业化能力显著增强，消费者个性化需求日益增多。在以消费者主权的买方时代，零售业不再仅仅作为生产者和消费者中间环节，生产和服务应该紧紧围绕消费者的需求进行个性化订制。零售企业应该逐步转换以供应驱动的 B2B、B2C 模式，不断探索 C2B、C2M 模式，即以消费者需求驱动进行全产业链的生产、销售和运营。

埃森哲对消费者习惯研究报告显示，73%消费者网上渠道消费较 5 年前更多了，63%消费者具有个性化订制需求。目前，消费者可以通过 3D 打印机个性化设计自己的产品，预计将会产生 4 万亿美金的市场。消费者将有更多机会共享商品，比如目前的 Rent The Runway 和 Lending Luxury 模式。随着零售业与信息技术的不断融合，以消费者为中心，将

消费者个性化需求，通过工业化订制生产出来（C2M），实现个性化订制到柔性化生产的商业模式。最终实现智能化生产，网络化流通的新型产业链格局。

4. 以消费者为核心，布局体验式营销

零售业的本质就是为消费者提供人性化的商品和服务，坚持人性化经营，提供人性化服务。随着买方市场的到来，消费者可以选择的产品和服务越来越丰富，消费者主导权已经从生产商、零售商手中转移到消费者手里。特别是互联网时代背景下，消费者的需求发生了重大的变化，消费者更加追求新奇、个性、互动、体验式消费。所以，零售企业在经营过程中必须充分重视消费者的真实需求，提升消费者购物体验。随着互联网信息技术与营销手段的不断融合，受移动互联网及社交媒体的影响，传统营销的渠道、形式、内容都发生深刻的改变。在此影响下，营销创新越来越依赖互联网技术手段，提供富于个性化、情感化的"全渠道营销"。

"互联网+零售业"的业态形式将为消费者带来更加多元的消费体验，零售企业通过借助互联网技术、大数据技术、移动终端设备，满足消费者对信息获取和购物环境优化的需求。比如，北京芳草地时尚购物中心个性化的建筑设计，上海 K11 购物中心融入有机农场、艺术体验元素都是打造个性化消费者体验环境的典范。传统零售企业应基于消费者心理需求、身体条件和消费习惯，通过体感科技等软硬件的创新提升消费者综合性购物体验，比如打通购物渠道，提升购物环境体验，使商品品类布局更加合理、信息展示更加合理、支付更加便捷、快递物流更加畅通等；通过大数据提升企业精准营销能力，激发市场消费需求；通过物联网、3D 打印等新兴技术，实现虚拟试衣、个性化订制等购物体验。同时，也要求零售企业不断通过网络技术深入挖掘零售运营数据，更加了解消费者行为，更快地发掘消费者需求，提供个性化服务，制定以消费者为核心的体验式营销策略。

5. 加强兼并重组，提高市场集中程度

随着零售业迈入微利时代，跑马圈地的扩张模式已经难以为继。尤其是，目前我国传统零售业集中度还很低，行业规模效益还没有发挥出来，与此同时，阿里巴巴、京东等少数网络零售企业已经初步形成垄断力量。考察美国销售额排在前 10 的网络零售企业，只有亚马逊是单纯的网络零售商，其他零售企业都是由实力雄厚的传统零售业转型而来的。随着互联网技术的广泛运用，这种融合趋势将会更加明显。目前，阿里巴巴已经入股苏宁易购、京东商城入股永辉超市。中小型电商生存空间被巨头挤压，为了增强竞争力和话语权，纷纷加紧整合，跨业态并购盛行。可以预见未来的 3 到 4 年内，我国零售市场将进入兼并整合的"黄金期"，零售巨头将通过并购、整合等方式，加速布局新市场，实现资源优化配置、逐渐扩大经营规模、提高市场集中度，以求在激烈的竞争中处于优势地位。

6. 增强差异化竞争力，打造强势品牌

零售企业品牌是一个复合性概念，包括零售公司品牌、商品品牌、服务品牌和商誉品牌等一系列品牌的总和。零售企业品牌建设是零售企业之间形成差异化竞争力的核心，体现着零售企业品牌在争取顾客、开拓市场、创造利润等方面的综合能力。零售市场作为垄断竞争市场，零售业产品同质性严重，零售商要想在激烈的竞争中脱颖而出，必须通过差异性增强自己的议价能力，这种差异性主要可以表现在产品的差异性、服务的差异性、体验的差异性，而归根结底是品牌的差异性。

基于零售业的特点，祝合良（2008）指出公司品牌是零售企业创建品牌的重点。品牌竞争力已经是零售商综合竞争力的集中表现，建立零售商品牌是零售企业生存发展的必由之路。沃尔玛"天天平价、始终如一"的口号使它与其他零售企业区分开来，并形成了差异化的竞争力，通过"低价"策略占领消费者心智。另一方面，传统零售企业应该大力发展自有品牌，争取价格的主导权。数据显示，美国零售企业西尔斯90%的商品都是自有品牌。沃尔玛也通过开发和推广自有品牌，节省中间环节，使售价比同类商品更具竞争力。我国零售商打造强势零售品牌起步较晚，认识度不够。新形势下，要求我国零售企业积极布局互联网，整合企业运作系统和品牌管理系统，积极培育和建立具有国际影响力的国际知名品牌。

7. 运用现代网络技术，实施精细化管理

移动互联网时代，零售业早已告别了流量红利、以地段论英雄，粗放式增长的阶段，进入品类业态组合的精细化管理新时代。"互联网+"的运用将最大限度地降低零售企业管理成本，提高其资源利用率，实现数字化运营，精细化、精准化管理。同时互联网的应用大幅降低了企业的租金成本、内部沟通成本、信息共享成本、人力成本、资金占用成本、库存保管成本，以及网络营销成本，同时也更容易获取消费者购物信息等。互联网时代，零售业的销售模式、支付方式、盈利模式、购物方式都发生巨大变化。网络技术突破了时空限制，越来越多的消费者开始足不出户在网上购物，实体零售店成了消费者的"试衣间"。网络技术，实现了订货、采购、结算等业务的无纸化，实现了加工、包装、运输、仓储等方面的现代化。同时，传统零售商内部组织也将面临重组，服务意识、销售模式、竞争能力都还有待提高。当前，我国网络零售企业还处在野蛮扩张，以亏损换销售额，极大挤压了传统线下零售企业的利润空间。依托互联网技术的网络零售企业分流了传统零售企业原有的渠道和信息来源，并对其造成重大影响。

零售企业必须积极适应互联网发展环境，自上而下进行战略部署，树立正确的科学管理理念，实施精细化布局，在各个环节提升管理水平。通过精细化运营吸引消费者，通过数字化提升消费者体验，通过大数据整合会员信息，通过数据跟踪和分析，实现精准营销、经营决策，进而形成消费者的良性循环。同时，以观念变革为先导，努力规范和完善流程制度，提高员工的技能和执行能力，建立和完善责任明晰、运行透明、管理统一的现代企业管理制度。

第三节　大数据时代的精准营销

近年来，同质化商品、频繁的价格战、店铺租金上涨、电子商务的冲击等因素导致零售企业利润不断下降，在 2015 年出现了零售业关店潮这一现象，大量零售门店关门，2016 年还在延续。但是，有倒下的，就有站起来的。在当今大数据时代，谁能顺应时代的改变进行改革，谁就能抓住新的发展机遇。零售企业通过多年的运营，掌握了大量的一手数据资料，如果能从这些数据中发现其隐藏的价值，掌握消费者的消费行为规律，预测消费者的购买意图，从而有针对性地制定精确的营销策略，消费者将感受到企业对他们的关注，降低营销成本的同时能改善消费者的消费体验。将以产品为导向的传统营销模式改为以消费者为导向的精准营销模式，是零售企业提高核心竞争力的有效方式。

一、大数据概述

大数据（Big Data）是指数据规模大到不能使用传统分析方法在合理时间内进行有效的处理。大数据不仅仅指数据规模大，还包括数据处理和数据应用，是数据对象、数据分析、数据应用三者的统一。维基百科对大数据的定义：大数据是指利用常用软件工具捕获、管理和处理数据所耗时间超过可容忍时间的数据集。大数据的核心就是预测，通过运用数学算法对海量数据进行分析，可预测事情发展的趋势，这将使人们的生活达到一个可量化的维度。大数据的特征可用 4 个 V 概括：数据量很大（Volume），通常指规模在 10TB 以上的数据集；数据类型多样（Variety），如声音、地理位置信息、文本、视频、网络日志、图片等；数据产生和处理速度快（Velocity）；价值密度低（Value），在大量数据中有价值的信息相对较少，比如一段监控视频只有几秒的画面是有用的信息。

二、精准营销的概念

最早提出精准营销的是莱斯特·伟门，他指出要以生产厂商的消费者和销售商为中心，利用电子媒介等方式，建立消费者、销售商资料库，然后通过科学分析，确定可能购买的消费者，从而引导生产商改变销售策略，为其制订出一套可操作性强的销售推广方案，同时为生产商提供消费者、销售商的追踪服务等。由于当时他的研究对象是制造业，因此适用于生产企业。随着市场经济的发展，现在已是一个产能过剩的时代，市场竞争加剧，零售企业的利润空间不断被压缩，如何在正确的时间将正确的产品销售给正确的消费者，是零售企业管理者普遍面临的一个难题。同时，当代消费者的消费习惯与以往有重大改变，消费者能收集到更多关于产品的信息，更加了解作为消费者的权利，注重消费体验,消费决策更加理性。这就要求零售企业要改变以往的销售方式,更加关注消费者的个性化需求。在大数据时代,消费者的个人资料和交易记录甚至他们的社交关系等都可被收集,零售企业可更好地理解消费者的偏好甚至预测消费者下一步消费行为。在充分了解消费者信息的基础上,通过对数据的分析,针对不同消费者的不同特性,制定精确的营销策略,可提高营销活动响应率,从而提升企业的利润。

三、基于大数据的零售企业精准营销体系

零售企业精准营销是指零售企业按照精准营销系统设定的方案,在对企业内外信息进行综合分析的基础上,找准目标消费者、投入合适的营销资源、建立相应的营销渠道、实施针对性营销,以满足消费者差异化需求,甚至可以激发潜在需求。这种精准营销体系由五个步骤组成:一是收集零售企业内外部数据,为数据分析做准备。二是根据消费者的消费行为,利用收集到的数据进行消费者分群,分析不同消费群体的特征、消费偏好,进行消费需求预测。三是设计针对不同消费群体的营销活动方案,对方案可行性进行评估。四是实施营销方案,进行活动效果跟踪。五是对营销活动进行效益评估和反馈,为将来的营销活动提供指导。

(一)零售企业数据管理

数据收集是零售企业实现精准营销的基础。通过POS机、观测设备、移动终端、互联网、智能终端等收集企业与顾客的交互数据,同时在企业运营过程中重视对商品数据、销售数据、会员关系数据等交易数据的收集。另外,企业外部的数据如市场调查数据、专家意见、第三方机构数据等也可收集,并对数据进行清洗、重构、填补,保证数据质量,补充到数据库。根据企业的商业目标,对数据进行分类,将原始数据整理为目标数据集。

(二)消费者分群及理解

RFM模型是通过对消费者的交易数据进行分析,识别其对企业的价值的一种方法,该模型的数据便于采集,而且计算过程简单,是零售行业广泛使用的消费者价值细分模型。该模型使用三个指标:R(Recency)表示分析时点与消费者最近一次购买的时间间隔;F(Frequency)表示消费者在最近一段时间内购买的统计次数;M(Monetary)表示消费者在最近一段时间内购买的统计金额。传统RFM模型认为三个指标都同样重要,将三个指标分为5个等级,所以会有125类消费者。从理论上来说,时间间隔越短、消费次数越多、消费金额越高,该消费者对企业的价值就越高。但是不同行业对RFM这三个指标的评价标准是不一样的,有时会注重消费者参与,有时会注重消费者消费金额,所以要根据具体情况确定RFM三个指标的权重,对RFM模型进行优化。AHP层次分析法是一种多目

标决策分析方法，专家对指标的相对重要性进行两两比较，能够量化决策者的经验。通过对相关行业的经营者以及长期忠诚消费者进行沟通，收集他们对 RFM 三个指标重要性的评价，最后算出三个指标的权重。应注意的是，由于 AHP 分析法很大程度是依靠人的主观判断，专家小组的构成会影响权重结果的合理性，因此在确定专家小组的时候要科学谨慎。由于 RFM 模型中三个指标的单位是不一样的，而且三个指标取值的时候差异很大，为了减少对消费者分群的影响，需要对三个指标的数值进行标准化处理，再结合 AHP 分析法确定的权重，得到优化后的 PFM 模型数据。如果企业有合适的方法处理大数据，大数据是一座金矿；如果不能驾驭大数据，那么大数据会成为淹没企业的海洋。大数据时代的技术基础是数据挖掘，通过专业的算法对大量的数据进行分析，揭示隐藏在数据中的规律，发现有价值的信息，为决策者提供决策依据。数据挖掘技术中的聚类分析可为企业提供帮助，把数据按照相似性分成若干类，同一类别内部相似度高，不同类别之间差异较大。其中，广泛使用的是 K-means 算法：从 n 个数据对象中任意选择 K 个对象作为初始聚类中心，将剩下的对象按相似度最小原则分配给相应聚类中心对应的聚类；然后，计算每个新聚类的聚类中心并不断重复，直到生成满足方差最小标准的 k 个聚类。从理论上说，消费者分群越多越好，会更贴近消费者的个性化需求，但是同时也会导致成本上升，所以消费者分群的最优个数是在企业提供个性化订制的成本与消费者愿意为个性化得到满足而支付的成本之间的平衡。

　　对得到的消费者类别进行描述性分析，根据帕累托的二八原则，企业 80%的利润是由 20%的重要消费者创造的。零售企业只要把握住这部分消费者，针对不同价值的消费者群体投入相应的营销资源，优先满足重要消费者的需求。在进行营销目标精确选择后，零售企业可不用像以前那样与竞争对手进行同质化竞争，能够在很大程度上提高营销资源利用率，从而更快地实现差异化经营和精细化管理。在对消费者价值进行定位后，通过进一步对他们购物篮中的商品进行分析，加深对各类消费者的理解，掌握他们的消费行为规律，预测其消费需求。市场购物篮分析是最简单也是最重要的，描述了零售企业最重要的信息——消费者什么时候买了什么东西。通过这些分析可得到很多信息。比如，沃尔玛"啤酒与尿布"的故事，就是通过对购物篮内的商品进行分析，发现这两件看起来毫不相干的商品在售出的时候居然有正相关关系。沃尔玛就把这两种商品的货架摆在一起，方便消费者购买，结果使尿布和啤酒的销量大幅度增加。市场购物篮分析的方法主要有关联分析、神经网络方法，通过与协同过滤推荐算法相结合可用来预测消费者的选择和偏好。序列模式分析在购物篮分析的基础上增加了时间这一变量，也称为纵向分析，不仅考虑了一次购物中购买商品之间的关联关系，也考虑了一些时间顺序很重要的商品，如周期性商品。如果很多消费者这次不像往常那样购买，可促使企业寻找原因。

（三）营销方案设计

零售企业首先设立营销目标，如增加销售10%、提升消费者忠诚度、提升消费者价值、扩大企业知名度等。总的来说，可描述为优化消费者价值、获取新消费者、实现消费者保持、实现交叉销售和增量销售，最终提升企业利润。通过营销活动，将以前低价值消费者转换为重要消费者，并保持其忠诚度。在消费者细分和购物篮分析两种应用的支持下，将企业产品的卖点与消费者的需求进行匹配，将个性的商品推荐给不同类型的消费者，增加交叉销售和增量销售的机会。比如，零售企业首先聚焦于重要消费者，发现这些消费者对哪些单品的兴趣比较大，从而在营销方案设计时重点关注这些单品。从本质上说，设计营销方案就是根据消费者的需求，将消费者最感兴趣的商品进行营销活动设计，及时满足消费者的消费诉求，甚至创造消费需求。在此期间，可用购买者效用图来评估营销方案可行性，利用大众价格走廊评判价格订制的合理性。

（四）营销方案实施

利用数据分析选择最合适的营销方案实施渠道，并对营销活动进行活动效果跟踪。有些营销人员在启动一个活动时，想着"活动已经开始启动了，我们只须静候佳音"。然而事情发展并非预计的那样准确，所以对活动进行效果跟踪是必要的。假如事情发展偏离了预期目标，如竞争对手改变定价和发动促销对本次营销活动产生较大的影响，就可在活动开展过程中及时中止或进行适当调整。既须不断保证方案实施的灵活性，也要对实施过程中出现的意外情况保持警惕，才能在竞争对手发现其市场份额被抢占之后再发起反击之前，将营销活动的影响开展到尽可能大的局面。

（五）营销结果反馈

通过对营销方案实施过程中的数据进行分析并总结经验，用于指导下一阶段的营销方案制订。对整个营销过程效果的评估可从营销成本、销售收入、企业知名度、消费者满意度等方面进行综合分析。其中，销售收入是评价营销效果最重要指标。但在营销过程中所造成的企业知名度提高、消费者满意度和忠诚度提高等潜在价值提升，也要纳入评估范围，形成报告，丰富零售企业的数据库内容。将评估营销方案实施结果的各类数据与以往的传统营销模式进行比较，统计出营销效果差异，并根据评估结果对现有的营销体系进行优化，力争进一步扩大优势，提升零售企业的核心竞争力。

在当今大数据时代，信息技术不断发展和完善，为零售企业带来了海量数据，同时数据挖掘技术使得零售企业能够有效应用数据，数据被提升到前所未有的高度。零售企业应重视数据的力量，深层次挖掘隐藏在海量数据中有价值的市场信息，指导企业制定各项决策，建立符合自身实际情况的精准营销体系，有针对性地实施营销计划，比以往靠管理者个人经验和判断做决策更科学有效。虽然目前零售企业应用大数据还存在一些问题，如个人隐私、数据共享困难、数据安全、大数据人才缺少等，但是大数据在零售企业中的应用是大势所趋，将带来企业整体经营效率提高。

第四节　零售业的数字营销

一、数字营销概述

"数字营销"这个术语源自IT行业，就是指使用数字化技术手段来进行沟通、销售和支付等营销活动。由于现代连锁企业的出现，企业的规模空前庞大，大量采用信息化技术已成为企业管理的基础。数字化的意义已远远超出技术的层面，数字化改造已成为许多零售企业的一种战略选择。数字营销的概念还超越了IT技术术语的范畴，成为现代零售业的一个子系统。

数字营销的内容几乎包括了所有最新的营销理念，如，网络营销、多媒体广告、一对一营销、直复营销、分众营销、顾客导向营销、互动营销、体验营销、娱乐营销、无店铺营销、无纸化交易和在线研讨会等等。数字营销与企业内部管理关系密切，企业的信息化水平是数字营销的基点。零售企业进行数字营销涉及企业内部硬件配置与软件应用两个方面：硬件配置方面，包括基础IT技术运行环境（如，电脑系统配置、网点的空间布局、通信硬件条件……）和营销工具（如，多媒体）；软件应用方面，包括管理基础软件的开发应用（如，MIS、MC、CRM……）和数字营销专业软件的应用（如，品类管理、CRM解决方案、RFM分析模型、数据挖掘、营销数据库和各种数字建模自动化软件……）。

二、数字营销的特点

零售业的数字营销包含下面几个特点：

1. 形式的多样性：社会信息化产品的普及为数字营销提供了广阔的舞台。
2. 受众的针对性：采用分众或合众的方法，锁定目标客户。
3. 内外的一致性：数字营销依赖于企业管理的信息化程度。企业内部的数据仓库，为营销活动所需的数字挖掘提供了取之不尽的资源；营销活动的市场反馈，又为企业管理的改进提供了依据，使企业运转处于良性的"活水"状态。
4. 空间的广域性：通过企业内部的局域网与互联网的配合，使营销活动突破了地域空间的限制，大大提高了效率。对于跨地域的大型连锁零售企业，数字营销有更大的意义。

5. 传输的快捷性：借助于电子技术的数字营销，由于维护方便，传输迅速，有其他方式无法替代的优势。

6. 供需的互动性：数字营销还能与客户互动，增加了顾客在购物过程中的体验式享受，增添了顾客的购物乐趣；而且商家也能及时得到市场反馈，提高营销活动的成功概率。

7. 成本的可控性：随着经济的发展，伴随着社会广告行业的发展，费用也急剧上涨，数字营销可提供多种方式的组合，改变单一选择的被动地位，有利于企业编制营销的费用预算。雅虎和 Google 的在线广告费总额已超过美国三大电视网 ABC、NBC、CBS 黄金时段（prime time）广告费总和就充分地证明了这一点。

综上所述，如果零售企业能将营销工作与企业内部管理工作有机地结合起来，充分利用社会的和企业的 IT 资源，零售行业的数字营销将有很大的发展空间。

三、 数字营销的常见误区

由于零售业数字营销的发展时间比较短，再加上营销人员对数字营销理念的理解不够透彻，零售企业在进行数字营销的过程中往往会存在一些误区，主要有以下几点：

1. 仅将数字化看作提升企业水准的标志，忽视企业发展的阶段性要求。技术采用应重视适应性，遵循"够用就好的原则"。反对所谓"一步到位"，盲目追求"世界领先""全国领先"。应按需求优先级别原则分批投入。重视实用性和针对性。

2. 仅将数字营销看作一种工具和形式，忽视它的整合功能和对改进企业管理的促进功能。这是一种"重表轻本"的认识。

3. 仅将数字营销作为促销的手段，忽视企业基础工作的开展和积累。如：数字仓库的建立、品类分析和管理、数据挖掘和利用、数字营销前后台的整合等等。

4. 仅将数字营销作为市场营销部门的工作，忽视它的整体性要求。成功的数字营销应是企业相关部门合力的结果。在数字营销的贯彻过程中也可以考虑完善与这项工作相对应的矩阵式的组织结构。

5. 仅将数字营销作为一次次具体的活动，活动结束就是终点，忽视系统性。其实，数字营销也是一个 PDCA（Plan，Do，Check，Action）的循环。前一事件应是后一事件的开始，这样才能以系统的方式不断提高它的有效性。

第五节　合作营销与竞争营销

一、合作营销

(一) 合作营销概述

在长期的市场营销实战中，企业逐渐认识到，面对快速多变的经营环境，仅凭一己之力很难应对激烈的市场竞争。企业必须与其他企业建立一种营销关系网络，以此来求得生存和发展。于是，一种新的营销理念——合作营销应运而生。合作营销是指企业之间为达到资源的优势互补，增强市场开拓、渗透与竞争能力而联合起来共同开发和利用市场机会的营销行为。事实上，合作营销已经成为现代市场营销的基本策略，并为许多企业所运用。可以说，合作营销的目的就在于创造"1+1>2"的效果，从而达到"双赢"，甚至"多赢"。

1. 合作营销产生的理论背景

在当前的市场形势下，合作越来越成为一种必然，合作营销作为一种新的营销观念也有其存在的必然性。

(1) 迈克尔·波特的竞争战略理论

波特在《国家竞争优势》一书中提出了价值链理论。他认为：协调一致的价值链，将支持企业获取竞争优势；可通过形成联盟来做到这一点。这正是合作营销战略思想的雏形。

(2) 企业核心能力理论

核心能力也称核心竞争力，是指企业开发独特产品，发展独特技术和发明独特营销手段的能力。所以企业就需要构筑一个完整的网络系统，系统内成员各自专注于其自身的核心能力，于是合作营销战略成为必要。

(3) 产品成本的冰山理论

在采购行为的成本里面，价格只是其中的一小部分，还有大量的间接成本是隐含在其中的，这就好像是悬浮于海洋中的冰山，价格只是冰山露出水面的部分。现代观点提倡通过长期合作和相互适应来降低间接成本，也就是使总成本最低，而不是单纯的压低表面价格，从而使采购更加有效。

2. 合作营销产生的现实背景

(1) 企业内外部环境的变化

企业所面临的市场需求更趋向于多变，企业之间的竞争也日益激烈。企业必须开展更为先进的合作营销，才能适应企业内外部环境的变化。

（2）竞争观念的改变

在长期的市场实战中，企业逐渐认识到单纯的竞争观念已无法适应市场，为了实现创新的目的，企业逐渐采取了竞争——合作的战略，注重加强企业之间的联系与合作，建立战略联盟，集中企业的核心能力，共同开拓市场，扩大市场份额，共享利益。

（3）信息技术的飞速发展

信息技术特别是互联网、电子商务的普及与应用，缩短了企业与企业之间、企业与顾客之间的界限和距离，信息资源共享已成为不可抗拒的现实和潮流。信息技术的迅速发展使得企业与其相关利益群体的联系更加紧密，合作也成为必然的趋势。

（二）合作营销的实施策略

1. 产品合作策略

产品合作是指不同企业在相同的市场上推出精心组合的产品，最常见的是功能组合和品牌组合。而品牌组合又是其中最主要的形式。

（1）功能组合

功能组合是指企业将两种或多种功能互补的产品组合在一起进行宣传和销售，以期取得单种产品销售无法取得的效果。

（2）品牌组合

在今天的市场中，品牌间的关系也由单纯的竞争向竞争与合作并存转变。从国内外企业在品牌策略的合作营销实践看，主要有以下两种策略可供选择：品牌优势联合策略和品牌联盟。

①品牌优势联合策略：品牌优势联合主要是指两个或多个强势品牌在能力上具有互补性，它们的合作并不是各个部分的简单相加，而是集中各自的核心能力和优势来共同生产一个产品或提供一种服务。这种联合的基本方式是名牌产品之间"相互定牌生产，彼此联手营销"。

②品牌联盟：品牌联盟是指多个具有一定关联性的品牌组成协作联盟，相互配合以促进各自品牌价值的提高。品牌联盟可以是一个品牌借助另一个品牌，但更重要的是通过相互借助来提高各品牌的社会接受力。

2. 分销渠道合作策略

为了实现企业的经营目标，企业必须联合一批供应商和营销中介机构来接近其目标顾客。供应商—企业—营销中间商—顾客这一链条，构成了企业的核心营销系统。企业通过加强和供应商、营销中间商的合作，并开展合作营销，从而更有效地向目标市场提供商品和劳务。

（1）企业+供应商的合作营销

与供应商建立双赢的合作关系，会让企业获得稳定的产品供应保证。另外，企业和供应商加强合作，可以使企业降低采购成本，从而相应地减少生产成本，提高产品价格竞争力；还可以使企业在调整自己的产品策略时及时采购到所需的原材料，获得较稳定的原材料来源。

（2）企业+中间商的合作营销

中间商是连接企业与顾客之间的桥梁。二者合作，可以大大提高公司和中间商的销售量，并能及时获取有关顾客和产品的市场信息，从而实现中间商的传导功能和中介作用。由于二者长期稳定的合作关系，中间商把制造商看作是其重要合作伙伴，自然会在销售位置上给予适当照顾。在促销宣传上也会给予积极合作，配合制造商的销售战略。这样无疑会大大提高销售量。

3. 联合促销策略

联合促销是指两家或两家以上的企业，在资源共享、互惠互利的基础上，联合运用某一种或几种促销手段进行促销活动的行为。在竞争激烈的市场环境中，采用联合促销往往能达到单一促销无法达到的效果，它主要有以下几种形式。

（1）与其他行业联合促销

与其他行业联合促销是最常见的联合促销手段。由于不同行业间不存在直接竞争的问题，而且还可以优势互补。

（2）与经销商联合促销

与经销商联合促销的方式称为垂直的联合促销。此种促销方式最大的优点是二者目标市场十分一致，同一产品销售的增加对双方都有利，因而较易找到合作伙伴。采用此种联合促销方法，经销商的合作意愿十分重要。如果经销商投入程度不高，则促销效果不会十分明显。

4. 公共关系合作策略

公共关系合作是指企业为了改善与社会公众的关系，促进公众对企业的认识、理解和支持，达到树立良好企业形象，促进商品销售的目的，而与媒体、政府、社区等公共事业单位开展的一系列合作活动。

（1）媒体合作

正确建立与媒体的合作关系，可以将有新闻价值的信息通过新闻媒体的传播去引起人们对某人、某产品、某项服务或某事件的注意，从而宣传自己，并借此巩固消费者的忠诚度，建立品牌知名度。

（2）政府合作

企业与政府间的密切合作，要求所有企业的一切活动必须有利于实现政府宏观调控的目标；而政府的宏观调控，又要有利于企业开拓市场，促进社会经济的发展。

(3) 社区合作

每一个企业都生存在一定的自然和社会环境下，因此，社区公众就是任何企业都必须尽心协调的公众关系之一。因此，所有企业应设法争取在社区公众心目中塑造一个受欢迎的社区形象，从而为企业的营销活动创造出良好的"软环境"。

5. 企业内部的合作策略

企业内部合作是外部合作的基础和前提，只有企业内部合作得很好，企业的外部合作才有意义，才能更好地发挥外部合作的外部经济性。企业内部合作主要包括企业内部各部门、各要素、营销组合以及企业与员工之间的各种矛盾和关系。所以，企业内部应建立起尊重、理解、合作的人际关系，创造公平竞争的人际环境，给每个员工一个施展才能和实现自身价值的宽敞舞台。

(三) 实施合作营销策略时应注意的问题

企业之间的合作营销应是实质性的而非形式的。合作营销所要达到的目标是实现相互间的"双赢"。为了实现这样的目的，企业在进行合作营销时，应注意以下几个方面的问题：

1. 合作伙伴的选择

企业开展合作营销的目的之一，就是借助合作方的力量来扩大市场，创造协同效应，以获取竞争优势。所以，一定要慎重选择合作伙伴。首先，合作伙伴必须具有企业急需但却缺乏的资源要素，这样才能达到优势互补的目的。其次，合作双方的意图必须一致，这样有了共同的经营理念和合作精神，合作成功的机会才会更大。因此，在选择合作伙伴时应严格甄别和筛选，切忌匆忙选择合作对象。

2. 在真诚、平等的基础上建立相应的沟通与信任机制

企业之间的合作营销应本着平等、自愿的原则，如果是勉强的，甚至是用行政手段强制进行的拉郎配式的合作只能是短暂的，也不可能达到合作营销所要实现的目标。因此，在进行合作之前，企业应找出双方的利益共同所在，然后通过平等协商，制订双方都乐于接受的最佳合作方案。

3. 对合作体的有效管理

一旦选定了合作伙伴并建立了适当的联盟组织结构，企业面临的任务就是要从合作中获取最大的收益。这就要求使合作成功运行，对合作体实施有效的管理。管理人员在与合作伙伴交往时，必须考虑到文化差异。另外，成功地管理一个合作体还涉及在来自不同企业的管理人员之间建立良好的人际关系。综上所述，合作营销重塑了竞争和营销的含义，给现代企业管理提供了一种全新的思维模式。合作营销已成为当今营销的一种新趋势，任

何一个企业都不可能单靠自己的力量在激烈的市场竞争中长足发展，在竞争中合作，在合作中竞争，已经成为当今市场的一种必然。

二、竞争营销

（一）竞争营销的概念与内涵

随着市场竞争逐渐残酷，而传统营销理论已经显现出了诸多不足之处，因此，企业迫切需要一种适应新的竞争形势的营销理论。这种新竞争形势下的理论不仅要秉承传统营销理论的基础，同时要结合市场形势的变化和经济理论及管理理论的新思想，以达到提高企业营销竞争力、提升企业竞争优势、推进企业个性化营销发展的目的。这个理论就是竞争营销理论。竞争营销是指在竞争市场中，企业为创造优于竞争对手的顾客价值以获得理想的竞争地位，而从对抗竞争和竞合竞争的角度，用攻势营销和竞争性战略营销的模式，来培育营销资源和营销能力，以提升企业营销竞争力的一系列营销活动过程。竞争营销旨在通过对顾客、竞争对手的分析来探索制定企业的营销战略和选择营销策略，从而为企业构建起营销竞争力，并最终使企业在竞争市场上获得有利的、持久的竞争地位。

（二）竞争营销的特点

与传统营销相比，企业的营销活动不再仅仅拘泥于营销职能部门，营销战略策略的制定也不再只是简单由营销部门的决策层做出了，竞争营销的决策过程涉及企业几乎所有的部门，包括新品开发、生产、销售、市场、财务、人力资源部等等。由于营销活动的决策层次大幅提升，因此，整个企业的主要活动将围绕营销活动为中心来进行组织和开展，竞争营销的目标、导向、营销思维、核心理念、决策基础和营销模式与传统的职能性营销决策相比已经发生了巨大的变化。

传统的市场营销活动主要目的是销售产品和服务，以此获取利润，不可否认的是，企业的任何营销活动最终的目的都离不开销售产品服务而获利，但竞争营销强调的是通过培育打造营销竞争力，获取营销竞争优势，从而巩固自己的竞争地位。营销竞争优势包含两个方面的内容：优势地位和优势实力。营销优势地位一般是指企业在市场竞争中所获得的市场位置，市场营销的优势实力一般是指企业拥有的营销资源和营销资源的整合能力。这就要从营销资源的储蓄情况、营销资源的组合情况和营销资源的运用情况三个方面进行分析。一个企业营销资源是有限的，这样对营销资源的整合能力是决定企业市场营销优势实力的关键所在。

(三) 竞争营销模型

竞争营销的根本目的是打造企业的"营销竞争力",从而使企业获取理想的竞争地位,而营销竞争力的培育来源于多个方面,竞争营销要求企业一切从竞争导向出发,核心理念就是创造优于竞争对手的顾客价值。因此,竞争营销模型应该是基于营销力模型以及竞争营销的内涵及特征基础上建立而成的。

竞争营销是站在企业决策层高度进行营销方案的策划和营销战略的制定以提升营销竞争力,最终创造优于竞争对手的顾客价值,从而使企业在竞争市场上获得理想的竞争地位,实现企业的可持续发展。第一,该模型以营销竞争力为核心,营销竞争力的培育也是竞争营销的目的。第二,营销竞争情报和营销资源是营销竞争力的获取基础,没有营销竞争情报,难以在竞争市场中长期保持企业的营销竞争优势。第三,要实现企业营销竞争力的培育,还必须以营销能力作为支撑力量,营销能力除了企业常规的营销技能外,也包括营销资源的使用能力和营销竞争情报的获取能力。第四,营销竞争情报、营销资源、营销能力这三者是紧密联系在一起的,缺乏其一则无从形成企业的营销竞争力。第五,即使企业具备了营销竞争力的一切形成条件,但如果缺乏营销执行,再核心的营销竞争力也不过是纸上谈兵,因此,企业的营销执行是实现营销竞争力的保证。第六,企业是否具备营销竞争力,是由顾客决定的。如果能顺利实现顾客满意,则说明企业能够为顾客所认同,同时,创造优于竞争对手的顾客价值也是竞争营销的核心理念。第七,营销竞争力形成了,其发展目标是为了使企业能够获取营销竞争优势,依靠竞争优势而在市场上占据比对手更加理想的竞争地位。第八,竞争营销的一切活动都是以竞争为导向的前提下进行的,竞争导向原则也是竞争营销的原则。

第七章 中国零售业发展状况

第一节 中国零售业发展规模与现状

一、中国零售业发展规模

根据加入 WTO 相关协议，中国自 2005 年开始已全面放开了国内零售业市场。我国商务部也于 2004 年签署了《外商投资商业领域管理办法》，这些都必将加快外资投资国内商业的步伐。在加入 WTO 初期，出于对国内市场和产业保护的考虑，零售业并没有一次性放开，这就给国内企业一个自我调整和提高的宝贵时间。在此期间，上海百联、北京国美、大连大商、苏宁电器、北京华联、北京物美、重庆商社、华润万家、武汉武商等一批国内零售业集团通过学习借鉴西方先进零售企业的经营管理模式，借助于政府有关政策扶持和采取并购、重组、兼并等方式实现了自身的跨越式发展。自 2004 年 12 月 11 日起，中国零售业在企业股权比例、开店地域以及数量等各方面向外资完全开放。在国外零售巨头不断扩大销售规模的同时，一些有实力的内资零售企业也纷纷加大并购力度，做大规模。

零售业是为城乡居民消费服务的行业，是商品流通的重要基础，这些年来，这些行业可以说一直处在风口浪尖，正经历着前所未有的重大冲击，也孕育着重大的变革。同时这个行业也成为创新最活跃发展最具有增长潜力，受到各方面关注的一个领域。零售业的发展变化线上线下是冰火两重天，一方面是高歌猛进，一方面是举步维艰。特别是一些传统的业态对此一筹莫展，当时也提出线上线下要融合发展，这是方向，要有信心。但是具体怎么融合，怎么发展尚处于探索阶段。

这两年情况有所改变，特别是 2017 年零售业出现了一些积极向好的新情况，近年来一些创新转型的思路和建议非常有见地，让人看到了实体商业转型发展的希望，而且有了前进的明确目标，但具体实施，还要有一个过程，这种研究和考察，代表着零售业整个行业发展的变化。零售业的变化有几个特点。

（一）行业规模持续扩大成为消费增长的重要支撑

这些年我国的社会消费品零售总额一直保持两位数增长，已经连续9年高于GDP的增速。与此同时，我们的消费已经连续3年成为拉动经济增长的第一动力，零售业在国民经济当中的地位和作用得到了进一步的提升。2017年这种势头继续保持，据国家统计局的数据，2017年前三季度，全国商品零售总额为23.5万亿元，同比增长了10.3%，增速明显高于美国、欧盟、日本等经济体。中国零售业的发展态势很好，同时零售业行规模的扩张速度在加快。据商务部零售业典型统计调查数据显示，2017年前三季度2300家零售企业的销售额同比增长了4.5%，增速比去年同期增加了3.3个百分点。

（二）各种业态协调发展

加快线上线下融合已经成为行业的共识，更为重要的是，这种共识不仅是一种愿景，而且找到了过河的桥和船。一方面实体零售业态的销售持续好转，经济效益总体趋好。2013年前三季度大型超市包括百货店的销售额同比增长了3.7%、3.6%和1.8%，增速比去年同期增长了1.9%、2.4%和2.1%，专卖店、便利店、专业店销售额同比增长了8.4%、7.2%、6.1%，这三个业态的增速均高于典型零售企业整体的销售业绩。与去年同期相比，2017年前三季度零售企业的营业利润和利润总额分别比去年同期增长了8.2%、7.4%，增速比去年同期分别加快了9.2、14个百分点。主营业务的收入和成本分别比上年同期增长了5.6%、3.8%，收入增速比成本要快1.8个百分点，成本压力很大，但是我们的收入增速比成本的增速要快了1.8个百分点。与此同时，网络零售继续高速增长，据国家统计局的数据，2017年前三季度全国实物商品的网上零售额同比增长了29.1%，比去年同期增加了4个百分点。目前网络零售占社会消费品零售的总比为14%，较上年同期提高了2.3个百分点。随着实体商业的回暖，线上线下的融合发展进一步加快。

2017年前三季度典型零售企业通过电子商务实现销售，同比增长了25.2%，比2016年同期加快了不到1个百分点。实体零售在网上销售继续增加。另外阿里推动了盒马鲜生，这种线上线下一体化的业务门店吸引了众多消费者，效果很好。所以盒马鲜生这种业态，你说它是线上还是线下？它可以说是一种新的零售业态，新的零售方式。另外百联集团提出了改造升级现有的传统业态和模式，要把百联打造成一个商业零售加互联网集团的构想。目前全家便利店的董事长也是在全力推进全家便利店的线上线下的互动，因为他们和网络公司的合作计划中提出，要把现在的全家，每一家门店的销售从30万元提高到300万元，而这样的能量级，这个增长从哪来呢？因为店面的店铺就是这么大，所以他们提出的构想就是要把线上线下打通，向网络空间要效益。这些都体现出我们对于融合发展的一种势头。

（三）创新转型进一步加快

零售业的创新比较多地集中于改善消费者体验，提供更好的商品和更好的服务，优化供应链的整合，全品类的扩张增强消费的黏性，降低交易成本，提高经营效率，同时这需要大数据的支撑，要有跨界的经营，还要有全球化的交易。在这方面我们的实体商业转型要不断地加快步伐，京东也是在供应链方面与品牌商共享库存，实行供应链的整合，试图构建一个从商品到消费者效率最高的通道。像华润万家、苏宁、苏果等集团也有这方面新的举措，上海也涌现出了罗森、全家便利店、美罗城、建投书局、和府捞面等行业代表。笔者认为，这些零售业，特别是实体店的创新已经由点到面的铺开，由单一模式的创新发展到模式创新、技术创新，以及供应链整合，一种复合型的创新态势。从网络销售看，2018年的双11全球有14万个品牌通过天猫进入中国市场，1500万件商品吸引了全球200多个国家和地区近6亿的消费者，所以跨境电商的发展也很旺。现在创新的格局已经是线上线下两端发力，而不是隔空喊话，或者是一厢情愿。

（四）资本市场、企业并购、行业重构的步伐在加快

之前京东收购永辉超市，百联集团与阿里签合作协议，阿里又入股大润发等，加上先前入股苏宁，以及百联旗下的联华超市，一方面表现出了传统零售企业求变的心态和实际的行动，同时也看到了电商巨头在打通线上线下，实现供应链整合方面的战略意图。可见，资本市场助力零售业整合的力度在不断加强，我们可以预测，这方面的整合还会不断地持续和加速。新的领军企业会应运而生，零售行业的格局会有进一步调整。总之，零售业的发展与前些年相比较，出现了一些向好的迹象，面对线上的冲击，实体商业的发展应该说开始稳住了阵脚。部分企业看准了方向，开始主动转型发力，并见到了初步的成效，找到了实体零售业自身的价值和优势。但是从总体上讲，发展并不平衡，多数实体零售企业仍将面临困难，一些传统的业态，随着新商业、新格局的兴起，分化会进一步的加剧，所以转型升级、创新发展仍将是零售业的主旋律。

这个峰会开得恰逢其时，让企业界、行业界，包括相关的第三方服务新的一些服务行业代表，和政府相关部门一起研讨，来聚焦这样一个转型创新的话题，是很有价值的。为推动实体零售业的转型创新，2016年国家专门下发了文件，对于零售业的转型创新，主要是从降低成本、优化环境以及促公平竞争等方面提出了一系列的措施。降成本方面：一是降低店铺租金，二是强化税收支持，三是减少用电成本。在优化环境方面，主要是加强网店的规划，放宽经营的限制，提供发展的便利。在促公平竞争方面，提出了要加快构建生产与流通领域协同，线上与线下一体的监管体系，要营造线上线下公平竞争的税收环境，依法禁止低于成本销售的行为，指的是恶意的，针对竞争对象的低于成本的销售行为。要

依法打击垄断协议，滥用市场支配地位等行为，同时还要建立覆盖线上线下的企业信用机制，这方面的工作都在做，为了贯彻落实国务院意见，商务部以及各级商务主管部门推广新模式，运用新技术，培育新主体开展了系列工作。而且在积极推动建立需求引领、技术驱动、融合协同的零售新生态方面，还会加大力度。

但是受制于宏观的形势和大的条件，比如商业网店的租金问题，这要从实质上做一些改变确实困难。在这方面，中央已经明确地感觉到，并且提出，房子是用来住的，不是用来炒的，要全面建立保障和租赁和市场的一种长效机制。国务院的文件里面也提出要加强信息的沟通、透明，减少房地产给商业网店租金房产多投的转手，这个能起到一定的作用，但是从根本上解决问题还是有困难的。包括线上线下，竞争的公平，需要我们在融合当中找到一些新办法和解决的途径。

二、中国零售业态发展状况

所谓零售业态，是指零售企业为满足不同的消费需求面形成的不同经营形式。根据商务部、国家标准化管理委员会和国家质量监督检验检疫总局等部门于2004年6月9日联合颁布的《零售业态分类》标准，我国目前出现的零售业态种类有：大型百货商场、超级市场、大型综合超市、仓储式商场、便利店、专业店和专卖店、购物中心及无店铺经营等。我国的百货业已经进入了成熟期，大商场发展在我国已经出现了疲软，但是连锁百货还有相当大的发展空间。各种类型超市成为新型业态的代表得到了快速发展，超级市场发展最为成熟，中型超市已经度过了第一个高速成长期，现在成长速度最快的是大型超市和专卖店，并且大型超市公司都不再局限于一种经营业态，在一种业态经营稳定发展以后，纷纷实施多种业态同步推进的经营策略，专卖店中的家电大卖场发展很快。便利店也出现了快速增长的势头，是下个阶段成长速度最快的业态，购物中心的高速成长正在酝酿之中，另外还有一种全新的业态——折扣店2003年已在上海群起亮相，有家电、服装、食品等各式折扣店。据全国第二次基本单位普查资料显示，从零售业态看，百货商店占14.1%，专业店占30.5%，超级市场占1.6%，其他业态占53.8%；从经营方式看，独立商店占67.9%，连锁商店占3.4%，其他商店占28.7%。超级市场、大型综合超级市场、便利店、专业店、专卖店、购物中心、仓储式商场等发展迅速，彻底改变了过去百货商店单一的经营模式，形成了行业内多层次、多业态、开放式、竞争型的新格局。不同的零售业态具有不同的竞争战略、竞争优势与目标客户群，呈现出不同零售业态竞争的局面。不同零售业态间的竞争，推动了零售业态的改革和新零售业态的出现，一些在国际上流行的新型零售业态也逐步进入我国并取得迅速普及和发展，零售业市场得到了迅速的发展。

（一）百货商店

百货商店是指在一个大建筑物内，根据不同商品部门设置销售区，开展进货、管理、运营，满足顾客对时尚商品多样化选择需求的零售业态。目前我国百货商店的发展呈现出规模大型化、组织集团化、经营多元化和向新业态延伸的特点。从我国零售业市场的发展来看，大型百货商场将面临来自其他相关零售业态的快速发展所带来的更激烈的竞争，市场空间将进一步缩减。但是，百货商店的规模大，具有丰富的商品和良好的信誉度，可以通过各个窗口对商品进行展览，传统的百货商店虽然处于衰退期，但仍然是我国零售业的主要业态，大型百货商场销售额增长速度看，呈缓慢增长或下降趋势，增长速度远低于其他优势业态。据有关数据证明：国内高档百货商店近年来业绩普遍上升，几乎全线飘红，虽然全社会消费品零售额整体呈上升趋势，但百货零售企业的毛利率却呈下降态势，企业的效益增长远低于销售额的增长。主要原因有：①同业过度扩张竞争。从近几年的发展情况来看，多数城市的百货零售企业建设速度远远超过了居民实际购买力增长水平。②市场缺乏特点，消费需求明显断层。城乡居民收入水平有了一定提高，普及型、温饱型需求已基本饱和而新的高水平的购买能力尚未形成，加之居民购买力多渠道大量分流，商品消费需求在近几年内将会逐渐减弱。因此，消费品市场难以出现热点商品。③目前我国传统大型百货商店的竞争力并没有得到较快的提高。从当前情况以及市场发展趋势看，大型百货商店面临新的、更大的竞争压力，将进入新的发展转型期。从国际大型百货商店发展进程看，提高经营商品品牌档次，是我国大型百货商店生存发展的必走之路。

（二）超级市场

超级市场，又称标准超市，指采取自选销售方式，以销售食品、生鲜食品、副食品和生活用品为主，满足顾客每日生活需求的零售业态。超级市场已成为中国商业领域最具活力的业态。尤其是近几年来，大中型连锁超市企业销售规模逐年递增，销售增长明显高于社会商品零售总额的增长和传统百货商店的增长。超级市场的发展主要集中于经济发展程度较高的大中城市中，一般设在居民新村和居民集中的老城区，以贴近市民生活为其特色。北京市和上海市超级市场现已普遍采取连锁方式经营，集中进货，统一定价，低价位销售。北京市和上海市的超市发展已经对全国形成了示范效应，代表了我国超市的发展方向。在地区分布上，规模较大的超市连锁企业大多集中在沿海地区和省会城市。上海、北京、广东等地的超市发展速度、规模和水平高于其他地区，店铺数量占到总数的1/3以上。据第二届中国连锁业会议资料，目前中国连锁企业已达1800多家，拥有店铺26 000个，年销售额达到1500亿元。大中城市连锁店的销售额已占社会消费品零售总额的15%以上，而且销售增长幅度明显超过传统的零售商店，成为开拓市场、扩大销售的新的增长点。今后我国连锁经营方式将发展到各种零售业态上,如连锁经营的百货商店、便利店等。

(三) 大型综合超市

大型综合超市是指采取自选销售方式,以销售大众化实用品为主,满足顾客一次性购足需求的零售业态。其主要特征是:选址在城乡接合部、住宅区、交通要道;商店营业面积2500平方米以上;商品构成为衣、食、用品齐全,重视本企业的品牌开发;采取自选销售方式;设有与商店营业面积相适应的停车场。在大型综合超市业态中,外资品牌依然占据优势地位。根据观察,外资零售商在对大型店铺的综合管理能力方面的优势非常明显。基于全面的管理制度和管理工具,它们在把握顾客的需求特性方面,在处理多品类的动态性的商品结构方面,在平衡部门与整体、短期与长期利润率方面,都有相对较高的优势。近几年来,大中型连锁超市销售规模逐年递增,销售增长明显高于社会商品零售总额的增长和传统百货商店的增长,已成为商业领域最具活力的业态。大型综合超市采用自助式的销售方式和连锁的经营方式,主要目标是家庭消费者对消费需求的切入点是消费者一般的生活食品和用品,价格比超市略低,与仓储式商场小批发式的售卖方式不同,量小而分散,比较适合中国城市家庭规模较小的情况,购物环境比仓储式商场豪华。外资的沃尔玛、易初莲花、大润发、好又多、乐购等都以这种业态为主力。大型综合超市的商品组合采取销售额向少数品种高度集中的方法,以达到大量销售的目标,在总体上能够满足消费者一次性购足的要求,广受消费者欢迎。

大型综合超市在中国未来具有巨大的发展空间。但是,超市业态近年来出现了不少问题。一方面,很多企业依然处于快速扩张期,但在扩张的同时又无法保证相关人力资源的适配及管理制度的完善,因此不仅导致单店业绩下降,还导致顾客满意度下降及公司品牌声誉的损失;另一方面,很多超市管理者依然不重视对供应商关系的管理,仍然将通道费用和出售促销陈列位置作为考核采购人员的最大指标,这实际上最终伤害了超市自己的进货价格竞争力和卖场形象,不利于面对强势对手的长期竞争。

(四) 仓储式商场

仓储式商场指以经营生活资料为主的,储销一体、低价销售、提供有限服务的零售业态(其中有的采取会员制形式,只为会员服务)。据初步统计,全国已有仓储式商场1000多家。仓储式商场已由经济发达的广东省向北京、上海,再向省会城市以及其他工商业重镇拓展。由于国外大型著名仓储式商场纷纷进驻我国市场,如沃尔玛拥有的山姆俱乐部,麦德龙与上海锦江集团合作成立的上海锦江麦德龙购物中心有限公司等不仅对国内仓储式商场的发展起到示范作用,同时加剧了仓储商场之间的竞争。我国仓储式商场逐步注重人才的培养和内部经营管理的规范运作，使之进入规范化发展阶段。仓储式商场由单店向连锁经营发展，积极对外谋求规模效益。如麦德龙在我国已有6个连锁店，现在为单店经营的许多家仓储式商场，也多有开展连锁经营的计划，建材装饰材料仓储式商场成为我国仓储式商场家族中不可缺少的成员之一，并且得到了较快的发展。我国第一家建材装饰材料仓储商场天津家居仅短短的三四年时间，已发展到近10家建材仓储式公司，其网点已覆盖北京、上海、天津、西安、沈阳、南京、无锡、青岛等地，目前我国的仓储式商场在经营中呈现出这样一些特点：①引入新的经营理念，使我国仓储式商场的优势较为明显。如仓储式商场一般都实行自有品牌（Private Brand，PB战略），即零售企业自己筹划开发并贴有本公司特定商标的商品，通过商品差异化和低成本提高竞争力。②仓储式商场定位于中低档次。中国目前仍有60%~70%消费者消费水平较低，因而仓储式商场的定位仍适应当前消费状况，再加上商场推出一系列便民服务，因而颇受欢迎。③自主的购物形式。消费者购买的自主心理日益增强，对营业员的依赖性减弱，而仓储式商场已适应了这种心理。④仓储式商场实行会员制，把一些收入较高、消费量较大，但同时对让利销售比较敏感的消费者吸收为自己的会员，并对其大量消费进行奖励，从而成为自己固定的消费群体。实行会员制也便于商家进行市场分析，确定消费趋向，以便制定出各种营销策略。

（五）专业店和专卖店

专业店是指经营某一大类商品为主的、并且具备丰富专业知识的销售人员和适当的售后服务，满足消费者对某大类商品的选择需求的零售业态。专卖店是指专门经营或授权经营制造商品牌，适应消费者对品牌选择需求和中间商品牌的零售业态。专业店和专卖店的发展迅速，总量大幅度增加，专业细分化加强，经营形式多样化。在一些大城市专业店和专卖店，逐渐成为与综合百货商场、超市并驾齐驱的一种商业业态。这些商店以相对价格较低、专业服务、连锁经营等优势，迅速分割了原有大型百货商店的市场份额，但其发展同样面临人才缺乏、经营管理水平落后、经营规模限制等问题。专业店业态有以下几个表现：

（1）家电连锁处于明显的整合期。例如，国美电器与永乐家电的合并就是一大例证。同时，外资零售商的进入使得这种整合的状况更趋于复杂化。但对于顾客来说，其需求结构并没有那么复杂，因此家电专业店依然要考虑如何落实一些最基本的运营能力。

（2）在家具、建材和办公用品专业店方面，强势的外资品牌在不断地进入中国。尽管在产品和价格方面它们的优势并不明显，但是在品牌塑造方面他们却占有优势。宜家北京店在搬迁时，雇用了世界顶尖级的广告公司，用清晰的形象定位来提示它的顾客；百安居则在宣传推广中，更加注重对顾客需求细节的把握。

（3）对于药店连锁来说，被称为"第三终端"的社区单体药店和农村地区药店、卫生所正受到供应商的普遍关注,这个趋势值得重视随着商品种类的日益增多和消费需求向多样化、个性化的发展,专门经营某类商品的专业店和专营厂家品牌的专卖店越来越多,专业店和专卖店的经营日益向商品的深度发展。在产品差异化和店铺特色并不明显的领域,采取整合营销手段建立清晰的店铺品牌,让顾客认识到独特的价值,将是未来竞争力的要素之一。专业商店和专卖店在中国会得到长足的发展,将成为百货公司主要的竞争对手,它将以连锁店的形式开设在商业街、商业中心,在大型商业设施和百公司中都会有很大的发展机会。专业商店是细分化的市场需求在业态中的反映,因此它将是零售业特色发扬的魅力之一。

(六)便利店

便利店是既具有食品杂货店供应的便利,又借鉴超级市场销售方式和经营管理技术的零售商业的业态。便利店主要经营食品、副食品和日用杂货,品种3000~4000种,食品销售额占销售总额的80%左右。平均营业面积200~300平方米,位置一般设在市中心外围居民小区和交通便利的地段。它的服务方式是开架自选,门口结账。顾客一般为0.5公里商圈内的附近居民,为市民就近购物提供方便。1992年10月,中国第一家便利店诞生于深圳,之后的近30年间,尽管我国便利店业态总体上一直处于导入期,但是在以上海为代表的沿海发达地区,这一新型业态得到了迅速发展。2000年起,上海年均新开便利店超过100家,呈现出爆发式的成长,其密度首次突破了每4000人一店的"瓶颈",标志着上海便利店业态已进入高速成长阶段。到2001年底,上海便利店的门店总数已达1980个,实现销售额27.4亿元,分别比2000年上升了72%和61%,便利店占全市零售总额的比重也从1%上升到了1.5%。而且,92%的门店集中在联华、可的、良友、好德、罗森这5家便利公司,已经基本形成了规模化经营的格局。在北京、广州、深圳等大城市便利店业态处于快速发展前期,其便利店数量为数十家至数百家不等。而更多的城市则处于业态的导入期。与此同时,以全球著名品牌7-11、罗森等为代表的便利店集团也加速了其在中国的空间布局步伐。便利店适应了我国现阶段的经济发展水平和消费需要,是我国零售业态中较有发展潜力的一种,预计今后的发展速度将会更快。从便利店的长远发展趋势来看,连锁的便利店将以销售站点、服务站点、物流站点和信息站点的网络化合成形成一个现代社会快捷性和便利化的服务平台。从零售业各种业态与消费者的紧密程度来看,消费者大约每月去一次百货商店,每星期去一次折扣商店,每天去一次超级市场,但随时去便利店。在便利店运用了连锁经营方式后,已成为零售业中具有组织和经营规模的一种主要业态。目前在世界发达的国家和地区中,尤其是在亚洲的日本和中国的台湾地区,便利店已经成为最具有竞争力的零售业态之一。事实上,便利店的服务功能对亚洲地区高密度人口的城市来说生活意义重大,它将成为社会的生活服务站,极大地提高城市居民的生活质量。近年来，便利店增速放慢，这意味着该业态进入整合与绩效提升的阶段。但是我们的很多便利店尽管店址和形象都不错，但商品结构和售卖方式都没有达到其目标顾客需求的水平，因此盈利能力较弱。同时，便利店的发展区域在不同国家有很大的差异，如美国在加油站设有便利店，而在日本则是集中在商业区。我国的便利店是在市中心首先发展起来的，而且是集中在几个人口密集、客流量较大的中心区。学校、医院、商务区公交站点、商业街成为首选的商店位置。这些区位的铺面有限，租金也比较高。后来，商店渐渐地向外围发展，延伸到郊区。购物不便的居民小区成了发展便利店的重要区位。实践表明：开在居民小区的便利店的投入产出比并不比市中心区域差，而且营业也比较稳定。但开在居民小区的便利店很容易受到超市的打击，我们相信，便利店在调整盈利模式、增强其特色、加强商品管理和连锁管理的基础上，会获得平稳的发展。

（七）购物中心

购物中心是指企业有计划地开发、拥有、管理运营的各类零售业态、服务设施的集合体。其主要特征是：选址在中心商业区或城乡接合部的交通要道；设施豪华、店堂典雅、宽敞明亮，实行卖场租赁制，并设有相应面积的停车场；内部由百货店或超级市场作为核心店，与各类专业店、专卖店、快餐店等组合构成。购物中心发端于20世纪50年代的美国，现已成为欧美国家的主流零售业态，销售额已占据其社会消费品总额的一半左右。美国购物中心的消费额占全社会消费总额的60%多，欧洲是29%，日本是17%，我国台湾地区是9%。从2000年开始，购物中心迅速在中国发展起来，甚至堪称引发了一场中国城市商业地产运动。据中国城市商业网点建设管理联合会2005年公布的调查结果显示，全国在建及立项的购物中心多达200余家，总面积约3000万平方米，总投资额超过300亿元人民币，基本上是以娱乐餐饮服务、休闲购物为一体的综合性购物场所。对于中国购物中心的发展来说，2005年可以说是一个拐点。从表面上看，由于一批购物中心项目的失败，购物中心热从这一年开始有了日渐降温的趋势；但从深层上看，这一年实际意味着中国购物中心的开发和管理正走向理性、科学和精细化的道路上来。2005—2006年，由于受商业地产项目空置率所累，一些开发商转变开发模式，以往"先开发、后销售"的住宅地产开发模式正被"先招商、后投资建设"的开发模式取代，以使购物中心的建设更加符合零售商的需求。同时，购物中心的管理方更加注重业态组合和顾客开发，以增强项目整体的持续赢利性。购物中心是集采购、休闲、娱乐、餐饮、商业观光、文化于一体的综合服务体，这种新型的复合零售业态充分体现了"以人为本"的理念，营造和引导新的消费方式，在某种程度上迎合了当前的消费需求。

（八）无店铺零售

无店铺零售业态主要包括电视购物、邮购、网上商店、自动售货亭、直销、电话购物等经营模式。2005—2006 年度，是中国无店铺零售业态大发展的时期，网上零售和电视购物成为亮点。例如，仅就 C to C 网络零售模式而言，根据中国互联网络信息中心的数据显示，2006 年前 3 个月，仅北京、上海和广州三城市就有 C to C 网上购物消费者 200 万人，在网民中的渗透率达到 16.2%。其中上海的渗透率最高，为 18.5%，北京和广州的渗透率分别为 17.5%和 11.5%。也就是说，在上海的每 5 位网民中，就有一位是淘宝网、易趣网或拍拍网的网上购物消费者。网上购物消费者购买的商品品类以服装、化妆品、珠宝、电脑、手机、家电居多。电视购物则以保健产品、医疗器械、化妆品、教育用具、家庭用具方面的商品居多，但由于还缺乏行业成长历史，该领域出现的商品质量问题和服务问题也较多。这需要政府主管部门和行业机构来进行强化管理和引导。

第二节　中国零售业的产业结构

一、市场结构

市场结构，通常可定义为对某一特定产业内部竞争程度和价格形成产生战略影响的市场组织的特征，它反映市场的竞争和垄断关系。决定和反映市场结构的主要因素有：市场集中度、产品差异和进入壁垒。市场集中度作为度量市场竞争程度的重要指标，一直受到研究者的重视和注意。市场集中度是用于表示在具体某个产业或市场中，买者或卖者具有什么样的相对规模结构的指标；产品差别化是指同一产业内不同企业生产的同类商品，由于在质量款式性能、销售服务、信息提供和消费者偏好等方面存在着差异，从而导致产品间替代的不完全性的状况；进入壁垒是指妨碍新的企业进入某一产业的各种要素。

（一）市场集中度逐步提高

市场集中度，是衡量市场竞争性和垄断性的最常用指标。它一般以产业内最大的若干家厂商的市场占全部产业市场份额的比重来衡量。在通常情况下，市场集中度越高，说明企业的市场占有率越高，而市场竞争的程度越低，企业也就接近垄断。我国的零售业市场结构属于分散竞争型，市场集中度偏低。这说明我国零售业内企业数量众多，一方面缺少实力雄厚、市场支配力强的大企业，另一方面规模偏小、组织化程度低的中小零售商却充斥了市场外资，零售业加快进入将使零售市场竞争更加激烈，外资企业将从以投资建店为主向批发收购兼并企业转移；企业间兼并重组步伐加快，竞争从商品层面逐渐向资本层面发展，零售业的兼并重组形成潮流，更多企业通过上市做大规模。当然，传统的竞争方式如价格服务等还会存在，这些仍然是竞争的基础，是零售企业核心竞争力。一些大型的零售企业，如上海百联、大商集团、国美电器、苏宁电器及北京华联等实力进一步壮大，其年零售额占整个社会消费品总额比重不断提高目前，位居世界500强的跨国零售巨头已有80%进入中国。而且，外资零售巨头在中国的开店数和销售额正以极快的速度增长。虽然外资当前的发展尚比不上国内企业的整体规模，在中国零售市场的份额仍然较小，但外资扩张的速度却不容忽视。外资的进入从两个方面影响中国的零售业集中度：一方面，进入国内的外资零售业大多是国际零售巨头，投资的企业规模都较大，这使得国内零售业集中度上升，另一方面，外资的进入给国内零售业形成了很大压力，迫使一些有实力的零售企业开始以联合和并购等方式扩大经营规模，以与外资竞争并加速开拓市场，这就再次使得零售业加快走向集中的步伐。

（二）零售业的进入壁垒低

进入壁垒是指妨碍新的企业进入某一产业，并且在位企业因此而能够继续获得超额垄断利润的各种因素。进入壁垒是一个产业重要的结构特征，它直接影响到产业的竞争程度和绩效。零售业的进入壁垒低，主要表现在规模经济障碍低、技术含量低及启动成本低等方面。

（1）不存在规模经济。规模经济是指随着企业规模的扩大而使单位产品成本降低、收益增加的一种经济特性。对于那些规模经济较显著的产业（如重化工业、机器制造业等），企业必须达到最小经济规模才能保持较低成本，具有竞争能力。因此，新企业往往难以筹到能实现最低限度的生产和销售之所需要的巨额创始资本，从而抑制新企业进入这些产业。从一般性质上来说，零售业的经营是为了满足分散型的消费需求，从而决定了零售经营的分散性。另外，人力资本的投入在零售业中大体与销售额的增长成正比，所以规模大小不同的零售企业的人均销售差异并不是很大。这一情况表明，在零售业领域，规模经济效益可能是较易于实现的，即便规模较小的零售企业，可能也已达到了规模经济所要求的最低门槛。同时，商业企业的营业面积差异很大，既有数万平方米的大型商场，也有几平方米的小店；既有装饰豪华的商场，也有设施十分简陋的商场。不同规模和类型的商业企业只要店址选择合理，经营定位正确，营销策略适当，就能满足特定目标消费者的需要，使企业得到生存和发展。可见，商业企业不像许多工业企业那样存在规模经济问题，这就使新企业进入流通产业的规模经济壁垒较低。

（2）技术含量低。无论是传统的百货零售机构还是进入90年代后在我国迅速发展的超市、仓储商店等新业态，其经营方式仍然主要是以劳动密集型为主，技术含量较低。而在经营管理水平和手段上的差距，很容易通过模仿和引进人才进行弥补。唯一构成进入障碍的是零售经营的信息化、网络化和全能电子化的构建。但由于零售业作为一个成熟的产业，同时因为订购产业硬、软件供应的国际国内市场结构竞争程度较高，供应商没有激励也无法封锁。

（3）启动成本低。零售业在启动成本方面并不太高，从便民售货亭的数万元到大型百货商场超市的数千万元人民币，潜在进入者很容易在其间寻找到适合自身的切入点。而在经营成本方面，随着卖方市场向买方市场的转变，新进入的零售企业无论在采购成本、费用以及店铺装修等方面的花费并不比在位企业高出许多。

（三）产品差异化逐步明显

产品的差异化主要是指产品品质、质量、价格、品牌以及产品附加值等方面的不同使同一产业内不同企业的产品减少了可替代性。新企业要进入那些产品差异较大的工业，不仅要花费巨额的研究、开发资本，如需要研制新产品或购买产品专利权生产产品，需要配置专用生产设备进行批量生产等，而且要花费大量的促销费用以建立产品形象，这些都给新企业进入产业形成产品差异壁垒，而商业企业经营的产品来自生产企业，在交通运输比较发达、产品供求基本平衡、不少产品甚至供过于求的状况下，商业企业一般都能采购到不同质量、档次性能和款式的产品。这就使商业企业间的产品差异较小，新企业进入流通产业所面临的产品差异壁垒较低。因而可以说，零售业产品的差异化越大，市场竞争越小；相反，就越大。我国零售业态，主要包括百货商场、便利店、专卖店、超市以及仓储等形式，在过去的几年内，它们的经营产品以实物消费为主，大多是零售生活用品，没有自己的产品，没有太大差别。服务倒是有一定的差别，但这种差别正在逐步缩小，很多零售业的经营者们都意识到了服务的重要性。近几年，零售业企业产品的差异化不断明显，主要表现为零售业企业经营空间发生重大变化，从单纯以实物消费为主转变为实物消费与服务消费并重阶段，娱乐、健身、休闲形成新的服务市场，转向系统化竞争；信息化服务出现差异，信息技术和先进适用技术广泛应用，推动零售业的效率和现代化水平进一步提高信息化水平成为企业竞争力的重要支撑；零售业态差异逐渐增大，零售业态将日益丰富、完善，业态创新和重组速度加快；便利店进入个性化发展，超市业态将进一步细分，专业店也将趋向细化，百货店将向精品化、专业化发展无店铺销售在经济发达地区将快速发展。

二、业态结构

我国主要业态中，百货店的竞争劣势愈加明显。2001年零售业前100家中，主要以百货店业态发展的企业有59家，2002年减少为45家，2003年又快速减少为31家。其2003

年销售额为 624.1 亿元，仅占前 100 家销售总额的 15.1%，占前 100 家销售总额的比重比 2002 年下降 7.5 个百分点；销售额增长速度为 11.2%，低于前 100 家销售总额增长速度 17.3 个百分点，低于专业店连锁经营企业 46.1 个百分点，低于连锁超市业态企业 17.9 个百分点，低于在百货店基础上重点发连锁超市业态企业 14.6 个百分点。这些企业如果不实行集团化、连锁化（超市等业态）发展策略，终将跌出零售业前 100 家。这种业态结构基本上与国际业态发展趋势相符，但由于分析对象仅限于零售业 100 强，并不能完全代表国内零售业的整体业态结构，实际上传统业态特别是百货店所占据的比例还是较高的。外资零售业的进入对于改造国内原有的业态结构起到了很大作用，一方面，各种新型业态进入国内大都是从中外合资企业开始的，另一方面，在与外资企业的竞争过程中，国内企业开始学习到新型业态的经营方式并加以运用，使得国内零售业态在较短时期内走完了发达国家在几十年乃至上百年走过的探索之路。由于国外零售业在经营新型业态方面的经验积累，使其在这些业态中占据了明显的优势地位。

三、区域结构

连锁企业地区集中化趋势明显。2002 年以前，外资零售业进入中国后主要是在摸索和分析市场。由于投资环境普遍较好、市场机会多、购买力强，东部沿海地区的大城市，如上海、北京、深圳、广州、南京、杭州等，不可避免地成为外资零售业的主要投资区域。这些城市最先感受到了外资带来的巨大冲击。2002 年以来，外资零售业的扩张战略和投资区域都发生了明显变化。主要表现在两个方面：一是继续抢占东部零售市场，投资区域由发达大城市向经济比较发达的地级城市延伸；二是进军中西部省会城市，个别企业甚至开始进入中西部地级城市。从 2002 年到 2004 年 3 月，家乐福的"圈地运动"在两条战线上展开：进军长沙、昆明、成都、乌鲁木齐，同时在东部地区"精耕细作"，2002 年"登陆"广州、2003 年进入杭州、2004 年开办在上海第 6 家和北京第 5 家的大型超市。沃尔玛则是从广东北上，不断进入福州、南京、青岛、天津、大连等沿海发达城市，同时还连续登陆长沙、南昌、济南、沈阳、长春和哈尔滨等省会城市。基本覆盖中部和东部大城市市场。

以业态涉及大型综合超市、仓储会员店和家居建材专业店的 13 家外资零售企业为样本，研究店铺的区域构成，可以看出：到 2004 年 3 月底，家乐福、沃尔玛等 13 家企业在中国共开设 314 家店铺，有 109 家在上海、北京深圳和广州等最发达城市，108 家在沈阳、大连天津、青岛、南京、杭州、厦门、福州、重庆、成都和武汉等发达城市合计占全部店铺数的 6.1%；在东部城市的店铺数有 238 家，占全部的 75.8%。这表明，东部地区的发达城市仍然是外资零售业的主战场。可以预计，市场相对空白的中西部省会城市和东部地级城市将是外资零售业下一步争夺的焦点。

第三节 中国零售业发展存在的问题

改革开放以来，中国零售业获得了较大的发展，在零售业态、规模、零售额、网点布局、投资主体等方面发生了多层面的变化，取得了有目共睹的成绩，但是与发达国家零售业相比，我国零售业仍存在不少问题，如国有流通企业改革速度较慢，在经营策略和经营业态方面的创新不多。这些问题严重制约着我国零售业当前和未来的发展以及市场竞争力的提高。

一、缺乏统一规划，过度竞争

（一）百货商场超量扩张

多年来，由于零售百货行业进入壁垒较低，一些地方政府对零售业缺乏统管理，不考虑市场潜力和竞争情况，致使国内部分大城市盲目发展大型零售百货商场，一边是大商场纷纷倒闭，一边是新商场拔地而起，这些新建商场营业面积增加，装修豪华，但在经营理念和管理技术上原地踏步，从市场定位、商场布局到营销手段基本趋同，致使"千店一面"，产品经营无特色。

（二）简单模仿，盲目跟进

一些内资零售企业简单地引进国外零售商的店铺形式，模仿其经营手段，简单地将开架售货称为"超市"，连锁店只统一服装店标和工服的单店操作而非统一配送、统一核算和管理，更有甚者将店名一改，如一叫"客隆"就以为是仓储店，就进入新业态了，对市场走向缺乏理智分析，盲目跟进。

（三）空间密度日趋加大，布局严重不均衡

空间密度是指单位空间内商店的数量。由于零售业处于快速发展时期，零售企业在网点的布局上没有统一规划，没有经过严密的可行性论证，加之政府宏观调控不力，大中城市中的商店，尤其是大中型商场，往往密布于一个或几个商业闹市区，而市郊边远地区、乡镇则较少商业网点分布，空间分布既拥挤，又有严重不均衡现象。如郑州的大部分商场都布局在郑州二七商业圈，由于零售业缺乏统一规划，简单模仿外资零售业，再加上商业网点空间分布的严重不均衡等问题，导致国内零售业竞争过度，秩序混乱，效益普遍低下。

二、企业规模偏小，经营模式落后

从中国零售业的企业规模结构看，企业数量虽多，但绝大部分零售企业还处的状态，中小企业仍是流通业的主体，单体分散经营的企业仍占较高比重。目前，在全国 1700 多万个流通主体中，有 93% 为单体经营的个体商户；规模以上流通企业比重仅为 1%；销售额亿元以上的大型流通企业仅有 200 多家，销售额超过百亿元的仅有 10 余家。总体分析，中国零售业的零散度高达 90%，而欧美国家只有 40% 左右，日本为 50%。世界及我国的零售业发展现实表明，传统的"单店"式经营已成为弱势经营模式，连锁经营是零售业发展的必然趋势。连锁经营依靠统一进货、统一定价、统一核算，降低成本，提高经营效益。1998 年美国最大零售商前 100 家全部为连锁经营，共开设 111 800 多家零售店，平均每家拥有 1100 多家店铺，最多的开设店铺 7030 家，最少的 33 家，平均每家店铺年销售 770 万美元，仅沃尔玛一家企业就拥有 3300 多个连锁店铺，1997 年销售额高达 1179 亿美元。相比之下，由于地区分割、条块封锁、产权不清、融资困难、缺乏经验等问题，严重制约了我国连锁经营的建立和发展，零售业发展相对缺乏规模，跨地区、跨部门之间联合较少。"2004 胡润零售富豪榜"集中了 20 家零售企业，入榜企业地域非常集中，北京、广东各 6 家，江苏 4 家，上海 2 家，天津和安徽各 1 家。加入 WTO 后，这些零售企业与外资零售企业的竞争将是一个不同重量级"拳手"之间的竞争，如何以弱克强，迎头赶上，是我国零售企业的当务之急。

三、管理科技含量低，先进设备应用转化为生产率的水平不高

现代零售企业竞争的法宝之一是零售商品的低价格，而较低的零售商品价格来源于科学高效的管理，现代化的管理能够大大降低交易成本、管理成本，提高劳动效率。沃尔玛 20 世纪 80 年代就开始租用卫星传输、整合全球营销数据，其商品管理、物流配送、全球采购和数据处理全部应用了先进的现代信息技术，使大部分经营管理决策都建立在准确科学的数据之上。由于使用了配送中心和 EDI，大大降低了配送成本，每年比竞争对手节省了 7.5 亿美元的配送支出。近年来，随着我国零售业现代化水平的提高，已经有超过 80% 的大中零售企业不同程度地采用了计算机管理技术。据统计，70% 以上的连锁企业应用前台 POS 系统和 MS/ERP 管理系统。在一些大城市特别是北京、上海，连一些街头便利店也已普及了 POS 系统。但应该看到，先进设备的应用并不完全等于信息化水平的提高。POS 机和其他管理系统的应用，在内资零售企业中还不能做到在连锁店的全面普及，一些零售商还不能在总部分店和配送中心之间进行信息反馈、商品配送和调剂，更不用说用其中收集的数据资料，分析消费者的消费模式和消费倾向，以指导未来的销售和服务了。因此许多零售企业还只是把计算机信息系统作为销售收入的统计工具，不能利用这些

管理系统对所获取的数据进行分析并应用于未来的经营中,企业成本控制能力弱。

四、零售企业分散承包分割了整体的市场营销活动

在利益的驱动下,我国大中城市的大多数商场的经营者将商铺和柜台出租给零散的经营者,靠收取租金达到赢利的目的,而不专注于实际的零售经营。据统计,北京大型百货店70%的物流业务是由进场的联营厂家自己提供的,20%是由供应商协力配送的,10%是自采自配的。这种分散承包经营方式虽有利于调动经营者的积极性,但不利于企业市场营销活动的整合,使企业在产品促销、广告宣传、企业形象塑造、信息沟通、市场调研等方面各自为战,无法形成规模优势,承包者只能根据自己所辖柜台的信息反馈来调整自己的产品策略、营销策略。因此,目前的分散承包经营方式,对零售业营销技术的提高已形成了障碍,如中国零售企业单位面积营业额每平方米平均约为 2.1 万元,相当于外国零售企业的 50%;营业额平均约为 67 万元,相当于外国零售企业的 40%。另外,一部分外商也抓住了内资零售商的现实利益驱动心理,做起了租赁柜台的生意。例如,在北京市最大的家乐福店,一改以往的家乐福经营模式,在其用低价租得 3 万多平方米的营业面积后,将超过 30%的面积以超过其租金 100%的价格出租给其他品牌的专卖店,获取租金暴利。这样,不仅扰乱了开发市场秩序,更给内资零售企业的经营带来了更大的难度。随着经济全球化、一体化的发展与产业结构的变化,新的大型商场、购物中专营商店的纷纷建立,加上国外商品及零售业在我国的抢滩成功,零售业市场竞争日趋激烈,出现了全方位的现代商战,如公关大战、广告大战、价格大战、购物环境大战、售后服务大战等。面对日益严峻的竞争形势,我国零售业只有增强竞争意识,依靠整合营销手段,才能在竞争中立于不败之地。

五、零售从业人员素质低,制约了服务现代化的实现

我国内资零售业的经营发展还很不成熟,人才匮乏特征明显。长期以来我国零售业的比较优势在于低廉的劳动力价格,人们认为零售业就是劳动密集型行业,没有把零售业人才素质放在重要的位置。但加入 WTO 以后,零售业的竞争不仅取决于劳动力成本的高低,更取决于劳动者的基本素质教育程度和专业技术水平。我国零售业长期以来一直被认为是一个不需要太多专业技能的简单劳动,因而从业者大多缺乏系统专业训练和相关学历教育。受这种观念的影响,零售业的经营者往往重视"硬件"远胜于"软件"的建设。统计数据表明,我国的商业从业人员中,大专文化程度的人员仅占 10.7%,中高级技术人员只有 3.1%,用于教育培训的费用只占当年销售额的 0.031%,人均不足 40 元。零售业从业人员中有 85%没有经过严格的上岗培训,基本上是边干、边教、边学,仅凭经验和热情开展工作,对商品特点、市场规律和营销技巧等知识的掌握比较欠缺,这在一定程度上限制

了零售业的发展，严重制约了零售业服务现代化的实现。对于现代化的零售企业来说，无论是先进的经营理念、营销技能，还是现代化、信息化的管理手段，都需要具有较高素质的、懂得现代管理技术和能适应国际化市场竞争的外向型知识型管理人才，这种复合型人才目前在我国零售业是相当稀缺的，这也是导致我国流通行业科技含量低的因素之一。

六、零售业地区分布不平衡，广大农村资源分配较少

由于经济发展水平的差距，全国各地区零售业发展水平也不统一。具体来说，大城市省会城市、中心城市零售业较发达，零售企业个数多，规模大，业态类型多样化；边远城市、小城市及乡镇零售企业规模小，业态较单一，不利于经济的整体发展和社会的和谐平衡。

我国是一个农业大国，60%以上的人口居住在乡村，但长期以来零售企业集中分布在城市，造成城市商业网点密集，过度竞争，利润下降；而广大农村地区由于投资环境差、居民购买力低，商业企业投资的积极性不高，零售商业发展缓慢，商业网点少；现有的零售网点所出售的商品大多为城市滞销商品，针对农民需求组织商品流通的极少，同时又因农村居民居住分散而不愿提供售后服务，致使一些不法商贩趁机非法经营，损害农民利益。这种不均衡的零售业布局，不利于商品的扩散，不利于农村居民生活水平的提高，也不利于国民经济的综合平衡和协调发展。因此，逐步缩小城乡商品市场供应的差距，提高农村商品零售额，进一步开发农村零售市场成为零售业拓展市场的重要途径。

第八章 未来中国零售业发展思路

第一节 中国零售业未来发展的制度设计

能够对零售业的竞争和发展产生影响的成文制度有两类，一类是普适性的制度，如《反垄断法》，它对各行各业都适用，零售业也不例外；另一类是特定性的制度，即针对零售业的制度规范，如日本的《大店立地法》、美国的《罗宾逊-帕特曼法》（又称《反连锁店法》）、中国颁布的《外商投资商业领域管理办法》等等。鉴于普适性制度涵盖的范围太广，而本书主要针对零售业，所以在本制度设计中，不涉及普适性制度，只讨论特定性制度。即使在特定性制度设计中，也难以做到事无巨细、面面俱到，只能选择那些当前比较普遍的、对零售业未来发展有重大影响的若干重要问题进行分析，提出制度设计的基本思路。

一、限制大型店铺的制度设计

中国要不要制定限制大型店铺发展的制度规范？这一问题引起了广泛的争论，起因于2004年"两会"期间，全国人大代表、湖南步步高公司董事长王填自费请专家为整个流通行业起草了一部《商业大店法》建议稿并亲手递交当时商务部部长的不寻常举动。建议制定《大店法》的一方指出：目前全国省会以上城市购物中心有236家，2004年新增购物中心94家，其建筑面积约700万平方米；面积从8万~33万平方米不等。专家估计，正在建设和待建的还有近2000万平方米，最大的购物中心建筑面积可达100万平方米。而这些大型、超大型的商业设施为了维持生存，必须增加销售额1700多亿元人民币，占全国同类型大店营业额的20%左右，这样势必对许多中小商业企业造成极大的威胁，从而将其从竞争队伍中排挤出去。为了保护中小型商业的生存，必须对大型商业设施的建设加以控制。在《大店法》草案中，提案人的建议是：商业主管部门在审批大店建设项目时，应实行建店听证许可制度，听证委员会由城市商业、改革与发展、规划、建设、工商、土地交通等行政职能部门和商业社团派出的人员及有关专家组成,反对制定《大店法》的理由也非常充分,例如,吴敬琏就指出,现在重提《商业大店法》已经不是必要不必要的问题,而要看是否与国际规则接轨。中国已经入世,就要考虑国内法必须与国际法接轨问题,《大店法》是日本零售史上的一部独特法律。日本政府为了保护日渐失去竞争力的小型零售业,早在1937年就制定了《百货店法》,1956年制定了《第二部百货店法》,1974年实施了《大店法》,2000年实施了新的《大店立地法》。其根本目的都是保护国内中小型零售商,对大型零售商的经济活动加以管制,以增加周边中小型零售商的商机,使其免受大型零售商的冲击。

制定《大店法》的目的是限制大型商店的开设,保护中小零售店免受大店的冲击,防止小商店大批倒闭引起的失业等社会问题。但是,从日本的经验来看,《大店法》带来了两个方面的负面效应,限制了竞争新开设大店要向现有商店代表参加的审议会申请评议通过,而现有商店总是千方百计阻止竞争对手的增加,实际上限制了竞争;二是降低了零售业的经营效率,小商店没有规模经济,成本高,而大商店有规模经济,从效率的角度看,《大店法》是保护落后的法律制度。20世纪90年代以来,日本多次修改《大店法》,逐步放松了对大型商店的限制,主要不是因为日本人自己认识到其负面效应,而是欧美国家反对的结果。因为欧美国家的产品进入日本主要通过大型商店销售,而日本限制大型商店,间接限制了国外产品的进口,欧美国家认为这是对日贸易逆差的一个重要原因,所以不断对日本施加压力,要求其放弃《大店法》。

日本从2000年5月31日起废除了《大店法》,改为实施《大店立地法》《大店立地法》从名义上来讲,其立法宗旨是避免大店对环境质量产生负面影响,而不是保护中小零售业者不受冲击;但实质上是两个目的并重,因为在《大店立地法》中,并没有放弃对大店开设与经营上的限制,只不过限制程度放宽了而已。比如,大店的标准从营业面积500平方米提高到1000平方米(但与1978年以前的1500平方米的标准相比,限制的程度其实并没有放宽);大店申请期限缩短为10个月之内;取消了对营业时间、休息日数的限制;等等。所以,从两部法律的内容来分析,这一制度变迁应该看作是《大店法》的延续与拓宽,而非废止。与其说环境保护是《大店立地法》的目的,不如说是限制大店的借口。大店的开设会引起交通拥挤、噪声与空气污染、废品堆积、地价上升、人群集中带来的灾害风险等一系列环境问题,《大店立地法》要求大店的设立对环境产生的危害必须能够控制在可接受的范围内。换言之,以前限制大店的理由是对中小商店产生冲击,现在限制大店的理由是对环境产生损害。总之,理由尽管不同,目的只有一个:限制大店的开设与经营。日本《大店法》的演变历史对我国有重要的借鉴意义。

中日两国对大型商店的态度完全不同:日本从20世纪30年代开始就对大店加以限制,而中国至今为止从来没有限制过大店,相反,大店往往被认为是现代零售业的代表和城市形象的"窗口"而得到鼓励。最近10多年来，大型商店得到了快速发展，而且还在进一步发展之中，那么，在这样的形势下，制定《大店法》限制大型商店的开设有无必要？如果制定《大店法》，以保护中小零售店为目的而限制大店的开设与经营，那是要以限制竞争、保护既得利益与牺牲效率为代价的，是得不偿失的。而且，对小零售商店的保护效果也是值得怀疑的，大店开设确实可以使一批竞争性的小店倒闭，但同时会带动新开设一批互补性的商店。没有充分的理由证明大店开设会导致大量失业。另外，中国各地区发展水平千差万别，有很多地区还极不发达，各地必须根据自己的情况来决定，用国家统一的立法来限制大店显然是一种简单化的做法。所以，以全国性法律或条例的方式出台《大店法》，并不是一项明智的制度设计。

毋庸讳言，《大店法》支持者的一个主要目的是限制零售跨国公司在中国快速扩张的进度，给国内民营零售企业留出一个快速发展和缩短与外资零售企业差距的时间和空间，但是，众所周知，目前在大型商店领域（特别是食品零售业中）外资零售企业已经占据主导地位，而《大店法》是保护既存大店，限制新设大店的，所以，结果可能将会适得其反，保护的主要是已经开设了的外资大店，限制的反而是欲后来居上的民营企业。但是，从环境保护的角度来限制大型商店的开设是合情合理的。而且，从环保的要求来看，限制的不应仅仅是大店，有些小店也会有环保问题，比如越来越多的洗车店、中餐馆等。在制度设计上，可以有两种设计方法：一是修订《环境保护法》，增加"零售店开设与经营必须维护地区环境和生活质量"的原则性条款，并由各地根据实际情况制定环境控制标准，由各地环保部门与零售业主管部门、消费者权益组织等组成审议会，现有商店的代表在审议会中可以给予发言权，但不给予表决权，开店申请只有通过审议会调查才能实施。二是设计类似于日本《大店立地法》的专门法律（或法规），各地执行方案同第一方案。

限制大型店铺的另一制度设计是制订城市商业网点规划。最近几年来，为推动各地城市商业网点规划工作，原国家经贸委先后印发了《关于城市商业网点规划工作的指导意见》《关于进一步做好大中城市商业网点规划工作的通知》和《关于加强城市商业网点规划工作的通知》，商务部也于2004年初印发了《关于做好地级城市商业网点规划工作的通知》。在国家商务部的推动下，各大城市纷纷编制了各自的商业网点、设计了开设大店的评议机制（如听证会），实际上是对开设大店设规划，目前已经推进到经济发达的县级城市。在各地的《规划》中，通常都设置了一个门槛，这种做法是符合国际惯例的。这里有一个典型的例子：在弗吉尼亚沃伦顿小镇，市政府规定了任何超过5万平方英尺的零售企业必须经过特殊的批才能够进行建设，而在沃伦顿邻居的小镇法块尔县也有类似的法规，它规定面积超过75万平方英尺的零售企业必须经过批准。通过对若干城市《商业网点规划》的比较分析，目前的《商业网点规划》存在三个问题：第一，目的性有偏差，《商业网点规划》往往成为政府主管部门引导商业发展的指导性计划，重视发展，轻视规范，而衡量发展程度往往用零售业的发展规模指标,引进外资商业越大越好,商店越大越好,总营业面积越多越好,而对开设大店对环境的影响,一般的《规划》都没有予以重视。第二,有效性不强,零售业是充分竞争的行业,政府(以及国有企业)资源一般不会投入到该行业,零售企业都是自主决策的,以民营企业为主的零售业属于政府较难调控的行业,所以,《规划》可以设计得很漂亮,但许多内容都不是按市场经济规律设计的,实施起来就会发现企业不会配合,《规划》很可能变成一纸空文。第三,法律效力不高,《规划》一般是由商业主管部门负责编制的,通常由市长办公会议通过实施,不是由规划部门编制、市人大常委会通过实施,与《规划》的效力完全不可比。要解决这三个问题:第一,商业网点规划要体现"发展地方商业要强调环境标准"的原则;第二,要请零售业专家和零售企业家对《商业网点规划》做可行性论证;第三,可将《商业网点规划》作为《城市发展规划》的一部分,不必独立编制,以提高法律效力。

二、调整工商关系的制度设计

工业与商业的关系是商业发展中最重要的关系之一。在产品供不应求的卖方市场时代,工商关系是由工业主导的;进入到产品极其丰富的买方市场时代,由于零售业通过连锁经营做大规模,工业的主导权不得不让位于商业,在商业中,批发的主导权也逐渐让位给了零售。由于连锁零售企业的规模还在扩张之中,大零售企业的数量还在增加,如果顺其自然,零售业对工商关系的主导权还会进一步强化。零售业主导权的强化,对整个经济而言,有利有弊。有利的方面,零售商通过压低工业企业的出厂价,降低采购成本,最终降低终端零售价格,增加了消费者剩余,增进了社会福利;对工业企业来说,零售商的压价起到了优胜劣汰的市场选择作用,促使工业企业努力降低生产成本,从而提高工业经济的运行效率。有弊的方面,是大型零售商极有可能滥用其主导权,由于过分的压价而造成某些弱势工业行业(弱势工业行业通常是那些规模经济不显著、以小企业为主的行业,在与零售商的价格博弈中处于劣势。例如,上海炒货行业曾挺身而出,与超市抗争,炒货行业就是弱势工业行业)的"全行业亏损",从而扼杀这类行业的生存空间。由于工商之间的交易地位是不平等的,有必要设计相应的制度对双方的交易行为加以规范,以防止零售商滥用其优势地位,确保公平交易。有效的制度设计应该明确针对具体的行为,在零售业中,滥用优势地位的行为主要有"通道费"和"延长账期"。

(一)对"通道费"的制度设计

通道费主要有进场费、上架费和各种赞助费。连锁超市向供货商收取通道费,是最近七八年来的一个新现象,而且有愈演愈烈之势,已经成为零售业(尤其是超市行业)的一种新的"行规"了。对通道费的态度,工商双方针锋相对:工业企业强烈反对连锁企业收通道费，称这是不合理收费，甚至是"商业贿赂"；而连锁企业则偏爱通道费，越来越多的连锁企业的利润构成中，通道费所占的比例越来越高。他们认为，是否收取进场费，收多少，是超市和供应商的事情，是一种市场行为，超市收取进场费是国际惯例。政府的态度是将通道费分为"合理的通道费"与"不合理的通道费"两类，大致是将进场费、上架费等划为合理收费，各种赞助费划为不合理收费。认为"通道费是国际惯例"的辩解缺乏说服力。在通道费中，进场费、上架费和广告费有一定的合理性，因为超市的卖场和货架空间是有限的，是一种稀缺资源，进场费、上架费都属于对使用稀缺资源而支付的租金；但如果进场费和上架费同时收取，则有巧立名目重复收费的问题。而各种赞助费，明显是连锁零售企业利用优势地位而强迫供货商缴纳的，理所当然属于不合理收费。对"通道费"这一不成文的制度，应该设计成文的制度加以规范。在其他国家和地区，也不是对超市收取"通道费"行为听之任之的。2002年6月，在泰国的家乐福公司、万客隆公司和Tesco公司（特易购公司）都被泰国当局要求针对他们向泰国供应商收取费用的行为做出解释。泰国政府明确表示，拟出台条例，限制超市对供应商收取"进场费"。2002年7月，中国台湾地区公平会裁定，家福公司（家乐福量贩店）向供货厂商强制重复收取附加费用，严重影响市场交易秩序，违反规定，公平会委员会决议对其处罚500万元新台币，被罚项目中就有在大陆被引为"行规"的"附加费"和"节庆促销费"。

  韩国也是对通道费严加管制的国家，家乐福公司从1996年进入韩国以来，因为收取通道费，被韩国的公平贸易委员会根据"大规模销售性企业在对供货商提供的商品进行促销时产生的不直接与供货商有关的费用，不得要求供货商来承担"的法律规定，多次处以罚款。除了一部分不合理收费对供货商产生损害之外，"通道费"还会导致价格扭曲的后果。如果一个原先收取通道费的零售企业改变盈利模式，放弃收取通道费，显然，它可以从供货商处获得更低价格的供货条件。也就是说，由于收取了通道费，供货商的出货价格（名义价格）不是它所能接受的最低价格，也不是实际价格，在这里，工商之间的交易价格被扭曲了。这种价格扭曲损害了市场的价格形成机制，并对其他不能收取通道费的小零售企业产生了损害（如果要求供货商对所有零售商不得实施价格歧视，那么，供货商将以名义价格向所有零售商供货，大零售商由于收取通道费，所支付的实际价格低于名义价格，而小零售商没有实力收取通道费，所支付的价格等于名义价格。所以，实际上供货商对大零售商和小零售商实施了价格歧视，而通道费则掩盖了这一点）。

  规范通道费的制度设计，可以考虑两种方案。第一，制定《公平交易法》，在法律中明文规定不允许大型零售企业收取通道费，并且不允许供货商实施价格歧视。这是严厉的制度设计，即使收取上架费有一定的道理，但也不允许收取，从而保证价格体系不被扭曲，确保小零售商的利益。第二，允许大零售企业收取"合理的通道费"，但不允许其收取"不合理的通道费"。这样的制度规范理论上合理一些，但实施成本较高，因为首先要明文规定"合理"与"不合理"的界限和判断方法,并且设立一个专门机构接受申诉、调查甄别。

(二) 对延长账期的制度设计

延长账期是连锁零售企业利用优势地位无偿占用供货商资金的行为。这种行为给零售企业带来巨大的利益,但却给供应商(工业企业)带来巨大的资金压力。更为严重的是,零售企业在使用这笔供货商资金时不受任何约束,一般会用于新店铺开发,也有的用于风险投资,极容易出现资金链断裂,一旦出现资金链断裂,会产生超市倒闭、供货商资金不能收回等严重后果。如前几年上海满福来公司、福建华榕公司的倒闭,就是资金链断裂所致。更为严重的是,由于延长账期也已经成为零售业的一种"行规",许多有信用问题(不能从银行获得贷款)的企业往往会钻这一"行规"的空子,开设连锁超市,目的是套取供货商的资金,以弥补银行贷款的不足。最严重的是,套取供货商的资金后溜之大吉,使这一"行规"成为滋养诈骗行为的"土壤"。目前,政府主管部门对这一问题的制度设计思路是:提高注册资本金的要求,抬高超市行业的进入门槛;对连锁超市的信用实施监控,有关部门将对信用等级最低的超市给予警告,并通过特定渠道发布"预警"。这两个办法对避免出现延长账期的不良后果有一定的作用,但还有其他的制度可供选择:严厉的方式是,规定零售商付款期,要求零售商在一定时间之内(如 1 个月)付款,供货合同不得违反这一规定;如果上一条难以实施,另一个方案是,限制零售商将供货商资金投入某些与零售业务无关的用途(如新开商店的开办费、购买土地、购买有价证券等)。相比较而言,第二种制度设计方案更有现实性。

三、规范零售企业垄断行为的制度设计

随着零售业连锁经营的快速发展,原先零售业缺乏大企业、市场集中度低的状况正在逐步改变,市场结构的垄断性正在增强。拥有一定"市场力"的大零售商(特别是跨国零售商)就有可能实施滥用"市场力"、限制竞争的垄断行为,从而对社会利益造成损害。应该设计必要的制度对零售企业的垄断行为加以规制。大零售商的垄断行为主要有:价格歧视、低价倾销、排挤对手的压榨行为、合谋抬高价格等。价格歧视是指商品销售者对不同的客户销售同样的商品时收取不同的价格。在零售业中,有制造商对零售商的价格歧视和零售商对消费者的价格歧视,其中制造商对零售商的价格歧视似乎是由制造商实施的,但实际上通常是大零售商利用自己采购量大的优势,要求制造商提供比给小零售商更优惠的价格,这样,同样的商品,给大零售商的价格要低于给小零售商的价格。这种做法之所以盛行,除了大零售商拥有强大的"市场力"之外,另一个重要的原因是制造商非常认同这一"行规",销量大的零售商实际上是帮助制造商节约了营销成本,将节约下来的

营销成本的一部分以"年终返利"（实际上是数量折扣）的方式奖励给大零售商，对制造商也是有利的。大零售商向制造商收取"通道费"也是价格歧视的一种手段，因为通道费实际上就是制造商给零售商的价格折扣；小零售商由于不能获得通道费待遇，这样，对同样的商品，大小零售商获得的价格是不同的，也就是说存在着价格歧视。但是，值得一提的是，价格歧视这个词尽管听起来是贬义词，但并不一定违法。例如，前面所说的大零售商和小零售商之间的价格歧视实际上是由于批量作价造成的；而批量作价是市场经济中的一种常用手法。当然，如果大零售商由于处于垄断地位而压迫制造商降价，那就要对大零售商进行分拆，而不是批评批量作价这一做法了。

低价倾销也称"掠夺性定价"，是指为了排挤竞争对手而将价格降低到成本之下，待竞争对手退出市场之后又将价格抬高到垄断价格水平。在零售业中，衡量掠夺性定价的成本标准，一般是进货成本加上固定成本的一定比例（由该单件商品分摊的固定成本）。实施掠夺性定价的通常是"综合性零售商"，这类零售商销售的商品种类较多，其中一类或几类商品降价到成本以下产生的亏损，可以通过"交叉价格补贴"的方式，用其他盈利的商品来弥补。但是，被综合性零售商选择为"亏本特卖品"的商品的其他"单品种经营者"，由于没有"交叉价格补贴"的手段可供利用，很可能就会被逐出市场。例如，我国的大型家电零售商发展很快，已经形成了寡头垄断的市场格局，而这些大零售商都是综合性的，他们经营各种类型的家电商品，在新店开业的时候，他们往往会选择一种商品作为"亏本特卖品"，这种亏本特卖品一般是当前较为流行的、足以吸引消费者"眼球"同时竞争对手都较弱的商品，例如手机。如果没有大型家电零售商的进入，手机一般是在小型手机专卖店中销售的，只要大型家电零售商一进入市场并选择手机作为亏损特卖品，原先的手机专卖店就会纷纷倒闭，而竞争对手差不多消失殆尽之后，消费者就很难再买到低价手机了。所以，零售业的掠夺性定价削弱了竞争、强化了大零售商的垄断，应该加以规范。大零售商为了排挤小零售商，还会采用压榨供货商的手段，迫使供货商放弃与其他竞争对手的交易关系。"太百事件"中的太平洋百货公司，就是这样一个压榨者。其他不知名的压榨事件，在零售业中可能天天都在发生。这种压榨事件，是严重的垄断行为，必须用法律制度加以规范。零售寡头之间还存在合谋抬高价格的可能。在美国，零售商合谋固定价格是违反《反托拉斯法》的行为，严重的要处以罚款甚至对当事人监禁。这种情况应该通过完善法律的手段加以改变。即使在法律完善的条件下，大零售商也会出各种默契的合谋方法来获得垄断利益，例如，以"保证最低价"的手段达到"价格领导"的目的等。对合谋固定价格的制度设计，应该考虑长远，借鉴发达国家反垄断法的经验，将公开的和默契的合谋都规范在制度中。对垄断行为的制度设计，主要是法律制度的设计。在经济法律较为完善的美国，规范价格歧视的法律有《罗宾逊-帕特曼法》；规范低价倾销的法律有各州的《最低价格法》；规范压榨和合谋的法律有《谢尔曼反托拉斯法》。在我国，对低价倾销的规制，已经出台过若干由国家部委发布的《规定》，在《价格法》中也有相应的规定，但这些规制通常针对制造企业，没有顾及零售业低价倾销的特殊性，所以，应该制定针对零售业低价倾销的法律制度，以完善对低价倾销的规制。我国应该尽快推出《反垄断法》，这对零售业公平竞争环境的塑造非常重要。另外，一个独立的反垄断执法机构是必要的，这也是反垄断制度设计的重要组成部分。

四、规范政府行为及零售业自我管理的制度设计

政府对零售业的行政管理体制和管理方式是零售企业制度环境的重要方面。改革开放以来，政府对商业零售业的管理是逐渐放松的，从中央层面上看，原先由一个部级单位（商业部、国内贸易部）管理，逐渐降为司局级单位（国内贸易局）；从省一级看，除了少数大城市还保留商业委员会这样的机构之外，原先的商业厅一般都已经合并到商务厅或经贸委；从县一级看，不少县市已经取消了商业零售业的主管部门，即使保留住的主管部门（如贸易与粮食局），也已经没有下属企业，传统的直接管理企业的管理方式已经失效，而新的管理方式还没有定型。政府管理体制的变迁，与商业零售业的行业性质有关。这个行业被认为是较为充分的竞争性行业，应该"国退民进"。目前，这个行业的企业成分已经从原先的以国有、集体为主体逐步转变为以民营为主体。另外，现在中国处于工业化的中期，各级政府经济工作的重心在发展工业方面，对商业的重要性认识不足。所以，政府在对商业的行政管理方面相对而言不是太重视政府行业主管部门在政府机构序列中的地位下降，并不意味着在行政管理上的无所作为，相反，各级行业主管部门都在为发展商业零售业而竭尽所能。但是，在行政管理方式上缺乏有效的手段。由于对零售业的审批权越来越少，行业主管部门只能依靠"出台政策""扶持重点企业""财政贴息和奖励"等有限的手段实施行业管理。而零售企业最需要的东西，往往不是一个政府部门所能解决的；牵涉到几个部门的"政策"，往往不能及时出台，即使出台了，也难以有效贯彻。例如，现代零售企业的耗电量极大，而电力部门的电价是歧视性的——工业用电便宜，而商业用电则高很多，零售企业普遍呼吁在电价方面应该一视同仁，这个问题看似简单，但由于涉及纵向管理体制的电力部门，根本就无法得到解决。

政府出台的政策，一般都是"优惠政策"或"扶持政策"，而并不是每个企业都能够得到"扶持"待遇的，准确地说，绝大多数企业都是享受不到"扶持"待遇的。从市场经济原则来看，扶持政策将人为地制造不公平竞争，这对零售业的发展是不利的。许许多多实例表明，受扶持的企业有的对政府产生了依赖性，有的花费大量精力用于政府攻关以获得扶持地位，却忽视企业的经营管理，有的对政府的扶持政策抱有不切实际的要求，诸如此类，结果往往导致企业的竞争力下降，甚至被淘汰出局。地方政府不惜以高昂的优惠条件吸引跨国零售巨头进入的做法就是政府滥用"优惠政策"的结果。中外零售企业的竞

争实力不同，外资强，内资弱，如果对实力较弱的内资零售企业给予优惠政策，对大企业施加一些限制条件，有助于公平竞争；但是，现实中的政策却是对优势企业给予优惠政策，对弱势企业却没有优惠，结果加重了竞争的不公平性。一般来说，对重点企业的扶持政策一般都能够落实到位，但是，零售业政策中的面向整个行业的规定却往往得不到贯彻。例如，为了鼓励发展连锁经营，政府主管部门一般会规定"允许跨地区经营的连锁企业向总部所在地税务机关统一申报缴纳增值税"，以避免多头纳税，但是，到县市级，往往得不到落实。所以，从整体来看，政策的有效性较低。规范政府行为的制度设计，一方面要对政府主管部门滥用优惠政策的行为施加约束，另一方面要提高政府政策的有效性。上面已经分析，滥用优惠政策会导致不良后果。但是，审批权和优惠政策的制定权是政府最有价值的两项权利，要政府主管部门主动放弃这种权利是不现实的，应该用外部力量施加约束。理想的办法是设立一个主管公平竞争和公平交易的政府机构，有权依法对违反公平竞争和公平交易原则的优惠政策予以制止；任何企业，只要其利益受到优惠政策的损害，都有权依法向该机构起诉政策制定部门。当然，政府职能部门与行业主管部门不同，他们在执法上往往倾向于"限制性"，如果限制性政策导致不公平竞争，任何企业，只要其利益受到"限制性"政策或执法行为的损害，同样有权向主管公平竞争和公平交易的政府机构起诉该职能部门，通过合法的甄别程序，对有违公平竞争原则的任何政府行为加以约束。

怎样的政策设计才是有效的？最主要的是政策要符合经济规律。现在已经出台的多数零售业政策之所以有效性差，有多方面的原因。如政策"意见"或"决定"的方式下达，缺乏法律效力；县市级政府缺乏执行政策的激励；前期政策调研只对大企业调研，政策也仅仅反映大企业的意见，而对整个行业缺乏把握；最重要的，政府主管部门往往高估自己的影响力，而不尊重经济规律。例如，政府为了鼓励"农改超"，规定每改造一个，奖励10万元人民币，但这一奖励额度相对生鲜超市的增量成本而言只是杯水车薪，不能补偿亏损，企业当然不愿接受这一政策。政府行业主管部门应该承担起建立"零售业信息系统"的责任，为政府制定零售业政策提供基础信息，也为零售企业的决策提供准确的公共信息服务。目前，统计局的统计口径与数据已经远远不能满足零售业决策的要求，政府主管部门按科学的标准收集行业信息，并定期及时（最好每周）对社会发布信息，对政府和企业以及零售业的发展都有利。零售业是高度竞争、高度开放的行业，政府对零售业的管理不应面面俱到，而应借助于"零售行业协会"的力量，引导零售业实现自我管理。零售行业协会不应成为政府控制零售企业的手段，而应成为零售企业自我约束、自我管理、维护整个行业合法利益的组织，政府公务员不应被允许在零售行业协会中兼职；零售行业协会也不应成为行业中大企业控制中小企业的工具，而应成为有共同利益的企业组成的合法的利益集团，一个行业中应允许自由组建若干个行业协会；零售行业协会也不应成为大零售企业合谋垄断的工具，政府的公平竞争与公平交易主管机构应加强对零售行业协会的监管。

第二节 零售业绿色经营战略与策略

零售企业在经营过程中不仅面临绿色消费需求增加的机遇，还面对国乐零售商先行的绿色经营的挑战与压力。为求得零售业长期生存和不断发展，零售绿色经营需要总体筹划与指导。也就是要不断根据外部环境因素的变化并结合公司自身绿色经营资源、条件与能力做出总体的、长期的思考与安排，便于立足于长远发展，建立绿色经营系统、培养绿色竞争力、指导公司的具体经营活动，在绿色市场中不断提升自己的能力，并尽量减少或规避绿色经营的风险。在实际操作中，由于不同业态零售企业的经营特点具有差异，不同规模企业在资金、管理、经营水平等方面存在差异，企业对于绿色消费与绿色市场认知情况存在差异，企业决策层对于未来绿色市场把握存在差异，企业还应该依据自己的实际情况制定具体的绿色经营策略。

一、绿色经营战略

制定绿色经营战略，就是要在考虑企业自身、竞争对手和顾客三个要素的同时考虑企业经营活动对生态环境的影响。与企业一般经营战略相比，绿色经营战略除了考虑企业自身、竞争对手和顾客三个战略要素之外，还把企业经营活动对生态环境的影响纳入战略视野。战略的核心不仅仅是经济价值，还包括环境价值。目标是在尽可能减少环境污染、降低环境成本的基础上实现最合理的利润。麦肯锡曾对参与联合国《全球气候框架公约》的391家企业CEO进行过调查。有72%的CEO认为企业社会责任应该成为他们企业战略目标和运营的核心内容。可以说，把环境因素纳入企业战略已经成为趋势。从未来发展看，绿色经营是零售业的发展趋势，所以，要从战略高度思考与计划企业的绿色经营。

（一）明确绿色经营战略的依据

全球绿色经济发展是宏观依据。绿色经济的发展包括发展绿色产业和传统产业的绿色改造。绿色经济的形成基于绿色产业。广义的绿色产业涵盖了产业经济的生态化和生态产业的经济化过程中涉及的所有经济领域。它既包括生态农业、有机农业、食品产业、有机食品产业、环境建设产业、环保产业、高新技术产业、清洁生产和循环经济模式的工业、生态旅游产业、文化产业、信息产业、绿色贸易等，也包括传统的第一、二、三产业中所有进行生态化改造的经济领域。行业绿色发展是中观依据。绿色经济要求绿色流通业。因为绿色流通有利于绿色商品传递，满足绿色生产的发展需求，确立自身在绿色经济中的中介地位与重要作用。随着外部推动力量的增强、绿色市场需求的扩大、跨国零售绿色经营的启发与推动,本土零售业必然朝着环保、绿色的经营方向发展。行业绿色发展需要零售商制定自己的发展战略,提高企业绿色竞争力是微观依据。绿色经营符合绿色消费需求,有利于在绿色经济环境下企业的生存与发展。经过多年的实践,一些零售商已经找到绿色经营的经验发现了一定的绿色需求规律、积累了一定的经营技巧。为了在未来绿色市场竞争中取得主动,得到发展,需要企业在调研基础上确定经营战略。

(二) 确定绿色经营战略目标

环境伦理学告诉我们,零售经营中始终需要处理好两个关系:一是零售商与自然环境的关系,也即企业利益与环境可持续发展的关系;二是零售商与社会环境的关系,也即企业利益与社会公众的利益关系。因此,所谓零售绿色经营,从根本上说首先应该是绿色理念的建立以及在经营过程中的贯彻,包括:第一,注意环境保护。即在经营的过程中,将环境保护意识纳入实际操作过程中,如企业文化中要有一定的环保理念;企业的运营文件中要有"关注环保"的字样;各个层次的员工都有一定的环保意识;实行"不过度包装"等。第二,注意消费者人身安全。即以适当的方式销售安全的商品。第三,注意经营活动中的人文关怀。即以消费者为本开展经营活动。在满足消费者合法权益的基础上实现企业的合理利润,在兼顾节约资源的情况下满足消费者对绿色商品的消费需求。

1. 确定公司的愿景

愿景,即愿望的景象,也是实现了所确定的宗旨目标以后的那一幅激动人心的、无比美好的未来远景,是公司的长远理想及将会达到的境界。愿景是企业战略的重要组成部分。愿景的制定与描述是为了对企业员工产生凝聚与激励作用。企业愿景应该具有前瞻性的计划或开创性的目标,能为企业发展指明方向。企业愿景的本质就是将企业的存在价值提升到极限。我国零售业实际情况是对企业文化及企业战略建设的重视程度、建设水平高低不一。在企业的网站,能看到的多是经营内容、商品促销等信息;从公司年报中要找到相关的内容也不容易。因此,整个行业都应该加强绿色愿景的制定。制定公司的绿色愿景,就是要结合现阶段绿色经营与管理发展的需要,对企业未来绿色经营发展方向做出期望、预测和定位。具体要指出公司的生存领域,如主要经营哪些绿色商品;指出未来的发展目标,如绿色商品经营比重、绿色销售环境的打造、绿色企业形象的树立与宣传等;能促使企业员工产生一体感和归属感,并对未来的前景达成共识,从而增强凝聚力。

2. 制定公司绿色宗旨

彼得·德鲁克认为:要了解一个企业,必须首先知道它的宗旨,而宗旨是存在于企业自身之外的。企业宗旨是指规定企业去执行或打算执行的活动,以及现在的或期望的企业类型。它是企业的主要目的和意图,为本企业和合作伙伴提供明确的发展方向。要让组织里的每一个人都清楚地了解到自己应完成的工作使命、客户需求、企业目标、业务及技术环境等诸多方面。明确的企业宗旨便于企业保持清晰的目标和方向、保持旺盛的生命活力。具体来说，企业宗旨包括陈述企业未来的任务及完成任务的原因、行为规范，也就是要解决"干什么"和"按什么原则干"两个基本问题。在绿色经济下，企业宗旨应该揭示客户至上、绿色环保的指导思想，明确说明企业组织存在的道理，清楚勾画出公司未来绿色经营的前景，确保绿色思想。在公司各层的贯彻绿色宗旨中需要明确企业的"绿色责任"，以便提升员工、消费者和其他利益相关者的认同，也为企业自身带来即时和长远利益。

3. 明确公司的绿色使命

企业使命是指企业在社会中借以存在的根据，或者说是企业在社会中所应担当的角色和责任，是企业存在的目的和理由，目前和未来将要从事的经营范围。确定企业的绿色使命，就是要决定企业绿色商品经营的发展方向；它是公司制定绿色战略目标的前提，是公司制订与选择战略方案的依据，也是公司分配资源的基础。"跨国零售绿色经营与北京市零售业绿色化发展研究"课题组 2008 年的调查结果显示，企业的社会责任表现对消费者购物的影响度情况是：6.81%的受访者表示"非常影响"，21.43%的受访者表示"很影响"，46.59%的受访者表示影响"一般"，还有 25.17%的受访者表示企业履行社会责任情况"不影响"自己的购物选择，说明企业社会责任表现在一定范围影响到了消费者的购物选择。而此次我们调查的结果是：493 名受访者中，有 247 人（占访问人数的 50.10%）表示超市的社会责任形象"非常影响"自己的购买行为；只有 65 人（占访问人数的13.18%）表示"不影响"。说明，随着人们环保意识的增强，对企业履行社会责任的重视程度有很大的提高。这就提醒企业在经营的过程中，要密切注意履行社会责任，树立良好的绿色形象。因此，零售企业在制定绿色经营战略时应该站在"社会企业"角度，基于"三重底线"之上进行思考与行动。

（三）明晰绿色经营战略重点

经营战略具有长远性、全局性特点。但在执行过程中还得考虑阶段性特点，找到一定时期的战略重点，以便集中资源与优势进行战略行动。零售商绿色经营体现在三个方面：一是经营绿色商品。这是绿色经营的基本特征与业务活动，也是考察零售商绿色经营的基本指标。二是以"绿色"方式从事经营活动。即以保护环境、保护消费者安全为核心进行营销与管理活动，包括售前环节绿色供应链的建立，对供应商提高环境效率的激励，对消费者的绿色消费教育；售中对绿色商品销售的促进、对环境影响较小的服务方式的采纳等。三是以"绿色零售商"的身份从事经营活动。绿色零售商的核心是在根本上拥有绿色经营理念，并将绿色经营理念贯穿到企业的文化与一切业务活动中。如果用一幢房子来形容零售绿色经营,三者的关系是:经营绿色商品是"房顶",它是看得见、摸得着的东西,也是显见的企业活动。以绿色方式进行经营是"围墙",它是房顶的支撑,因而也是非常重要的部分。如果没有按绿色方式从事经营活动,也很难做好绿色商品的经营。绿色零售商则是"地基",它是整幢房子的基础与根本。如果零售商不能从战略的生态的角度塑造自己,就难以长久地做好绿色经营活动。企业制定与执行绿色经营战略时一定需要明确自己具备怎样的条件、已经做到哪个层次、打算做怎样的绿色经营。因为现实中,各种业态不同零售企业在绿色经营方面的知识、能力、意愿存在明显的差异。虽然绿色发展是大势所趋,但是,在这个漫长的过程中,企业按怎样的思路、方式、速度行动不能一概而论,需要根据外部条件并结合企业自身实际而定。在选择的过程中,可以考虑的因素有很多,如零售企业的绿色观念、经营规模、市场意识、竞争能力、商场声誉、发展潜力等。

(四)制订绿色战略计划

它是指应用于公司整体的、为公司未来较长时期设立的总体绿色目标和寻求公司在环境中的地位的计划。根据企业的财力、物力、技术力量等方面的实际情况,确定企业绿色商品经营、绿色供应链构建、绿色商品营销管理、绿色文化建设的具体目标和实现目标的计划与措施。把绿色经营战略目标具体化为规划期内所要完成的总任务和将要达到的总水平,并在任务分解的基础上,有针对性地提出解决问题的对策与措施,以保证绿色经营的顺利实施。绿色战略计划具体包括三步。第一步,做什么?明确企业的目标是销售绿色商品、建设绿色购物环境,还是建设绿色零售商。如沃尔玛就提出做全球最大的绿色零售商的目标与计划。计划的目标要明确,计划的任务要可考核,并可以分解第二步,怎么做?即树立绿色理念,并将其贯彻到企业文化、战略与策略中。当然,首先应该有一个任务明确的计划书,清晰描述出绿色战略行动中人、财、物、信息等方面的安排,同时通过多种媒介及时传递给社会公众与消费者。第三步,怎么做好?制定出切实可行的办法与措施。由于绿色经营的特殊性,需要企业从市场需求与企业内部条件着手,认真做好人员培训、任务分解、检查监督、后勤保障、信息传递、策划宣传等一系列相关活动的安排。

二、绿色经营策略

传统上对营销策略的决策多依据麦卡锡的 4Ps 营销组合模型。这个模型是以制造行业为基础的,不完全适合零售行业。波得 J. 麦戈德瑞克(Peter J. McGoldrick)认为,零售行业的营销组合要素需要增加人员服务和店铺环境两个重要内容。从绿色商品营销角度,我们认为商品、价格、促销、人员、环境是其中特别重要的因素。从现阶段来看,营销组合的合理化可以从五个方面着手。

（一）重视绿色商品销售

根据中国绿色食品网信息，2010年，我国绿色食品共有5大类57种16 748个。其中，农林产品及其加工产品10 889个，畜禽类产品1488，水产类产品787，饮品类产品2140，其他产品1444。随着制造商绿色意识的加强，绿色商品的种类与数量都会不断增长，销售绿色商品将是零售企业的常态。

1. 认清绿色商品优势

市场营销原理告诉我们，产品是一个整体产品概念，它包括三个层次的含义：一是核心产品，即它是满足消费者需求的东西；二是形式产品，即商品的包装、装潢等；三是附加产品，即商品带给人们的其他附加价值。具体到绿色商品，第一，无论商品的最终用途是什么，它都有一个核心的要素，即满足消费者在购买和使用商品的过程中对于商品安全、环保的要求。第二，商品的包装物应该是由对人体无害的环保材料制作而成；尽量减少包装材料的使用，并且使用环保材料。第三，通过绿色商品销售，还能带给消费者健康生活理念，节约、环保、低碳生活意识等等。

2. 辨别绿色消费需求

根据市场营销原理，消费者可以进行多方面的细分。从性别看，有男性消费者、女性消费者之分；从收入看，有高收入、中等收入、低收入消费者之分；从对绿色要求程度看，有一般性绿色需求者、"绿领"之分。1976年美国佛蒙特法学院教授帕特里克·赫弗南就提出了"绿领"一词。联合国环境规划署认为，"绿领"阶层指的是从事农业、制造业、研发、管理和服务活动的劳动者，他们的工作能对维护和恢复环境质量起到重要作用。美国《韦氏大词典》认为"绿领"是从事环境卫生、环境保护、农业科研、护林绿化等行业，以及那些喜欢把户外、山野作为梦想的人。"绿领"阶层的形成，不仅在于发展绿色生产、绿色经济；也催生和带动了绿色需求，形成新的绿色消费群体。"绿领"的消费特点表现在：不支持奢侈品消费，也不拒绝使用名牌，离开金钱万万不能，但是绝对不做金钱的奴隶，因此，对工作的态度就是敬业，但是不会因为工作而放弃自己追求的理想生活；对户外活动、旅游有浓厚的兴趣；大多数人学历比较高，对社会热点感兴趣；提倡健康的生活和心理状态；身体力行多参加环保和公益活动；天然材质的衣服比较多；吃绿色、无公害食品；总是担心自己的维生素摄入量；是环保主义者。

3. 扩大绿色商品销售

根据顾客价值迁移理论，随着人们收入的增长，对商品、对购物环境都会有新的要求。未来消费者的购买将逐渐转移到绿色、节能环保商品方面。扩大绿色商品的经营范围，能更好地适应市场消费需求。

(二) 进一步完善价格策略

一是商场总的价格政策。近几年来，零售市场价格问题一直比较突出，尤其在促销方面相当混乱。尽管政府出台了《关于商场打折促销的规定》，但是一些问题依然存在。从可持续发展角度出发，兼顾消费者的利益和企业的社会责任，已经成为现在商业企业制定价格政策时亟须注意的问题。二是对绿色商品的定价。奥格尔等人的研究更进一步讨论了道德因素在消费者购买决策过程中的相对重要性，他们发现大部分消费者的购买动机还是相当理性的，即产品本身的功能价值还是消费者最基本的考虑，道德价值只有在满足消费者对产品基本功能的预期时，才具有显著性。课题组2008年调查结果显示：在不买绿色商品的消费者中，56.53%的人是因为"价格太高"，在不经常购买绿色商品的消费者中，认为绿色商品"价格太贵"的也占41.91%，说明目前阶段，如果想在绿色消费市场上有所作为，最先要解决的就是商品的价格问题。所以，怎样将绿色商品以适当的价格进行销售，商业企业需要根据商品、需求等多方面情况进行决策。

(三) 尽力改良销售包装

使用环保的包装物，以节省材料消耗和减轻消费者负担；同时要力争做到无毒无害，能够回收复用或分解处理，不对环境造成危害。从目前的情况看，已经有许多绿色包装可供企业选择。绿色包装的种类如下：

1. 重复再用包装

如啤酒、饮料、酱油、醋等包装采用玻璃瓶反复使用。荷兰Wellman公司与美国Johnson公司对PET容器进行100%的回收。瑞典等国家实行聚酯PET饮料瓶和PC奶瓶的重复再用达20次以上。

2. 再生包装材料

例如聚酯瓶在回收之后，可用两种方法再生，物理方法是指直接彻底净化粉碎，无任何污染物残留，经处理后的塑料再直接用于再生包装容器。化学方法是指将回收的PET粉碎洗涤之后，用解聚剂甲醇水、乙二醇或二甘醇等在碱性催化剂作用下，使PET全部解聚成单体或部分解聚成低聚物，纯化后再将单体或低聚物重新聚合成再生PET树脂包装材料。

3. 可食性包装材料

糖果包装上使用的糯米纸及包装冰淇淋的玉米烘烤包装杯都是典型的可食性包装。

4. 可降解包装材料

在特定时间内造成性能损失的特定环境下，其化学结构发生变化的一种塑料。可降解塑料包装材料既具有传统塑料的功能和特性，又可以在完成使用寿命之后，通过阳光中紫外光的作用或土壤和水中的微生物作用，在自然环境中分裂降解和还原，最终以无毒形式重新进入生态环境中，回归大自然。此次调查结果显示：有63.48%的受访者表示"不知道"或"不了解"绿色包装；19.26%的受访者表示"说不清"绿色包装是什么；9.5%的受访者表示"知道一点"绿色包装；只有7.7%的受访者表示"知道"绿色包装。在实际购买的过程中，人们对绿色包装的重视程度也不同。256人（占受访人数的51.93%）表示购买商品的时候一般"不是很在意"商品包装；139人（占受访人数的28.19%）表示"不在意"商品包装；只有98人（占受访人数的19.88%）表示"非常在意"商品包装。这就说明消费者通过包装识别商品（是否为绿色商品）的意识还不够强；零售商在绿色商品包装及其促销宣传方面也还需要下很大的功夫。

（四）积极开展绿色广告

绿色广告是以绿色产品和绿色消费观念为推广主体，宣扬生态保护、资源节约、适度消费的绿色消费观，追求人与自然、经济、社会和谐发展的新型广告理念。绿色广告是一种理念，通过宣传绿色商品而表达企业关注消费者、关注环保的意愿；绿色广告是一种手段，通过宣传企业绿色文化梳理绿色形象，提升社会声誉及市场竞争力。

零售企业的绿色广告是在绿色战略的基础上，选择合适的媒介、在恰当的时间和地点做出的宣传。如2006年中央电视台尝试绿色广告认证联合国家工商总局、中国广告协会和相关学者组成专家委员会，制定了包含20多项内容的绿色广告认证条文，由中央电视台按照这个标准来审查广告，并于7月18日启动首批"绿色广告标识"，播出了24家企业的29条绿色广告。这种带有绿色标志的广告更加"和谐、合法、真实、健康"，所以，有助于消费者了解广告真实内容和选择消费。绿色广告的具体决策中，一是确定绿色广告的传播目标和诉求重点。绿色广告可以是整体宣传，也可以做重点宣传。二是恰当使用有感染力的绿色用语。有感染力的语言有助于吸引受众，并达到宣传目的。三是体现人文关怀。在宣传绿色商品或绿色企业的同时关注消费者利益，以提升消费者对绿色商品和企业的忠诚度。

（五）努力改善经营环境

按照国家对"绿色市场"的解释，它是指环境设施清洁卫生、交易商品符合绿色市场标准质量管理要求、经营管理具有较好的信誉的农副产品批发市场和零售市场。无论是否以绿色市场为目标，企业都应当严格按照商务部关于销售场所的各种规定，从节能、降耗与方便顾客角度打造良好的购物环境。课题组2008年关于绿色消费的调查结果显示：有38.67%的消费者注重购物环境的宽松与舒适，22.53%的消费者注重温度，此次调查结果也显示：商场的温度适中最受人们关注（有276人次），购物环境对消费者影响也很大

（有269人次），说明购物环境对于人们的购买有很大的影响。目前中国零售业中走在低碳节能前列的大都是跨国公司，内资零售企业在节能减排方面还需要加快步伐。节能减排是企业长期发展的一种战略，也是一种策略和对社会的责任。根据Tesco在中国节能建设的经验，零售企业应该投入资金用于节能技术的开发和应用。而且要做详细的规划，明确具体的目标。

三、绿色经营管理

清华-罗德企业社会责任研究室和清华大学媒介调查实验室联合发布的《快速消费品行业企业社会责任指数研究报告》显示，消费者所关注的企业社会责任顺序前三名为：产品质量76.8%、环境保护59.9%、诚信经营47.4%。因此，加强企业绿色管理，建立企业社会责任是企业管理的重要内容。

（一）打造绿色零售商品牌

零售企业不仅仅是一个经济组织，同时还是一个承担社会责任的组织。零售企业能否主动承担社会责任、是否关注顾客利益、是否具有可持续发展性已经成为顾客评价企业品牌价值的主要指标之一，也是构成企业品牌绿色价值的核心。打造绿色品牌、挖掘品牌的绿色价值是零售企业绿色经营的主要策略之一。课题组调查结果显示：消费者关注企业社会责任情况的为52.31%，不关注的为14.84%，无所谓的为32.86%。结果显示，消费者还是非常关注企业社会责任的表现的，这就要求企业履行好自己承担的社会责任，树立良好的形象，才能带来消费者的回报。香港就有专门的"绿色生活零售店"。所谓"绿色生活"，就是在生活的各个方面同时考虑身体的健康以及对生态环境的责任。香港第一家绿色生活概念店叫绿色生活（Green Earth Society）。这家绿色生活专门店所售商品涉及有机食物、衣物、护肤品、家居用品、宠物用品等，几乎可以覆盖绿色生活的方方面面。Three Sixty是另一家以有机天然食品为主题同时也销售有机天然用品的绿色生活店。它不仅销售有机商品，还进行多种宣传活动，如营养师现场提供咨询服务，定期组织学生进店参观等。据不完全统计，香港已经有56家绿色生活零售店。绿色零售商品牌的建设路径主要有两个：一是在品牌建设中，不断挖掘品牌的绿色价值。任何一个企业的品牌都蕴涵着一定的文化。无论企业间文化理念有什么不同，其可持续发展、社会责任、消费者利益这些绿色的价值要素都应该是相同的。企业之间的差异在于对这些要素的重视程度不同，所以，品牌的绿色形象有所不同。二是整体设计、传递推广企业绿色品牌。操作过程中需要重点注意：第一，通过环境保护、社会赞助等活动体现自己在承担社会责任方面的努力。第二，与各种公共关系群体搞好关系，以求得和谐发展。第三，在销售商品的同时还要注重顾客的满意，追求顾客的满意度和忠诚度。第四，在重视销售的同时，重视品牌价值的积累,追求企业的长远发展。

(二) 建立绿色供应链

绿色产业链是指在整个产业价值链中,促进各个环节的绿色发展,实现与自然、与社会各相关群体的良性互动,达到短期利益和长期发展的统一,实现产业的可持续发展。这是一种在整个供应链中综合考虑环境影响和资源效率的现代管理模式。构建绿色供应链,就是构建良好的上、下游关系,协调好与用户、供应商的关系。零售商主导的供应链是指大型零售商凭借广泛、稳定的销售渠道成为整个供应链的主导企业。在供应链中起主导作用的大型零售企业典型为沃尔玛。根据沃尔玛绿色供应链建设的经验,零售企业建设绿色供应链的途径主要为:第一,为供应商设定了包装计分卡,根据立体利用、可再生成分比例、每吨产品的二氧化碳释放量以及回收价值等对产品进行评估;第二,在包装环节操作中坚持去掉不需要的包装,去掉不必要的包装,即重复使用包装材料,采用可回收利用、可降解的包装材料,并且循环利用。建立绿色供应链就是要让供应商树立绿色理念,在商品包装和物流过程中注意节约资源与能源,以便共同为消费者、为社会长远利益服务。当然,绿色供应链建立的基础是零售商自身的绿色经营。

第三节 中国零售业国际化发展战略

一、零售企业"走出去"战略的内涵及其必要性

(一) 零售企业"走出去"战略的内涵

零售企业"走出去"战略指的是使我国零售企业的经营要素以及企业本身走向国际市场,到国外去投资开店,去开展竞争与合作,又称跨国经营战略和全球化经营战略。一般而言,零售企业"走出去"战略可分为三个层次:第一个层次是商品输出,指货物、服务的输出,即商品和服务的国际贸易;第二个层次是资本输出,指对外直接投资,即采取参股控股独资等形式到海外投资开店。如果海外投资达到了一定的规模(在两个或两个以上的国家拥有企业),这家零售企业就变成了商业跨国公司;第三个层次是品牌输出,主要是指品牌授权经营,这是"走出去"战略的最高层次。

(二) 中国零售企业"走出去"的必要性

零售业国际化是世界经济发展到一定阶段对零售业发展的必然要求,同时我国加入

WTO以后,外资零售的进入给我国零售企业带来了前所未有的压力和挑战,中国本土零售企业必须面对国外的零售巨头的竞争,走出国门谋求更大的发展,也是我国零售业的必然选择。

1. 经济全球化的内在要求

经济全球化使零售企业经营诸要素跨国流动的障碍越来越少,零售企业商品购销资金筹措等只有在全球范围内进行才能获取最佳效益。一个仅在国内配置经营要素的零售企业,面对许多在全球范围内调配经营要素的竞争对手,是难以生存和发展的。因而,"走出去"成为零售企业成长的必由之路。

2. 国内竞争国际化的压力

我国零售市场向外资开放以来,大批国际零售业巨头纷纷进入中国市场。随着"入世"后取消商业外资进入的所有限制,国内竞争国际化、国际竞争在国内进行愈益深入。而在一定时期内市场购买力是一个常数,各零售企业的市场份额必然此消彼长。只有"走出去",才能确保效益稳步提高。

3. 国际市场无限商机的诱惑

我国与世界各国的经济结构存在着差异,这种差异就是商机所在。同时,各国的文化、产品、服务也存在着差异,而一国国内消费者的需求是多样的,要求有多样的产品、服务与之相适应,这也为零售企业"走出去"提供了盈利的机会。同样的产品、服务在不同的国家存在着价格差异,较大的利润空间诱使零售企业"走出去"。一些发展中国家及落后国家生产水平较低,商业发展滞后,市场供应结构等都不能满足消费者需求。这些都为我国零售企业"走出去"提供了舞台。

4. 零售企业长远发展之必须

国际零售商业巨头基本上都已进入我国,"入世"后,这些商业巨头加快了在我国扩张的步伐,外资商业网点将遍布在我国各地,商业竞争空前激烈。我国零售企业只有"走出去"开辟新的生存空间,才能稳步发展;也只有"走出去",才能更快、更直接地培育和增强开拓国际市场的能力。如果还局限于本土作战,将会非常被动,甚至丧失市场"疆土"。从零售企业的发展规律来看,总是从小到大、由弱到强、自国内至国外逐步发展壮大的。因此零售企业要长久生存下去就必须实施"走出去"战略。

二、 中国零售企业跨国经营的理论依据

西方关于企业国际化经营的理论产生于20世纪60年代,以史蒂芬·海默开创性地将传统的产业组织理论应用于跨国公司对外直接投资的分析开始,标志着西方企业国际化经营理论的诞生,从而激发了各国对国际化经营的种种理论探讨,呈现出百家争鸣的局面。主要有:美国学者史蒂芬·海默的垄断优势论、英国里丁大学的伯克莱和卡森的内部化理

论、哈佛商学院教授维农的国际产品生命周期理论和美国学者约翰逊等人的区位因素理论、美国学者尼克博克的寡占反应论、美国学者迈克尔·波特的价值链理论、英国里丁大学邓宁的国际生产折中理论以及 Smith、Graham、Motta 等提出的策略互动论。这些理论都有其产生的条件和发展的背景，而且许多理论问题并没有一致的结论，但它们各自都从不同的角度论证了跨国经营行为及必然性。西方主流的跨国公司优势理论都强调企业必须具有某种特定的垄断优势才有可能跨国经营。这种理论在很大程度上排除了发展中国家企业对外直接投资的可能性，当然也就无法解释实际存在的包括中国在内的发展中国家的企业跨国经营的现象。尽管目前中国企业的总体实力还比较弱小，但并不意味着它们就无所作为。目前，国内外一些专家学者的研究表明，企业进行跨国经营的能力并不完全取决于其在规模、资金、技术、市场等方面的绝对优势，也可以依靠它们的相对优势。也就是说缺乏资金和技术的发展中国家，在一方面引进外资、技术的同时，也可能发展自己的对外直接投资。事实上，在中国，尤其是沿海发达地区，工业历史悠久，门类齐全，在国际竞争中虽不具有绝对优势，却有相对优势，这些相对优势在多方面体现出来。如行业相对优势，某些行业，特别是劳动密集型或中间技术的制造行业和一些传统行业如中医药、传统食品与仿古建筑艺术等优势明显；又如技术相对优势，中国在某些高技术领域已拥有世界领先技术，如航天技术、计算机软件技术等，技术水平虽落后于发达国家，但根据技术的"层次流动原理"，许多工业技术在发展中国家尚具有适用性；还有生产相对优势、地理相对优势以及教育文化的相对优势等。零售业同样也具有相对优势，能够利用这些相对优势实施国际化经营战略。邓宁的投资发展周期理论、拉奥的技术地方化理论、波特的国家竞争优势理论以及投资诱发要素组合理论都可以用来解释包括零售企业在内的中国企业的跨国经营活动。

（一）投资发展周期理论

邓宁在20世纪80年代初提出的投资发展周期理论是国际生产折中理论在发展中国家的运用和延伸。该理论旨在从动态角度解释一国的经济发展水平与国际直接投资地位的关系。该理论提出后，邓宁又对其进行了不断的修正和完善。其中，投资发展周期理论对发展中国家国际直接投资地位的分析引人注目，可以说是邓宁国际生产折中理论在发展中国家的运用和延伸。投资发展周期理论在发展中国家运用的中心命题是"发展中国家对外直接投资倾向取决于：第一，经济发展阶段；第二，该国所拥有的所有权优势、内部化优势和区域优势"。根据人均国民生产总值，邓宁划分出了四个经济发展阶段，分别处于不同的国际投资地位。第一阶段，人均国民生产总值在400美元以下。外来投资和对外投资都很少或者没有，因为没有独特的技术，对外来投资也不持欢迎态度。第二阶段，人均国民生产总值在400~1500美元，国内经济有了发展，开始吸引外资，而对外直接投资仍然很少，并且对外直接投资的目的是为了取得外国技术或"购买"进入外国市场的权力。第三阶段，人均国民生产总值在2500~4750美元，本国企业逐渐成长，外来资本和对外直接投资都在增长，该国在直接投资领域开始参与国际分工。第四阶段，该国成为直接投资净输出国，对外投资大于外资的流入，这表明该国企业的资金、技术实力都十分雄厚。投资发展周期理论将一国吸引外资和对外投资的能力与其经济发展水平结合起来，认为一国的国际投资地位与其人均国民生产总值成正比例关系，就这发展规律而言，世界上发达国家和发展中国家国际投资地位的变化大体上符合这一发展趋势。该理论动态地描述了对外投资与经济发展的辩证关系，同时沿袭了邓宁关于国际生产的政治经济综合分析框架，他认为一国吸引外资和对外投资的数量不能仅仅用经济指标衡量，它还取决于一国的政治经济制度、法律体系、市场机制、教育水平、科技水平以及政府的经济政策等因素。一国的所有权优势、内部化优势和区位优势可以从国家、产业和企业三个层面上进行分析。从所有权优势看，国家层面的因素包括自然资源、劳动力素质、市场规模及其特征、政府的创新、知识产权保护、竞争与产业结构政策；产业层面的所有权优势包括产品和加工技术深度、产品差异程度、规模经济、市场结构等；企业层面的所有权优势包括生产规模、产品加工深度、生产技术水平、企业创新能力、企业的组织结构、管理技术、企业获得低成本要素、供给的能力等。其经济发展水平决定了它所拥有的所有权优势、内部化优势和区位优势的强弱，三种优势的动态组合及其消长变化决定了一国的国际直接投资地位。

邓宁的投资发展周期理论从企业优势的微观基础出发进行宏观分析，对国际直接投资的动因做出了新解释，说明了直接投资与经济发展水平的总体趋势从宏观上构建了一国对外直接投资的演进模型，在一定程度上反映了发展中国家对外直接投资的情况。据有关部门公布的数据，2003年中国人均国民生产总值首次超过1000美元，一些经济发达的大城市人均国内生产总值已接近中等发达国家水平，如天津人均国民生产总值超过3000美元，北京达到3800美元，上海已过5000美元，并预计到2007年达到7500美元左右。中国社会经济发展的战略目标是：到21世纪中叶，把中国建设成为富强、民主文明的社会主义现代化国家，人均国民生产总值达到中等发达国家水平。中国正在从投资发展阶段的第二阶段向第三阶段发展，对外直接投资将有较大的增长，零售业在对外直接投资中的地位也会逐渐加强。

(二) 技术地方化理论

拉奥（Sanjaya Lal）在对印度跨国公司的竞争优势和投资动机进行了深入研究之后，提出了关于第三世界跨国公司的技术地方化理论。在拉奥看来，即便第三世界跨国公司的技术特征表现为规模小、使用标准技术和劳动密集型，但这种技术的形成却包含着企业内在的创新活动。拉奥认为是以下几个条件使发展中国家企业能够形成和发展自己的特有优势，这些优势还会由于民族的或语言的联系而得到加强。

（1）发展中国家技术知识的当地化是在不同于发达国家的环境下进行的。这种新的环境往往与一国的要素价格及其质量相联系。（2）发展中国家生产的产品适合于自身的经济条件和需求，这种适合是因为他们对进口的技术和产品进行一定的改造而实现的，使其产品能够更好地满足当地或邻国市场需要，这种创新活动能够形成竞争优势。（3）发展中国家跨国公司竞争优势不仅来自其生产过程以及产品与当地的供给条件和需求条件紧密结合，而且来自在新的创新活动中所产生的技术在小规模生产条件下具有更高的经济效益。（4）在产品特征上，发展中国家跨国公司仍然能够开发出与名牌产品不同的消费品，特别是当国内市场较大，消费者的品位和购买力有很大差别时，来自发展中国家的产品仍有一定的竞争能力。

拉奥的技术地方化理论对于分析发展中国家跨国公司的意义在于：它不仅分析了发展中国家企业的国际竞争优势是什么，而且更强调形成竞争优势所特有的企业创新活动。在拉奥看来，企业的技术吸收过程是一种不可逆转的创新活动，这种创新往往受当地的生产供给需求条件和企业特有的学习活动的直接影响。拉奥强调企业技术引进的再生过程，即欠发达国家对外国技术的改进、消化和吸收不是一种被动的模仿和复制，而是对技术的消化、引进和创新，正是这种创新活动给企业带来新的竞争优势。虽然拉奥的技术当地化理论对企业技术创新活动的描述是粗线条的，但它把发展中国家跨国公司研究的注意力引向微观层次，以证明落后国家的企业以比较优势参与国际生产和经营活动的可能性。这也说明中国零售业在向跨国零售集团的学习、竞争与合作中，能够消化、吸收和创新先进技术与手段，形成特有的竞争优势并将其运用于国外市场的可能性和可行性。

（三）投资诱发要素组合理论

国际经济学者克服了以往对外直接投资理论的片面性和局限性，提出了投资诱发要素组合理论。该理论的核心观点是：任何形式的对外直接投资都是在投资直接诱发要素和间接诱发要素的组合作用下发生的，而且与投资国和受资国双方都相关。投资诱发要素组合理论试图从新的角度阐释对外直接投资的动因和条件，其创新之处在于强调间接诱发要素，包括经济政策、法规、投资环境以及宏观经济对国际直接投资所起的重要作用，而以往诸多理论都仅从直接诱发要素单方面来解释对外直接投资的产生，从而导致某些片面性和局限性。这理论强调了以下几点：

（1）受资国间接要素诱发。受资国政府制定了一系列吸引外资的政策，对外资进入给予种种优惠，可以有力地吸引投资国企业踊跃地前来投资。这使得中国中小企业向外投资具有了有利的条件。另一方面即使投资国国家和企业缺乏投资要素优势，但是受资国国家和企业具有投资要素优势，也可以诱发投资国向受资国投资，以充分发挥受资国的投资要素优势的作用，从而使投资国从中获利，如海尔到美国投资建厂，美国地方政府提供了吸引外资的优惠政策，包括土地租金和税收等方面。这就解释了目前为什么发达国家接受投资最多以及中国的一些企业包括乡镇企业要求向外投资的基本动因。

（2）投资国间接要素诱发。即使投资国国家和企业缺乏投资要素优势，但是由于对世界经济区域化集团化和国际投资的经济与社会效益的认识，本国政府制定了鼓励向外投资和跨国经营的方针政策，投资国企业也可以迅速发展对外投资事业。如越南投资要素尽管缺乏，但越南政府1999年就制定了鼓励对外接投资的优惠政策，到2003年底越南企业已走向了世界20多个国家，有些企业已经在国外投资业务中获得较好收益。

（3）投资国与受资国双方的间接要素诱发。投资国与受资国双方均缺乏明显的投资要素优势，但是由于双方政府关系融洽，合作愉快，制定了相互投资协议，双方相互实行优惠政策，企业间的相互投资和跨国经营仍可以迅速发展。投资诱发要素组合理论为发展中国家对外直接投资提供了新的理论支持。目前中国政府鼓励零售企业实施"走出去"战略，企业可以抓住这一契机，制定国际化发展战略。但是需要注意的是，间接要素诱发只是起着外部推动作用，企业国际化最重要的是来自内部的动力，需要具备足够的实力、充分的条件和制订切实可行的战略规划。

三、中国零售业实施跨国经营战略的理论优势

（一）从邓宁理论看中国零售业的"三优势"

根据邓宁的投资发展周期理论，企业必须同时具备三个方面的优势——所有权优势、区位优势和内部化优势，才能直接对外投资，建立跨国公司。

1. 我国零售业具有所有权优势

经过20多年的改革开放历程，我国零售业得到迅猛的发展，从形态单一的传统封闭式的零售业，发展为今天的多层次、多业态、开放式的零售业。零售业所有制格局发生了重大变化，从改革初期的全民所有制和集体所有制的公有制经济，发展为外商投资经济、个体经济、私营经济与公有制经济并存的格局。随着所有制格局的改变，特别是自1992年国务院下发《关于商业领域利用外资问题的批复》以来，一些新的零售业态在市场上相继出现，如购物中心、超级市场、连锁店、仓储商店、专卖店、便利店、大卖场等。一些具有自身独特企业文化形象的零售企业也应运而生，许多零售商开始建立自有品牌，拥有一套完整的零售业经营模式和组织结构体系。据《中国信息统计网》显示，2003年我国零售业完成社会消费品零售总额达37 595亿元，比上年增长10.1%，初步具备了进军国际市场的所有权优势。

2. 我国零售业具有区位优势

我国是一个地理大国，约960万平方公里的陆地领土面积，海、陆、空交通便利，特别是与邻近的俄罗斯、乌兹别克斯坦以及南亚等国的往来十分便利；与西亚、非洲等国家间的交通也比较方便，而且我国物质资源和人力资源都较丰富，这为我国零售业实施跨国经营提供了强有力的支撑。国家的开放搞活政策，作为WTO成员国所能享受的贸易优惠政策，也为我国零售业实施跨国经营创造了极为有利的条件。只要我国零售企业能根据自身的特点找准市场，便能发挥出我们的区位优势。

3. 我国零售业具有内部化优势

实施跨国经营可通过三条途径：特许经营、许可证经营和直接投资。前两者比较适合具有纯技术性优势的行业的跨国经营活动的开展，技术易于转让，交易容易完成。而零售业的内在优势往往体现在企业文化、人员管理及物流管理中独特经验的运用上，是与企业中人的素质紧密相关的无形资产，这是不易进行交易和转让的，具有这类优势的企业适合通过直接投资的方式进行跨国经营活动。因此，零售业可以通过设立子公司、连锁经营等方式，形成内部一体化，取得竞争的成功。

（二）从波特理论看中国零售业的竞争优势

根据波特的国家竞争优势理论，企业所面临的国内经济环境影响企业开发其竞争优势的能力。其中影响最大、最直接的是四项，即生产要素、需求状况、相关产业以及企业战略和组织。在一个国家的众多行业中，最有可能在国际竞争中取胜的是国内四要素环境特别有利的那些行业。从中国零售业来看，虽然与制造业中的一些行业相比，在国际竞争力上差距较大，但在服务行业中走在了前列。在四要素中市场需求和相关产业的优势正在显现出来，生产要素、企业战略和组织也在积蓄力量。通过努力，中国零售业在彻底放开后的5~10年内，会成为服务行业中国内、国际两个市场资源利用和"走出去"获得成功的先行行业之一。

中国国内市场需求的规模和发展程度给零售业"走出去"奠定基础。中国零售市场规模大，发展速度快，消费者需求和购买习惯差异大，选择多元化，这些使零售市场呈现出不平衡和层次性。近年来消费结构的升级，对零售业的服务水平提出了更高的要求。在这种环境中成长的企业能适应具有不同条件和环境的外国市场。跨国公司的相继进入，更是给内资企业一个学习的好机会。零售企业正在与跨国公司竞争中学会并进行创新，形成具有特点的一套零售管理模式，能在本土国际竞争中取胜，也就有能够在国际市场获得成功的可能。因此凡是能够在中国市场驰骋并顺利进行扩张的企业就具有在国际市场找到发展空间的潜值。相关行业的快速成长给零售业"走出去"提供了支撑。零售业的相关行业主要有制造业、物流供应链企业和金融、保险、信贷等服务行业以及零售设施技术的提供者。近年来，中国制造业的发展正在成为世人关注的焦点，正在成为"世界工厂"，中国的许多产品畅销国际市场，受到各国消费者的欢迎，中国出口商品会成为零售业在海外办店的主要商品来源。同时，由于零售业直接面向国外最终消费者，了解当地市场需求，又会极大地促进中国商品出口的质量和水平。中国物流产业的迅速发展及相关服务行业的市场化和现代化程度的提高，以及零售设施技术提供者的快速进步，使得零售业在走出去时得到配套服务和支持，为企业长期、持续地开拓国外市场提供动力。生产要素中的劳动力要素资源的优势仍然是零售企业充分利用的优势，而这种优势在目前我国的零售业中还须积累，人才匮乏特征明显。统计数据表明我国商业从业人员中，大专文化程度的人员仅占10.7%，中高级技术人员只有3.1%，用于教育培训的费用只占当年销售额的0.031%，人均不足40元，可见，我国零售业还是劳动密集型行业。不过，在零售业界正在和已经涌现出一批具有现代知识水平和竞争意识的商业领军人物，他们正在走向成熟。所以零售业的任务是继续提高高等要素水平，考虑如何尽快将以基本要素为主转变为以高等要素为主的要素优势，培养、造就零售领域管理和营销人才及科学研究队伍，提高零售业科学技术水平，加快零售业现代化步伐。这种涉及企业和行业长期建设的问题目前在一些企业还没被充分认识，会成为"走出去"的障碍。企业战略和组织要素的中国特色对企业的经营具有积极作用，如中国传统文化中中庸、和谐在企业文化中的体现，集思广益、集体主义、人际关系等，在一定程度上保持了在陌生环境中企业运行的稳定性和适应性。但相应来说，战略意识不强，人才短缺，缺乏科学合理组织结构和机制也使零售企业处于弱势地位，是企业发展中需要解决的重要问题。从波特国家竞争优势理论来看零售业的国内环境，我们得出结论，零售业具有"走出去"的环境条件，但"走出去"的条件还不是很充分，"走出去"不仅会遇到国际市场种种不确定性带来的风险，还会遇到因自身缺陷造成的问题，因此对于成长中的中国零售企业来说，在制定国际化发展战略时，需要科学界定和规划企业的发展阶段和步骤，在战略实施中充分考虑弥补这些缺陷，并采取措施防止因此带来的损失。

四、 中国零售业跨国经营战略思考

米尔顿·科特勒谈到中国零售业应对跨国零售集团的竞争时说：世界贸易组织是一条双行道，一方面跨国零售商可以在中国取得更大的自由；另一方面中国零售商也可以自由地在全球零售市场展开竞争。中国零售业的领导人必须找到一条出路，将中国现有的生产优势转化为全球市场的零售优势以及自主品牌的优势。他为中国零售业指出两条路：慢速路和快速路。慢速路是，中国公司引进新的管理人才，加强对现有管理人员的培训，同时用大胆的领导艺术来争取投资改善局面；快速路的诀窍就是反击的战略。中国公司必须成为在美国、欧洲、东南亚和拉丁美洲等全球性市场的大型零售商的股东。科特勒的建议为中国零售企业参与国际竞争扩展了视野。中国国内的零售企业进入国际市场的很少，正式以商业存在的形式进入国际市场的更少，改革开放以后有些企业以建单店的形式到国外开店，但后来都无疾而终。以开连锁店的形式"走出去"的，据报道只有天客隆于1999年到俄罗斯开了中国第一家海外连锁店，上海联华也以联盟的形式于2003年开始了跨国经营之旅，国美电器于2003年11月在中国香港开设了第一家门店，同时也成为香港最大的家电卖场。由此看来，中国零售业的跨国经营已经启动，零售业将涌起一阵国际化浪潮。

（一）零售企业是否一定要"走出去"

要不要"走出去"是企业首先要慎重考虑的问题。零售业属于服务性行业，其竞争特点是进入门槛和退出障碍都较低，竞争激烈。国际竞争规模是地方性的，跨国经营主要采取在目标市场国直接投资的方式，在消费者所在的市场建店以提供零售服务，满足当地需求。企业在一个市场上竞争的成败，主要取决于当地市场本身的供求情况。跨国公司之间的竞争是在一个个相互独立的各国国内市场的内部展开的；国际市场表现为许许多多的国内市场的简单集合，各国市场的供求与竞争的态势之间没有直接的联系。一个企业在某一特定市场的经营成败对其他国家市场的影响是相当有限的。如2003年2月，在中国台湾地区苦心经营了14年的台湾批发超市鼻祖万客隆的8家商店突然全部关门，其失败原因有先天不足、经营方式陈旧和经济大环境不利等多方面，但这丝毫没有影响万客隆在大陆开店计划的顺利进行。竞争的焦点集中在市场营销环节，集中在以各种营销手段影响消费者的购买决定和品牌选择。从行业竞争特点看，零售企业可"走出去"也可留在国内，主要看其是否具备了跨国经营的条件和优势。中国是国际市场的一个重要组成部分，目前我国大多数零售企业采取的是在国内市场参与国际竞争的方式，但作为开展国际化经营的企业，即使不打算"走出去"，也需要重新考虑企业的战略选择以及长期战略安排，从而在战略目标和导向指引下发展壮大。当时机成熟时抓住契机"走出去"开辟发展的新途径。

（二）零售企业"走出去"的可能性

我国零售业通过10多年的对外开放和利用外资，已从内在和外在两个方面促进了自身的发展，涌现出了一批如联华、华联、国美等基本掌握现代零售企业管理方法的具有一定跨地区经营实力和市场应变能力的大中型零售企业，再加上国际经济环境的宽松、国际消费需求对中国商品与文化的偏好增强，特别是中国政府对企业"走出去"的政策支持，使我国零售企业"走出去"成为可能。

1. WTO的竞争规则减少了我国零售企业"走出去"的障碍

作为WTO的成员国，中国企业应享受的权利主要有：享有多边的、无条件的和稳定的最惠国待遇与国民待遇；享有"普惠制"待遇及其他给予发展中国家的特殊照顾；享有充分利用世贸组织的争端解决机制解决贸易争端的权利；等等。就零售业而言，它主要体现在世贸组织成员国以及整个国际社会对中国零售企业逐步放宽市场准入条件和实行国民待遇方面，这就为我国零售企业"走出去"提供了千载难逢的契机。

2. 政府对零售业国际化的支持

为了鼓励企业"走出去"，商务部拟定了各项政策，放宽了行政审批项目的限制，简化甚至取消了不必要的审批环节，简化境外投资外汇管理程序，为零售业跨国发展提供了便利。并且还在着力建立健全并逐步完善国际情报信息网络，为零售业制定跨国经营决策和跨国发展战略提供信息咨询服务和可靠的决策依据。我国正在不断加快海外投资的立法速度，制定和完善跨国经营的政策和法规，形成系统配套的法律保护和支持体系，以鼓励零售业开展国际化经营。

3. 现代信息技术极大地降低了跨国商品交换的成本

信息技术，尤其是互联网应用于零售经营，不受时空限制，不需店面租金，不须支付薪水，节约水电成本，能轻易迅速更新与获取交易信息，从而大大降低商品交换成本。据专家估计，目前互联网上的交易成本约等于传统交易成本的1/10，这使零售企业在跨国发展交易成本上大大降低，甚至可以忽略不计。

4. 外资零售业的"进入"战略为我国零售企业"走出去"提供了可借鉴的经验

1992年7月以来，中国零售业的对外开放主要是"引进来"，通过合资合作独资等形式，引进国外的资金、人才管理乃至整个外国零售企业，既有效地利用了大量的国际资金，学习了国外商业经营管理的先进经验，又激活了国内商业，锻炼了国内零售企业的经营能力，促进了零售企业的成长壮大，为"走出去"获得了宝贵的国际竞争经验。

5. 涌现了一批已具备"走出去"实力的大中型零售企业

经过多年流通体制的改革和探索，我国零售企业的经营规模、营销方式、服务手段、管理水平都有了长足进步。特别是近几年，随着对外开放的扩大及商品流通网络的逐步构建，一些新的商业组织形式、经营业务也获得了长足发展，使零售企业的综合服务能力跃上一个新台阶。2001年实施"走出去"战略被正式列入我国"十一五"计划，并得到八届人大四次会议的确认。政府对从事跨国经营的企业给予许多政策支持，在未来10年内，零售业"走出去"战略将在我国经济发展和对外开放中发挥越来越重要的作用。在政府的高度重视和支持培育下，一批有一定实力、经营能力较强的大型零售企业集团已经涌现，他们凭借成熟的零售管理模式和技术方法，在国内市场进行全国性扩张获得成功，积累了异地开店的经验，能很好地将一个地方成功的经验包括理念、管理模式、技术方法复制移植到另一个地方。极少数零售企业已经"走出去"体验了异国市场的经营环境，积累了国际竞争的经验。这些企业与国际零售巨头在软硬件上的差距正逐步缩小，具备了与国际强手相抗衡的能力。

6. 庞大的海外华人网络，为零售企业"走出去"建立了纽带联系

中国企业对外投资的一个得天独厚的优势是上百年来分散在全球各地的 5700 多万华人和由他们编织的已经形成相当规模的海外华人网络。我国的改革开放就曾得益于海外华人的极大支持，同样中国零售业"走出去"战略的实施仍然可以借助海外华人的力量和帮助。此外，华人的种族产品是中国企业的投资点与卖点，种族产品是为特定种族的消费者所偏好并普遍使用的产品。散居在世界各地的几千万华人由于民族文化的趋同性，对于具有华人民族文化特色的产品情有独钟，例如中国服装、中国食品、中药、特殊民族用品等，这对中国的零售企业来说是一个巨大的市场，也是无限的商机，因为只有在中国的商店里，才能提供最正宗、最体现民族精髓的种族产品。中国零售企业可以以对这类产品的经销为突破口，推广连锁经营，以点带面，扩大规模。总之，走出国门参与国际零售业的竞争是我国零售企业发展的趋势，也是实现零售商业现代化、融入国际零售业主流格局的必由之路，但是我们也应清醒地认识到在国际化的道路上中国零售企业会遇到各种障碍。①法律和政策障碍。各国的法律和政策不尽相同，甚至有些国家的法律过于苛刻，在一定程度上限制我国零售企业的国际化；另一方面，我国在流通领域的法律建设也相对落后，缺乏保护和支持零售业的相关法律，使零售企业在国际化中的利益无法得到保证。②业态结构滞后问题。我国零售业态除传统单店形式的百货店外，连锁企业大多为超市，而国外占据市场份额大的零售业态为超级市场折扣店、专业店和大卖场。因此，在国际化进程中，我国零售业还会面临如何优化业态结构的问题。③经营水平的限制。国际化经营对我国零售企业提出了更高的要求。如国际卫星通信技术、国际物流配送体系、国际运输网络体系、国际采购体系、人员的本土化培训等。这些都有待于我国零售企业自身的提高。④缺乏高素质管理人才。目前我国非常缺乏熟悉 WTO 规则与国际市场规律、具有零售业经营管理经验、掌握现代资本运营和国际市场营销理论及方法的管理人才。人才缺乏，加大了我国零售业国际化的难度。

五、中国零售企业跨国经营战略选择

从以上分析可以看出，我国已涌现一批初具国际化经营基础和竞争力的连锁零售企业，但由于我国零售企业国际化经营刚起步，对于跨国经营缺乏经验和制度环境，需要借鉴国外成功经验结合本国实际，制定并选择有利的经营战略。

（一）选择理想的目标市场

国际市场环境错综复杂，无论是政治的、经济的、社会文化的，还是法律的，都比国内要复杂得多，这就要求实施跨国经营的企业认真分析环境因素，选定目标市场，制定正确的目标策略。零售企业海外投资目标国基本上可以分为经济发达国家和发展中国家两种

类型，它们对于零售企业的跨国经营拥有不同的特点。发达国家的优点是投资环境好，经济发展和消费水平高，市场容量大，通信设施发达，信息畅通；缺点是贸易保护程度高，市场进入难度大，竞争对手多，投资优待少，经营费用高。发展中国家的优缺点与上述正好相反。从国际零售商业资本流向看，亚洲和南美洲逐渐成为欧、美、日等地零售商投资的主要目标市场，同时在这些大型零售商的拓展计划中，中国因其庞大的零售市场潜量而被置于重要的地位。可见，国际零售企业选择跨国投资场所主要是看重对方国家或地区庞大而潜在的消费市场。我国零售业在进行跨国经营时，应充分考虑到我们的所有权优势、区位优势和内部化优势，起步阶段应集中在亚太经济发展较有潜力、与我国政治经济关系稳定的发展中国家。在充分了解了当地国家和地区经济发展状况、政治和法律环境以后，才能慎重做出决策。

（二）安排合理的市场进入方式

零售企业进入国际市场的方式主要有四种：一是有机体式的扩展，即零售商运用自己的资源从其他零售商处购买现有场地，或者从零开始。这种方式的投资企业完全自主经营，具有控制权，不需要考虑如何与合作伙伴协调的问题，利润独享，但是这种方式投资资金规模大，风险大，投资回报周期长，并且容易受到当地政策的约束和固有文化、风俗的影响。二是收购，即通过出资加入一个已在正常经营的企业体系。这种方式特别适用于已经饱和的或成熟的市场，可以用不多的投入迅速获得一定的市场份额和收入。但收购之后如何使原有的企业和本企业互相融合的问题比较复杂，有不少企业因为整合失败又重新分手。三是合资经营，即寻找一个当地的合作伙伴共同投资建立一个合资企业。这种方式适合进入一个环境比较复杂的市场或新兴市场，可以充分利用当地企业的资源如对当地政策的把握、与有关部门的关系、对市场的熟悉等，而且投资少、风险小、享受优惠多。但同样存在与合资方的合作问题控制权也相应减弱。四是特许经营，即授予某个国家和地区特许经营权人经营权签订协议。特许经营不需要大的投入，风险也小，能使零售商品牌的市场效应迅速扩展，但与前三种相比企业收益有限。零售企业可以根据市场进入的难易程度和文化差异的大小来选择具体进入方式。当市场进入难度较大，又与母国的文化差距较大时，可采取合资方式进入，以回避和减少因市场进入障碍和文化差异带来的风险。当市场进入比较困难，文化差异并不大时，可以采取并购方式进入，越过障碍迅速进入市场。当市场进入难度不大，但文化上有较大的差异时，采用特许经营，利用当地的授权人复制成功的经营模式，使企业快速扩张。当市场进入比较容易，文化差异也不大时，采用有机增长，可获得最大的利润。纵观发达国家零售企业的跨国经营初期，皆以合资经营方式为主，当其对当地市场的适应能力增强之后，才会寻找机会过渡为独资经营。根据中国零售企业实力，应以合资经营方式为主。这种投资方式不仅适合进入不准许外商独资经营的国家和地区，而且可以使企业减少投入资金，以有限的自有资金，尽量扩大投资规模；有利于弥补我国零售企业国际化经营经验不足，消除因对当地市场及法律法规等方面不了解而产生的进入障碍；有利于吸收和利用合资方的其他经营资源，包括管理技术、营销技能信息和渠道以及同政府银行的关系等。

（三）准确进行业态定位

不同的零售业态反映了实体产品和零售服务产品的不同组合。目前，零售业态主要有超级市场、百货公司、大型综合超市、大卖场、仓储超市、便利店、专业商店、邮购、网上销售等。从世界范围来看，传统百货商店由于受新型业态的挤压，正在从销售低毛利商品向高档次发展；大卖场成为世界上发展最迅速的大型零售概念和快速向全球化发展的业态，从最初只是销售食品和非食品商品结合的一个简单商店形式，发展为在服饰和耐用商品的销售上也取得了显著成果的大型综合超市形式。国际著名零售商大都采用新型业态进行国际化，但在进入不同国家的时候，一定会在这些新型业态中选择一种或数种在当地最具成长性的主力零售业态并进行准确定位。如从1995年开始，国际大型零售商进入中国，几乎都避开了中国已超规模发展的大型百货店这种形态，明智地选择了现代零售业的主力业态——超级市场，并且打破了传统食品超市和标准食品超市的模式，直接开设大型综合超市和仓储超市。外资零售企业在业态选择上的战略意图是不与中国的传统零售业态及传统的超级市场（多为食品超市）在同一水平上过度竞争，而是首先选择发展超级市场的主力模式，以抢占中国零售业发展的制高点。借鉴进入中国的跨国零售集团的经验，中国零售企业走出去的业态选择一是要考虑当地市场的购物习惯和竞争态势，二是考虑本企业的优势所在。目前很多企业在国内市场的服务对象主要是大众消费者群，主要业态是与国际上的新型业态相一致的大型超市，"走出去"发展大型连锁超市，既有利于充分发挥企业优势，又与世界零售业态的发展趋势相一致。

（四）做好周密的市场研究

国际市场环境复杂多变，国与国之间文化差异明显。国际商业竞争异常激烈，这就要求零售企业"走出去"之前要做好充分、周密的市场调查研究。国外著名的零售企业如沃尔玛、家乐福等，对海外扩张都非常谨慎，投资前都进行深入的市场调查，全面研究海外市场和企业本身素质，综合权衡企业是否有能力适应海外市场。中国零售企业缺乏国际化经营经验，前期市场研究更为重要。市场研究的内容主要包括以下几点：（1）重点研究目标市场发展成熟情况，以确立市场容量、市场结构、所需商品结构和当地商品供给情况。（2）研究投资东道国政治法律体制判断政府对零售企业的进入壁垒状况，确定是否有非企业可控的系统风险。（3）分析企业本身素质，包括商品采购配送能力、商品开发能力、组织管理能力、融资能力等。(4) 将国外市场与企业能力相对照，主要考察企业是否有能力提供符合当地居民生活习惯的商品和服务，企业在国内的形象定位能否适应东道国市场等。只有确定了商品、生活习惯、企业形象定位和目标市场等方面的综合优势，待时机成熟才能考虑海外投资。

（五）实行"本土化"策略

随着经济与社会的发展，消费者的需求越来越个性化，迅速发展的信息技术，尤其是互联网，使人们以电子方式生活、学习、工作、娱乐、购物、经营成为可能，更加强化了消费的个性化，因而中国零售企业"走出去"必须采取"本土化"策略。"本土化"策略应包括经营商品的本土化、经营方式的本土化、管理人员的本土化和营销策略的本土化。经营商品本土化（本土化采购），一是可以更好地适应当地消费者的消费习惯，保证拥有相对稳定的消费者群；二是可以节约采购运输成本，降低商品售价；三是能促进与当地政府、商界的关系。管理人员、经营方式和营销策略的本土化，主要也是为了使企业能更好地适应当地的商业环境和各种各样的社会文化，取得当地政府、社区和消费者的信任，保证企业在当地长期、稳定地发展。如家乐福的店长基本都由当地人才担任，沃尔玛大量招聘本地人才参与管理；麦德龙在中国由起初的"概不送货"也开始启动"送货上门"业务，沃尔玛根据中国的情况给供货商的货款结算周期从以往的3~7天延长到2个月，大大改变其商业风格，向商店所在地的福利机构学校捐款，树立良好的公众形象。这些成功经验值得中国企业借鉴。

（六）建立灵敏的信息系统

21世纪是以知识经济为主要特征的时代科技进步信息技术将成为决定零售业发展的关键因素和推动力量。西方企业在流通领域广泛运用现代化技术，包括销售时点系统（POS）和各种数据分析软件、电子数据交换（EDI）及供方管理库存系统、多媒体信息直销技术以及其他新技术。如沃尔玛公司总部拥有庞大的计算机系统和商业卫星频道，时刻传送和处理来自世界各地市场和连锁店的信息，在世界各地的分店也拥有包括客户管理、配送中心管理、财务管理、商品管理的计算机系统，从而大大提高了管理效率。

中国零售企业"走出去"后，要把国内国外的业务经营管理融为一体，统筹安排，快速反应市场需求变化，这些都离不开灵敏的信息系统。企业必须整合出一套适合自己业务状况的信息管理系统，来有效地管理商品供应链，必须对商品进货及库存、运输进行电脑管理，以随时掌握企业运营状况和市场信息，提高管理效率。

(七) 创新商业经营理念

发达国家零售企业在国内外的经营中，有两大经营理念值得我们借鉴：一是"以客户价值为导向"的观念，提倡企业与供应链中的贸易伙伴通过经济的合作和良好的经营行为赚取利润。现代商业成功的关键在于尽可能地降低为满足客户而耗费的必需成本，提高对变化的客户需求的反应能力。因此，当大型零售商担当供应链的管理者时制造商纷纷加入零售商的供应链，他们通过零售商得到关于商品需求的信息，从而生产出顾客满意的商品，再通过零售商将商品送到顾客手中。二是"流通功能主导"观念，国外商业企业改变了以往在流通产业分散化下的单纯衔接产需，为生产厂家被动销售产品的功能将经营活动范围从流通扩大和延伸到生产领域在很大程度上发挥着引导、组织生产，适应、满足甚至创造消费需求的主导功能。树立自有品牌成为西方大型零售商普遍采用的经营策略就充分体现了这一点，英国、美国、日本的超市中均有30%~40%的商品为自有品牌。我国零售企业在国际市场上经营，要以最新的经营理念来处理与供应商和顾客的关系，以降低成本，更好地满足市场需求，获取最佳利润。总之，我国零售企业在"走出去"的过程中，应借鉴国际零售业国际化经验，将零售业跨国经营的基本规律与中国零售企业的具体情况相结合，既要从我国零售企业自身的实际情况出发，充分发挥竞争优势，又要考虑东道国市场环境状况，分析全球零售业竞争态势的演变，从全球视角运作零售经营。只有这样，我国零售企业才会成功"走出去"，并逐渐成熟。

第四节　新媒体时代零售营销战略创新

一、零售营销战略概述

(一) 零售战略的概念与方法

1. 零售战略的概念

在现代的市场经济环境下，零售企业要生存发展，关键之一就是要重视和切实制定战略。战略 (strategy) 一词源于希腊单词"strategos"，即"总指挥"，指军队的领导者。战略可被看作在市场竞争中获胜而做出的每一项重要决策。零售战略 (retail strategy) 是指导零售企业进行经营活动的总体计划和行动纲领。它将零售企业在战略期间的经营宗旨、目标、重点的具体活动及控制机制扼要地提了出来，描绘出一个未来的蓝图。零售战略首先确定零售商发展目标，其次为零售商建立长期竞争优势而规划未来，最后为零售商满足目标市场需求而制订计划。零售战略具有显著的特点。首先，它使零售商必须认真研究其所处的经济环境、立法环境和竞争环境。其次，它表明零售企业与竞争对手相比具有的竞争优势，对目标消费群体具有的吸引力。再次，它能使零售企业的全部经营活动协调地进行。最后，制定战略可预见并规避风险。

2. 零售战略方法准则

具体来说，零售战略的制定有以下几种方法：一是经验主义。即凭借以往的经验，在原有基础上略加修改即得出新的计划；二是创造性模仿。即模仿竞争者的做法，分析竞争者的不足，发挥自身的优势进行改进，制定战略；三是定点超越。是谨慎拟订学习计划，向赢家求教的过程。也就是对自身的经营要素进行排列，寻求各经营要素最佳的优势企业作为比较对象，并同本企业自身相应的经营要素进行比较，发现问题，以竞争者的优势指标为基准，进行学习、改进和赶超的过程。通常，定点超越是取得持续竞争优势的最佳方式，已成为众多企业制定战略机会的重要准则。

（二）零售战略制定程序与内容

零售战略是确定零售企业在今后若干年内发展的总方针。零售战略是怎样制定的呢？第一，要确定零售企业的使命与任务。第二，在此基础上确定战略目标。第三，对实现目标的可能性进行分析而提出战略。第四，从战略目标出发，提出对近期具体活动的计划与措施。第五，战略实施过程中的控制。

1. 企业的使命与任务

企业使命的确定，是零售战略的基础。所谓使命，就是零售公司对某类业务和在市场上保持某种地位所承担的长期义务。零售公司使命的形成受五个方面因素的影响：一是公司的历史，公司在历史中最显著的特色；二是管理者和所有者现行偏好以及他们个人的目标和观念；三是公司所处环境的变化，提供了什么机遇或什么威胁；四是公司的资源；五是拥有的特殊能力或竞争优势。零售公司使命一经确定，就要做出准确的表述，要说明所要服务的顾客是谁？满足顾客什么需要？使用什么方式？使命为零售公司的经营提供了广阔的前景，更重要的是为零售战略提供了长远的希望和指导。关于零售企业使命的表述，可举例如下：某服装零售企业的使命是使女士们感到自己美丽动人。某百货零售企业的使命是"一站式"购买使顾客成为上帝。某图书零售企业的使命是使成人和儿童获得文化。企业的使命反映了企业的经营哲学和组织文化。企业的任务体现了零售企业在经济、社会、哲学等方面的总目标。在实践上，有的零售企业的任务为盈利；有的零售企业的任务为赢得顾客，即以尽量低的价格出售商品和服务为目标。可见，不论一家公司在确定任务时采用什么标准，但有一点是不变的，即任务总是成为任何一家零售企业的决策者的驱动力。

2. 战略目标

(1) 战略目标的内容

零售企业的使命是市场导向的描述，比较笼统，难以把握。因此，需要将企业使命这一总的指导方针转换为具体的目标。目标（objectives）是一家零售企业在长期和短期希望达到的经营目的。包括以下内容：贡献目标。即提供给市场的产品数量、质量、资源节约、能源节省、生态环境保护、上缴利税及解决就业能力等。在社会经济生活中，对销售额目标的设定和追求是零售商贡献目标的主要内容。有些零售企业把销售额增长看作最优先的目标，而强调短期或局部的利润，所以积极开辟新店，增加销售额。市场目标。即新市场的开发、老市场的渗透、市场占有率和销售额的提高等。其中占有适当的市场份额是许多零售企业的一项重要目标。它表明一家零售企业在全行业销售额中所占的比重。在零售业中，市场份额通常多是大零售企业和连锁商店集团所追求的目标。小零售企业更为看重的是在某一条街道或个地段上的竞争，而不追求在一个城市内占总销售额的比重。竞争与扩张目标。行业中市场地位的提高和抵御竞争风险能力的提升，企业资源的扩充、规模的扩大、经营方向与经营形式的发展等利润目标。即毛利率、净利润及其增长情况。零售企业的利润一般用三个分目标来表示。①销售利润。这是企业期望通过商品和服务的销售活动所获得的利润。利润额与销售额之比称为销售利润率。②资产利润。这是企业期望投入的资产（有形和无形资产）所能得到的利润。利润额除以全部资产投资额称为资产利润率或投资收益率。③经营效率。提高经营效率是许多零售企业所追求的一个目标。

(2) 制定战略目标的原则

①协调性原则。行业目标与企业目标，企业总目标与各个分目标之间，长期目标与近期目标之间协调一致，形成企业目标体系。②分层次原则。战略目标必须进行分层，由企业总目标与长远发展目标，逐层分解为每个部门、每个个人的具体目标。③可行性原则。战略目标必须根据市场机会与企业资源条件，适应企业发展需要，具有可操作性，便利员工落实实施。④激励性原则。企业战略目标必须具有一定的鼓舞与激励作用，使员工通过努力方能完成。⑤定量化。企业目标一定要量化为具体数据方有可操作性，用数据来描述目标也便于评价和检查监督，作为考核与晋升的依据。

3. 零售战略的实施

零售商的成功取决于制定一个完善的战略，当环境发生较大或较明显的变化时，零售商必须及时做出反应，对零售战略进行调整，使零售战略重获活力。因此，零售战略的落实实施要注意以下两条。

(1) 在零售战略制定中，对战略具体的各项目标进行具体安排

战略的实施可以通过制订战略课题项目计划、期间综合经营计划和不测事态的应变计划来反应。战略课题项目计划一般包括以下几项内容：第一，课题项目的目标和方针，据

此制定战略实施期间各阶段的具体目标和选择各项行动应采取的基本方针；第二，预定行动的内容和进度安排，使企业内部各项行动协调、目标一致；第三，经营资源投入，对战略项目投入的资源做出费用预算，确定投资的金额以及筹措资金的途径和方式；第四，课题项目落实到部门，并制定战略实施情况的报告方法和考核标准，以便及时检查进度和发现实施过程中的问题。

期间综合经营计划，是将各个战略课题项目计划按一定时间汇总而编制的计划，以便从企业战略目标出发，对各个战略课题项目计划进行调整，以达到合理地分配资源和平衡企业资源的目的，不测事态应变计划。战略课题项目计划与期间综合经营计划，是在某种设定条件下制订的战略实施计划，称为基本计划，是从最有把握和最大可能的预测出发而编制的计划。相反，应变计划，则是从最坏的估计出发，为适应不测事态发生而制订的预备性计划，它对未来出现概率较高而且对战略影响较大的某些不测事态做预先设定，并确定当它万一发生时企业应采取的具体行动。当然编制应变计划时要达到两个要求：第一，可行性，即编制的应变计划，当某些不测事态一经发生时，就能立即采取有效行动的计划，挽回基本计划停止的损失。第二，确定先行指标，先行指标是能够预示不测事态负面影响发生的某些环境因素。即某些因素的出现或变化，就意味着某些不测事态的负面影响即将出现。如竞争对手经营本企业具有竞争力的某些商品时，必然带来购买力分流。这时，本企业的及时发现，就能尽快地从基本计划转向应变计划"人无我有，人有我优，人优我转"，既赢得了时间，又保持了竞争优势。

(2) 在零售战略实施过程中的"微调"

为确保战略成功而应对变化了的企业内外条件与环境的决策，即"微调"。如对商店形象的塑造和维护，需要经常分析研究，力求适应环境，给消费者留下美好的印象，所以，零售商注重企业包装、店堂布局设计、货位布局的调整。当出现预先设定的某些不测事态时，就启动应变计划，决不能因坚持所谓零售战略的严肃性而反对战略中的战术调整，因为情况变化了，要及时做出相应的决策。

4. 战略控制

控制（control）是零售战略制定和实施过程中的一个不可或缺的步骤，换句话说，零售战略在实施过程中要不断进行评价和修正，以达到确保战略宗旨意图和战略目标的实现。

(1) 检查

零售检查是零售战略评价的重要工具。它是对零售职能的基本目标与策略，以及对执行这些策略和为达到这些目标所运用的组织、方法、程序和人员而进行的有系统的、要求严格的、公正的审查和鉴定。零售检查包括：弄清楚零售企业目标的明确性，企业各部门、系统目标的一致性和合理性；检查和评价零售企业战略方法的科学性和可操作性；检查和评价零售战略的执行情况；定期分析研究资源配置情况，以便做出控制性调整。

（2）控制

控制是一项管理职能，它是零售经营系统设定的一个自动调节器，以确保零售战略有序和有效地实施。零售战略实施过程，那些执行顺利的部分自然要坚持推行，而由于战略实施期间企业内外条件、环境发生较大变化对原战略目标的执行造成困难的部分，经检查、衡量、研究后要及时修正。这里的修正包括资源的再分配和速度的调节。应该指出，这里的修正，可以启动应变计划，亦可以做随机应变的目标调整，但能做小调整的不宜做较大的调整，以免涉及面过宽，难于把握不可控因素。

二、零售 STP 营销战略

零售目标市场战略是指零售商要确定将主要服务于哪些目标市场的顾客以及提供什么样的商品和服务，并确定如何进行市场定位集聚长期竞争优势的战略。

（一）市场细分（segmenting）

1. 零售市场细分的方法

零售市场细分（retail market segment）就是根据消费者明显不同的需求特征将整个零售市场划分成若干个消费者群的过程，每一个消费者群都是一个具有相同需求和欲望并经历相似购买过程的子市场。通过市场细分，企业能向目标子市场提供独特的商品、服务及其相关的营销策略，从而使顾客需求得到更为有效的满足，并维持顾客的忠诚度。不同的消费者由于年龄、性别、收入、家庭人口、居住地区、生活习惯等因素的影响有着不同的欲望和需要。这些不同的欲望和需要是企业据以进行市场细分的因素，也叫作"细分变数"。这些变数所概括的消费者群的欲望和需要的差异，是细分零售市场的基础。细分零售市场所依据的变数可分为四大类：地理变数、人口变数、心理变数和行为变数，以上四大类细分变数，在市场细分的实际运用上，要根据消费者需要的差异性综合运用。

通常零售商的市场细分有两种方法：第一种方法，根据人口统计资料，如年龄、收入、性别、职业、教育程度、地址、住所类型、婚姻状况、子女人数、财产和流动性等。零售商可以根据人口统计资料中的一个或几个特点结合起来细分市场，然后再施之以成功的销售战略。因为这些人口统计资料对预测未来消费者的购买行为有很大用处，下面将讨论零售商应该怎样利用这些人口统计资料来制定零售战略。年龄是零售商细分市场时常用的变量因素。青年顾客可能比老年顾客更愿意购买新产品和服务，那么，以老年顾客群为目标市场的商店无须追逐潮流，应该保持原经营特色的商品种类品种和名牌商品。低收入的消费者，只对廉价商品感兴趣。高收入的消费者就不一样。以比较富裕及高收入的消费者群为目标市场的零售商就应该研究：为消费者提供何种商品和服务，怎样才能适应消费者的身份，应增加哪些花色品种，如何定价等。高收入的消费者对零售企业不仅要求商品档次高，也要求服务质量和购物环境好。男性顾客与女性顾客的逛商店对了解和购买的商品与服务的方式是不同的，男性顾客较多时是陪女性顾客来商店，女性顾客喜欢逛商店，并多为购买与否做决定，单个男性顾客一般来商店总是事先已有购买目标，较多时候是不逛商店的。职业也是一个决定消费者需要的可变因素。脑力劳动者与体力劳动者在物质生活和心理状态的许多方面要求都有不同，零售商要注意并满足这些差异性的需要。如企业经理对服装商品讲究潮流名牌，知识分子、职员重视质量，一般体力劳动者则重视实用，教育程度对消费者的需要也有影响，因为教育程度越高，接收的信息就越多，见多识广，会形成时尚的观点和需要。零售商面对目标市场顾客群应视其教育程度来策划经营的商品和服务。顾客居住的地理位置的集中或分散对零售战略有较大的影响。因为一个居住分散的市场比一个居住密集的市场需要更长的营业时间、较多的送货业务、较大的停车场、提供更方便的选购条件及较多广告宣传等等。以上就是根据人口统计变量细分市场，确定目标市场消费者需要特点，制定零售战略的方法。第二种方法，根据消费者生活方式细分市场，在实践中有三种做法。一是研究社会阶层，确定消费者生活方式的需要。这种做法是美国社会学家提出的。它根据职业、收入和住房这三项标准，将消费者划分为六个阶层，每一个阶层都包括了符合上述三项标准的同一类人。它认为，凡是同一类消费者购买的商品和行为是相似的。零售商了解社会阶层结构，他就会知道他的目标市场是属于哪个阶层，并据此开展零售业务，适应与满足这一目标市场消费者的需求，显示出对竞争对手的优势。二是利用家庭生命周期的演进，评估消费者生活方式。这种做法是根据消费者的家庭成员结构，从单身汉一直到退休的独居老人的演进，可以把消费者归入各种类型。而消费者在其家庭成员结构中的每一类型都各有不同的生活方式。精明的零售商就会根据消费者的生活目标、经济能力、消费习惯等随着家庭成员结构的变化，而提供相适应的商品和服务，满足他们的需求。三是采用 AIO 测量法。这种测量法是根据消费者的活动（Activities）、兴趣（Interests）和见解（Opinions）把他们分为各种类型，预测他们的购买零售商可以在商品的功能、使用方法、选购知识、选购时间、选购兴趣、商店选址和营业时间等方面对各类型消费者提供信息与方便，满足他们的需求。AIO 测量法又称为心理描述法，它的应用有待进一步研究。

2. 中国新型的消费者细分群体

随着中国经济的迅猛发展，特别是融入世界经济大潮之中，消费者的生活发生了巨大的变化，消费者购买行为也相应有了很大的改变。消费者群体的细分遇到了新的问题，按照传统的市场细分中的人口统计因素来细分消费者群体，要想准确地描述和分析新时代的消费者比较困难。重新确定细分依据或改进和完善细分方法成为一个研究课题。观察和描述新型的消费者群体只是其中一项基础工作。

(1) 青年消费群体中的"布波族"

如果将15~34岁的都称为青年人，中国青年人的数量有4.4亿，占到了总人口的35.61%。青年人领导着时代的消费潮流，代表着国人的消费水平，成为消费群体中的主力军。"能挣会花""能拼搏会享受"，成为一些年轻人的追求口号和生活目标。在当今的青年消费群体中，最耀眼、最时髦的是被称作"布波族"的一个群体，这个群体的年龄比一般年轻人偏大，突破了人口统计中青年人的分类，大概在20~40岁之间，而且多半拥有较高学历、较高收入、较好的工作（比较稳定、技术性较强）。"BOBO"（布波）一词由"布"，布尔乔亚（Bourgeois）和"波"，波西米亚（Bohemia）两个词的首字母组成。这一新生词由美国《纽约时报》资深记者大卫·布鲁克斯（David Brooks）在其2000年撰写的《天堂里的布波士》（*BoBo's In paradise*，也译作《布波族：一个社会新阶层的崛起》）中首次提出，该书成为2000年哈佛商业评论十大好书之一。布尔乔亚和波西米亚属于火不相容的两个概念。波西米亚性格指那些藐视世俗传统的率性而为者，他们以想象丰富和放浪形骸的生活方式证明自己的价值；布尔乔亚则脚踏实地、循规蹈矩，他们勤劳但贪得无厌。两者结合在一起强调的是在经济实力、物质生活档次达到了中产要求之后，还必须拥有波西米亚生活方式的反中产阶层的精神追求。因此，布波族具有双重个性。一方面是社会精英、成功人士，享受物质富裕；一方面又渴望心灵的自由和追求不羁的流浪。2003年4月8日深圳特区报"布波族之车：我个性，我存在"轿车专题上对深圳的"布波族"的描述。成都某房产商称"专门以布波族生活方式量身定做"的商品房广告。"布波一族"的消费行为特征主要表现在以下几个方面：

①凸显个性。"布波一族"富有小资情调，注重生活质量，追求有个性的极品生活，他们爱名牌，因为他们欣赏独特的设计、精选细挑的质料和一丝不苟的手艺，名牌穿在他们身上，自有一派气度；但他们从不迷信名牌，他们毫不介意T恤衫和破牛仔裤，这样可显现出另类潇洒。他们购物时看重企业经营理念，这是他们最特别之处。他们对于一间店的经营理念、管理哲学、商品资讯等，都相当重视，也是激发他们购买动机的重要因素。而这些理念加上商品的魅力对于他们来说，决定了他们心目中的商品价值。

②追求快捷方便。"布波一族"的时间缺乏。在可支配的时间里"布波一族"需要应付的事情太多，并且全球竞争日益激烈，工作领域里也存在激烈的竞争，家庭劳动分工还在减少。在未来几年中，这些压力会只增不减，使得时间对于"布波一族"只会更加稀缺。因此，时间将会更具有商业价值。为了在一天或者一周的时间里去完成尽可能多的工作，他们希望商家能够为他们提供更快捷、更方便的商品和服务，使他们能有更多的时间用来迎接新的工作和挑战。他们希望商家能及时准确地提供容易理解和快速处理的信息，7-11店的做法无疑迎合了这个群体以及惜时的"白领"们的偏爱。广州的7-11成为首家设立"好易"自助缴费终端的24小时零售店铺，该终端除了提供缴纳各种费用的功能以

外，还可以为顾客购买保险及订购机票、手机现金缴费等。

③强调自我概念。他们在消费行为上更追求符合自己的形象的产品和服务，根据他们的自我概念来选择与之相一致的产品。也就是说，追求消费行为的自我一致性是他们最为明显的消费行为特征之一。尽管他们的消费行为缺乏，他们对与自我概念相一致的产品有着很高的忠诚。所以，要想真正"布波一族"这个特殊而有潜力的消费群，企业和商家在注意产品与服务品质的同时更要注重产品形象的塑造与宣扬。

④追求产品和服务的文化品位。过去，人们的消费行为在很大程度上受到便利性需求的驱动，其注意力主要集中在物质层面上，衣食住行都很实在，基本是为了满足身体的需要。现在，"布波一族"的注意力已发生了转移，他们对文化的感觉开始灵敏，常常受到"意味"需求的驱动。生活在一个基本需求能快速和轻易得到满足的时代里，"布波一族"关心的不仅仅是基本需求的满足，他们将会很快把注意力集中在一些新颖、具有独创性又富有特色的文化消费上。

(2) 儿童消费群体中的"家庭小太阳"

根据第四次人口普查数据，我国0~14岁的少年儿童有2.9亿人，占总人口的22.89%。其中，城镇少年儿童人口占总人口的18.42%，乡村少年儿童人口占总人口的25.52%。根据联合国公布的资料，2000年0~14岁少年儿童人口占总人口比重：发达国家为18%、较不发达国家为33%、最不发达国家为43%。不论在哪一个国家，儿童消费者都是一个不可忽视的消费者群体。儿童，这些在人类历史上曾被当作尚未成熟的人群而被忽略的对象，在21世纪的中国社会的地位可以说是天翻地覆。每个家庭中的孩子特别是城市里独生子女都被在不同程度上视作掌上明珠，成为家中的小太阳，也因此成为商家必须研究的对象。这个年龄段儿童的消费行为特征一般体现为：具有社会性需求。学会了根据从外界社会学到的信息和知识提出消费要求，具有很强的模仿性，容易攀比。具有自主意识。随着年龄增长，自我意识增强，逆反心理在购物和消费这些一贯被家长掌控的领域里也表现出来。被称作"小太阳""小皇帝"的儿童表现出一些不同于上几代儿童的特点：

①有一定自主购物权。这些儿童自己手上有钱，具有一定的购买能力；也能自主支配这些钱，有购买决策权，当然也非常愿意消费，买自己认为好的商品。根据国内9家调查机构对北京、上海、广州等9个大中城市联合调查显示：孩子的小金库大得惊人：中国城市中6~15岁的孩子拥有的零花钱、压岁钱已高达56亿元；在以上9个大、中城市的450万名6~15岁儿童中，有87%的孩子拥有零花钱和压岁钱，他们平均每人每月可以从父母和亲属那里得到60元的零花钱，而每年得到的压岁钱则高达730元。这种状况因此引起人们的担忧，呼吁正确引导和控制。

②接受商品广告和品牌胜于家长的说教。在对一切外界刺激物感到新奇予以知觉的过程中，花样繁多、活灵活现、多维刺激的商业广告成了儿童最喜欢接触的东西。他们的大

部分商品信息和知识来自商业广告，他们往往在津津乐道广告语的同时，将广告提示作为购物的标识和标准并以此影响家长。他们具有很强的品牌意识。由于儿童的生理发育和成长阶段所限还不具备完全的判断分析选择的能力，成长过程中的"小太阳"们的购物决策捷径就是唯品牌是买。

③在家庭购买中有着较大的影响力。一般而言，儿童商品的消费者（儿童）和购买者（家长）是不一致的。过去给孩子买东西多半是家长说了算，而现在必须征求他们的意见。据北京美兰德信息公司在北京、上海、广州、成都和西安五大消费先导城市对居民进行的一项儿童消费调查表明：在购买儿童学习用品和玩具时，孩子本人对家庭购买的影响力达到58.7%；在进行娱乐消费时，孩子的影响力超过50%。这些影响甚至扩散到家庭其他消费品上，儿童提前成为家庭购买活动角色中的倡导者和影响者。随着自我意识的增强，孩子对家庭消费的影响力将越来越大。

（3）中高收入群体中的"中产阶级"

中国的"中产阶级"本已存在，只是人们对中产阶级的认定还没达成共识，而且这个群体还不够大。有学者撰文指出真正同时符合职业的标准、收入的标准、消费及生活方式的标准和主观认同的标准这四个标准的中产阶层只占适龄社会人口的7%。人们期望这个群体能够壮大，在社会经济发展中发挥重要作用。有专家提出了判断一个国家是否形成足够大的中产阶层的五条标准：①城市化率是否达到七成以上；②"白领"社会劳动力是否大于或至少持平于"蓝领"；③恩格尔系数是否平均降到了0.3以下；④基尼系数是否控制并保持在0.25~0.30之间；⑤人均受教育年限是否达到12年以上。但中国社会科学院中国社会阶层研究课题组认为在中国用"中间阶层"称呼这个群体比较合适，并给予定义：他们是以从事脑力劳动为主，靠工资及薪金谋生，具有谋取一份较高收入、较好工作环境及条件的职业就业能力和相应的家庭消费能力，有一定的闲暇生活；对其劳动、工作对象拥有一定的支配权；具有公民公德意识及相应修养的社会地位分层群体。有学者进一步指出："我们不能把所有在经济收入方面比较富裕的人士都称为中产阶层，中产阶级从本质上说，是指那些运用自己的知识技能作为'软资本'来参与市场竞争，并因此取得竞争优势的人们，他们所受的教育，他们的审美趣味、生活态度与价值观念，一般而言较为'精致化'。

"中产阶级"的消费行为具有以下特征：①看重社会声望，也有一定的社会地位。是相对理性和具有超前意识的消费者，可能成为消费领域的舆论领袖。②具有现代消费观念。具有较强的投资理财意识；消费注重个性化和文化品位；普遍接受了"分期付款"等现代消费方式，大多为持"卡"族；更为重视教育、旅游和文化方面的消费支出；并且比一般人更能理解大众消费对国民经济发展的拉动作用。③追求生活的高质量。家用商品的大件已转到买房、购车。因为中产阶级多数接受过良好的教育，所以他们在消费方面还表现出明显追求生活品位和格调的趋势。④注重品牌消费。具有品牌意识，接受名牌产品。品牌代表着实力和影响力，这种由品牌认同带来的安全感是中产阶级追求品牌消费的心理动因。

（二）目标市场（Targeting）

零售商试图满足其需要的消费者群体，称为目标市场（Target market）。零售商面对的有三种目标市场可供选择：大众市场（无差异性市场），零售商可设法把商品和服务出售给各类消费者；细分市场（差异性市场），零售商可设法把商品和服务出售给某一类型消费者；分片市场（密集性市场），零售商可同时占领几个细分市场，在每一个细分市场或在几个细分市场上出售不同的或相同的商品和服务。综合超级市场、百货商店、仓储商店是选择大众市场的代表，它们经营商品和服务广泛，设有多个商场部门，分别提供不同的价格及种类繁多的商品和差异化的服务。此外，专业商店、专门店则选择细分市场，它们经营的商品和服务只限于狭小的范围。除上面两个目标市场外，还有第三种的分片市场，如有些百货商店、超级市场就是满足几类消费者群的需要。

北京的燕莎商场、广州的友谊商店确定以高收入、注重地位的消费者群为目标市场；而北京王府井百货、广州的广百、天贸南大商店则以中、高收入注重时尚的消费者群为目标市场；折扣百货店、仓储商店以迎合价格敏感消费者群为目标市场；方便店、杂货店则以追求方便的消费者群为目标市场。一家零售商取得成功的关键在于它有能力确定自己的顾客，并以独特有效的方式去满足他们的需要。

1. 目标市场的选择标准

企业要选择一个细分市场作为自己的进入目标，首先要考虑这个市场的细分是否可行。通常可用如下标准来判断。

①可测量性。即细分市场的购买力和规模大小可以被测量出来。但有些细分市场是很难测量的，企业应选择具有可测量性的细分市场。如上海徐家汇区商委在测量出徐家汇商圈的容量以后，做出了新的市场细分，并制定了相关的经营策略。即东方商厦、太平洋百货、上海第六百货依旧实行错位经营，保持各自的特色；新建7万平方米的港汇广场与南京路的梅龙镇伊势丹广场相抗衡，同时以万余平方米专营家电的宝良市场与东北部的商务中心相呼应，扩容与扩时并举，实现了由社区型商业向都市型商业的转变。②可盈利性。即细分市场的容量能够保证企业获得足够的经济效益，否则，这一市场对企业来说是毫无意义的。如上海亲子百货选择儿童细分市场为目标，营业面积近5000平方米，然而由于细分市场的容量太小、产品线狭窄，缺少一定规模的目标消费群的支持，使每平方米创效益较低，盈利空间太小，从而导致失败。③可接近性。即企业有足够的资源和能力接近该细分市场，并占有一定的市场份额。这里所说的资源不仅是自然资源和资本资源，还包括

管理资源和人力资源等。人力资源如苏北某城市的一家商场，面积近 7000 平方米，该商场在市场细分后实施经营高档进口、合资商品策略，但由于自身的管理资源、人力资源与之不相适应，因而未能实现自己的初衷。④易反应性。如果一个细分市场对营销战略的反应同其他细分市场没有什么区别，则没有必要把它当成一个独立的市场。例如，如果一架飞机上的所有旅客都有相同的服务需求，那就不必将座位划分成头等舱、商务舱和经济舱。美国西北航空公司曾推出过同一服务同一价格的机票，很受欢迎。

2. 目标市场的评估要素

细分市场满足了以上四个标准，仅仅是满足了企业选择的基本条件，除此之外，企业还要考虑分析评估细分市场，看它是否最适合自己，只有既能发挥企业相对优势，又能提供足够的获利机会的市场，才值得占领。评估的要素主要有以下三项。

（1）细分市场的规模和潜力

细分市场的规模要适当，即应当与企业的实力相匹配。大企业可能对小的细分市场不屑一顾，而小企业则不宜进入较大的细分市场，以避免同大企业正面冲突。理想的细分市场应当具有一定的潜力，是可以不断开发的，这样就为选择这一细分市场提供了长远的发展机会。但同时，有潜力的市场也会吸引更多的企业，使竞争加剧。

（2）细分市场结构的吸引力

具有适当的规模和发展潜力，并不足以确定就要以这个市场为目标市场，因为你看好这个细分市场，可能也正是众目睽睽之地，甚至不乏虎视眈眈之辈。另外，细分市场的各种压力，也会影响企业家是否决定进入这个市场。因此，要分析细分市场内存在的和可能出现的竞争对手，以便慎重决策。

（3）企业的目标和资源

评估细分市场时，应看它与企业的目标是否一致，而不能"什么来钱就干什么"。此外，还要考虑本企业进入该市场所需的各种资源是否配备，如人才技术、资金、营销与管理能力等。俗话说："没有金刚钻，就别揽瓷器活。"其中就有此意。

三、现代零售营销创新

随着营销理论、新技术及消费者的变化，越来越多的零售企业为了求得发展，纷纷开展了多种多样的营销创新活动，包括：关系营销、服务营销、网络营销、内部营销、价值营销等。

（一）关系至上

培养顾客忠诚度的任务被称为关系营销。关系营销包括公司了解和更好地为其有价值的每个顾客服务的全部活动。发展忠诚的顾客越多，公司的收入就越多。然而，另一方面，公司对忠诚顾客的支出也越多。发展忠诚顾客的获利率也往往高于公司的其他业务活动。一个公司应该在顾客关系活动中投入多少呢？怎样使成本不超过收益？我们需要区分在顾客关系建设中的5种不同水平。

1. 基本型营销。推销员只是简单地出售产品。

2. 反应型营销。推销员出售产品，并鼓励顾客，如有什么问题建议或不满意就打电话给公司。

3. 可靠型营销。推销员在售后不久就打电话给顾客，以了解产品是与顾客所期望的相吻合。推销员还从顾客那里征集各种有关改进产品的建议及任何不足之处。这些信息有助于企业不断改进产品。

4. 主动型营销。公司推销员经常与顾客用电话联系，讨论有关改进产品用途或开发新产品的各种建议。

5. 合伙型营销。公司与顾客一起以找到影响顾客的花钱方式或者帮助顾客更好地行动的途径。

如果大多数公司的市场有许多顾客，而且如果它们的单位利润比较低，那么，大多数公司都将实践基本型营销。电话是一个长期发展顾客关系的媒介，对电话的整体发展需要运用网站技术，并且，你必须具有强大的吸引顾客和留住顾客的方法。当一家公司打算与客户建立合作伙伴关系时，能采用的营销工具有：增加财务利益，增加社交利益和增加结构性联系利益。

（1）增加财务利益。公司可用两种方法来增加财务利益：频繁营销计划和俱乐部营销计划。频繁营销计划就是向经常购买和大量购买的顾客提供奖励。频繁营销计划体现出一个事实，20%的公司顾客占据了80%的公司业务。例如，马里奥特旅馆推出了荣誉贵宾计划。常住顾客在积累了一定的分数后，就可以享用上等客房或免费房。汽车租赁公司也推出了频繁营销计划。西尔斯公司为它的"发现者卡"持卡人在购买某些商品时提供折扣。今天，大多数的连锁超市提供"价格俱乐部卡"，向他们的成员顾客在某些项目上提供折扣。宜家家族（瑞典的家具公司形成的俱乐部）在9个国家有自己的成员，而且仅在德国就有超过20万名的成员。俱乐部成员可享受公司提供的包括家具运输、保险和为成员之间交换各自的假日房间或公寓在内的服务。一个住在落基山脉的俱乐部成员，当他在纳维亚的海边度假时，他也可以让某个瑞典的家庭使用他的山顶小屋。

（2）增加社交利益。这里，公司的员工通过了解顾客各种个人的需求和爱好，将公司的服务个别化、私人化，从而增加顾客的社交利益。从本质上说，明智的公司把它们的顾客变成了客户。

对于某个机构来说，顾客可以说是没有名字的；而客户则不能没有名字。顾客是作为某个群体的一部分获得服务的；而客户则是以个人为基础的。顾客可以是公司的任何人为其服务；而客户则是指定由专人服务的。一些公司采取步骤，把它们的顾客集中在一起让他们互相满足和享受乐趣。类似哈雷-戴维森、波西（Porsche）、土星和苹果计算机公司，据说它们在从事建造品牌社会（brand communities）方面达成了共识。

（3）增加结构性联系利益。公司可以向顾客提供某种特定设备或计算机联网，以帮助顾客管理他们的订单、工资、存货等。例如，著名的药品批发商麦肯森公司（McKesson）就是一个很好的例子。该公司在电子数据交换方面投资了几百万美元，以帮助那些小药店管理其存货、订单处理和货架空间；另一个例子是来利肯公司向它的忠诚顾客提供运用软件程序、营销调研、销售培训、推销培训和推销指导等。对于零售企业来讲，关系零售可以建立和保持与顾客的长期关系，而不是每次交易都像是一项全新的工作。这意味着零售商必须专注整体零售体验，密切关注购物者对顾客服务的满意度，保持与顾客的联系。

为有效地开展关系零售，公司必须牢记以下两点：第一，应该采取一种"双赢"策略。从长远来看，零售商是"赢"的（吸引顾客、扩大销售、赚取利润等），顾客也必须"赢"（得到良好的价值、获得尊重、感觉受到公司的欢迎等）。否则，零售商受损（购物者光顾竞争者的商店），顾客也受损（不得不花费时间和金钱去了解其他零售商）。第二，由于计算机技术的进步，现在建立一个顾客数据库极其容易，它可以提供顾客特征及过去购物行为的完整资料。这样，与顾客的联系将更好、更经常、更集中。

（二）服务为本

顾客服务是指零售商承担的与其销售的基本商品和服务相连可识别有时是无形的活动。它对整体零售体验具有强烈的影响。构成公司顾客服务战略的要素有：营业时间、停车场、店堂陈列的友好性、信用卡使用销售人员的水平和素质、礼品包装一类的便利服务、员工的礼貌、处理特殊的顾客订单、送货政策、顾客结账花费的时间和顾客跟踪。上述因素并非同时具备，随采取的价值驱动方式的不同而不同（如提供折扣与提供安全服务的商店选择的服务要素就不同）。

消费者对零售商的顾客服务是否满意受期望值及过去经历的影响。而消费者对顾客服务的评价取决于他们的感觉（未必是真实情况）。不同的人对相同顾客服务水平的评价有很大的差异，甚至同一消费者在不同时间对同一个零售商的服务水平的评价也是不同的。零售商将顾客服务视为由期望服务和增值服务两个部分组成是非常必要的。期望服务是指顾客希望从任何一个零售商处得到的服务，如员工的热情接待。然而，有多少员工被训练到了总是说"您好，您想要点什么""感谢您到本店购物"的水准呢？"谢谢"似乎正在零售业的词汇中消失。通常，增值服务——增进购物体验并赋予零售商竞争优势，已受到人们的重视，期望服务却未引起足够的注意。诺德斯特龙百货连锁店经常被其他零售商视为衡量其顾客服务和便利计划的典范，它在顾客便利中有一项得到广泛认可的私人购物者

(personal shopper)计划。顾客要做的只是打电话给商店,请求一位私人购物协助者的帮助。之后,一位购物协助者就会来到顾客家里。一到顾客家,这位私人购物协助者便了解顾客基本情况,包括购物历史、年龄和偏好。然后,该协助者或者把特定的商品组合送到顾客家里,或者与顾客在商店内远离售卖场的地方见面,帮助顾客挑拣商品。除这种远离货场的服务外,诺德斯特龙在营业厅的所有商品展示都考虑到了坐轮椅的购物者的通行需要。

(三) 网络为主

随着互联网络的迅速发展和贸易全球化进程的不断加快,营销环境和消费者行为发生了巨大的变化,网络营销越来越成为一种新的重要的营销方式(手段)。可以预见,网络营销将是 21 世纪企业竞争的焦点。网络营销是指将企业、供应商、客户和合作伙伴以及其他两业和贸易所需的环节用 Internet 技术连接,用 Internet 系统,方便、快速地提供商品的宣传、销售以及服务等各种商务活动的营销方式和手段。由于互联网的广泛性和互动性,使得网络营销为解决消费者个性化需求与企业大规模生产之间的矛盾提供了可能。与传统营销相比,网络营销有自己明显的优势:

(1) 网络营销是以客户为中心的电子化销售和服务。传统的订做、订制,被视作是生产效率低下的标志。大工业时代的来临,特别是福特 T 型车的成功,大公司越来越偏好利用大规模生产来取得规模效益。但是,对大多数企业而言,提供订制产品与成本之间存在着不平衡关系。网络营销的到来悄悄地改变着这种不平衡关系,即在大规模生产的基础上实现单独设计某种产品以符合特定需求,从而使"大规模订制"的生产成为可能。另外,网络营销通过直接与消费者接触,缩减了中间过程。销售费用的减少,佣金的节省,直接变为现实的利益转移到消费者的头上。

(2) Internet 的全球性和即时互动性为企业、供应商和客户提供了一条相互沟通的新渠道。网络营销的成功之处就在于它的实时性、交互性,拉近了企业和消费者之间的距离,使消费者能得到更好的服务和产品,也使企业不断地开拓新的商机,从这个意义上,交互式的沟通是整个网络营销的基础。在网络上,消费者或潜在消费者可以主动地与企业销售部门、技术人员进行对话,了解自己感兴趣的产品和服务,并提出反馈意见。企业则在自己最密切的消费群的对话沟通中,可以根据更细微的差别将其细分,从而针对特定的需求,传送更精确的广告信息,并推出令消费者满意的产品企业的主页,还可以为自己的消费者提供交流的场所(如爱好者俱乐部、网上聊天室等),使消费者就使用心得和经验畅所欲言,这不仅是一种提供售后服务的方式,更可以增强消费者的品牌忠诚度。交互式营销沟通模式,向消费者提供了无限的选择自由和沟通的主动权,使沟通过程更有效率,沟通结果更令人满意,特别是其跨越时空的实时性使消费者能密切地参与到从市场调研、产品开发、生产到最终服务的全过程中去,其结果必然是消费者和企业的利益都得到了最大化。

(3) www (World Wide Web) 引人入胜的图形界面和多媒体特性,使企业可以充分地展示自己的形象、产品及服务,充分地利用网络进行广告宣传,全方位、立体化地展示企业和产品信息,也将使信息接收者的接受度大幅提高。

(四) 员工优先

美国零售商通过为员工提供一定的折扣,促使员工在自己的商店里消费。内部营销是"把公司推销给作为'内部消费者'的员工"。其意义是员工的满意程度越高,越有可能建成一个以顾客和市场为导向的公司。内部营销的实质是,在企业能够成功地达到有关外部市场的目标之前必须有效地运作企业和员工间的内部交换,使员工认同企业的价值观,使企业为员工服务。

内部营销包含4个方面:①公司对业务部门的营销;②后勤部门对业务部门的营销;③公司对后勤部门的营销;④公司对上述所有部门的营销。前两者服务于外部目标,即为外部客户提供产品和服务;对后勤部门的营销服务于内部目标,即创造有利于实现外部目标的内部环境;对所有部门的营销既服务于外部目标,也服务于内部目标。以最后一个方面的内部营销为例。在企业中,前台人员与后台人员之间互相不买账、各自强调各自的现象是常有的。前台人员的意识或潜意识里会觉得,自己是公司利润的主要创造者,后台人员是为自己提供服务的。在后台人员的意识或潜意识里,则会这样想:前台人员有什么了不起,离开了后台人员试试看。如果不实行面向所有部门的内部营销,不同部门之间人员的冲突甚至对立可能会泛滥成灾。实行内部营销有助于鼓舞员工士气,协调内部关系,为顾客创造更大的价值。不过,在实行内部营销的时候,有一点应该谨记:内部营销的目的是使组织中的所有成员了解组织的目标,而组织的目标是通过向消费者提供产品或服务来满足他们的需求,从而维持组织的生存与发展。所以,组织的工作重心应放在外部市场上。不论服务对组织来讲是多么内部化,如果过分强调内部消费者而忘记了外部消费者,也可能会导致灾难发生。内部营销并不是最后的结局。实行内部营销是为了把外部营销工作做得更好。正确的做法是:发现你的外部顾客需要什么、你的雇员需要什么,然后寻找这些需要的最佳结合。

(五) 共创价值

由于竞争环境的快速变迁,价值创造的思考逻辑已有所改变。传统的思考模式中,零售企业将整个产业视为一种价值链,产业中每一厂商在价值链中占有一定位置。上游的供应商提供输入,居中的业者,提供附加价值,再交给下游的顾客。从这样的角度来看策略就是"企业在特定价值链进行正确定位的艺术",所衍生出的策略思考即是,确认正确的事业、正确的产品、正确的附加价值活动。但在全球性的竞争、快速变迁的市场及不断推陈出新的科技环境下,传统的策略思考模式亦受到挑战,越来越多的零售企业发现随着竞争环境的变迁,不能再以价值链的定位来思考企业的经营策略。一个成功的企业,策略分析的重心并非只界定于某特定产业或企业,而是创造价值的系统。此系统的各成员,包括供应商、合伙人、顾客等,共同"合作创造"价值,透过"成员组合"方式进行角色与关系的重塑,经由新的角色,以新的协同关系创造价值。此策略任务的终极目标是希望在厂商与顾客间,创造更胜于以往的依存关系。例如,瑞典的宜家家具公司由一间小型邮购家具公司发展成世界规模最大的家具商,1992年创下42亿美元的营业收入,而在过去5年,该公司平均每年增长率高达15%。宜家公司的成功因素固然有全球化的委托策略;由顾客自行运送及组合,再加上一套高效率的仓储作业,使得宜家的家具售价比竞争品牌低25%~50%,系统地重视界定家具事业的角色、关系及业务运作过程,使得宜家能成功地整合事业系统,结合不同参与者的能力共同创造价值。这样的营销创新体现在以下两个方面。首先是与顾客的关系,宜家重新界定了一个新的分工关系,即顾客自行搬运及组合,而宜家反馈给客户的是设计精美,售价远低于同业的家具。另外,公司每年以10种文字印制超过4500万份的产品型录,并提供各产品的名称、售价、材质、可供选择的颜色及保养说明,使得顾客和宜家的关系界定在合作改善家居生活。亦即宜家的策略重心在于学习如何让顾客自行建立更好的业务运作系统,进而创造顾客自己的价值。其次在供应商方面,一旦成为宜家合作的厂商,可获得该公司提供的技术协助,并从宜家租用生产设备。此外宜家为降低采购成本,将其采购来源分散于世界各地,为了采购后能整合各种不同零件,迅速运往各地展售中心,宜家在全球设立14座大型仓库。应用电脑及信息网的建立,使得各仓库扮演下述的角色:后勤控制点、整合中心及转运站。透过有效的供需控制,库存量得以降低,生产效率提高,展售中心可准确预估销售量进而降低营运成本。宜家的成功说明了该公司摆脱了传统价值链所扮演的创造附加价值的角色,而是扮演星系中的恒星,其他的供应系统、服务、管理,均类似行星的环绕运行。另外,宜家设计的工作分享及合作生产计划,促使顾客会视自己为供应商,提供劳务、运输、时间。供应商则视自己为宜家提供技术咨询的顾客。

第九章 国际零售业的发展前景及其对中国的启发

第一节 美欧零售业发展前景

从目前看,世界零售商巨头主要集中在美国、法国、德国、日本、荷兰等经济发达国家,国际零售商作为世界零售业的中坚力量,正在通过兼并、收购迅速扩张,由于受经济、人口增长以及零售网点分布等因素的影响,这些零售商在本土发展的空间受到约束,跨国发展是他们保持规模竞争优势的重要出路。到2002年,全球30家最大的涉及食品零售商的门店数已从1997年的9.8万多个发展到12万个以上,其活动范围涉及全球88个国家和地区,扩大了70%。

一、美国零售业发展新趋势

美国是世界上零售业最发达的国家,无论是零售业的规模、组织水平,还是零售业态的种类和零售形式的创新,长期以来都处于领先水平。据美国统计局公布的数字,2002年美国社会零售总量为23 959亿美元(不包括汽车及配件)约占全球的35%,列全球第一位;比第二到第五的日本、中国、德国和英国的零售总量之和还要大。在全球200强零售商中,美国约占45%,在零售总额中约占53%。由于美国经济"双赤字"难以长期维持,人口结构老年化趋势加快,互联网上的零售竞争日益激烈,受持续通货膨胀和银行利率的提高等因素的影响,美国零售商担心消费需求增长从美国向其他国家转移而使得美国消费市场萎缩,未雨绸缪,长期筹划,积极采取措施应对市场需求变化,使得美国零售业发展出现了新的趋势。

(一)连锁经营在美国零售业占绝对优势

从1895年世界上第一家连锁店在美国纽约建立以来,经过140多年的发展,连锁经营已成为美国零售商业市场组织的主要形式,渗透到零售、餐饮服务各个领域。据美国商务部统计,美国在 19 个大的行业门类中都已实现连锁化。美国所有大型零售商都是连锁经营。连锁经营已占社会零售总额的 60% 以上,涉及百货店、便利店、超市、邮购、仓储店、专业店等几乎所有主要零售业态。因此,连锁店在很大程度上已经控制了零售业,覆盖了大多数的消费层面。美国著名的营销学专家菲利普·科特勒预言:"在进入 21 世纪之后,只有那些建立起充分有效的全球商业网络的公司才能在商战中获胜。"也就是说,21 世纪的竞争是连锁网络组织之间的竞争,而不是单体公司之间的竞争。

(二) 零售业态和渠道模糊化 (Channel blurring)

相对于购物时花在路途上的时间,若能使消费者在商店中购物花费的时间越长,其商圈的影响范围就越大。因此把许多不相关的商店或者不相关的产品置于同一屋顶下是吸引更多消费者的一个有效方法。美国零售商们不断调整经营方式,努力提供综合性商品和服务,以提高消费者的满意度。其方法主要有增加现有产品类别的种数(产品细化),或增加现在没有经营的产品类别(多样化),或通过不同零售业态的合并(经营业态创新),如超级购物中心,将传统超级市场这种零售业态与廉价商品商店结合在一起,有的还包括药店、杂货店、园艺店、餐馆、五金店等。其直接结果导致了美国零售业态和渠道模糊化。现在,美国消费者不仅能在超级市场中购买到食品,还能在加油站、便利中心、书店、音像制品租赁店和药店购买到各类食品,可以在书店喝咖啡、吃快餐。大型商场内部,纷纷开设折扣店或折扣专柜。零售商们必须准确把握谁是竞争对手,谁是核心消费者,目标消费者对商店有哪些需求,而不是固守传统的经营方式和流通。

(三) 差异化和错位经营

零售差异化和错位经营是零售发展的永恒主题,就如何实现差异化和错位经营,美国零售业界有句名言:不要去寻找不同的事务,而是用不同的方式去观察事务(Don't look for different things, look at things differently)。目前,美国零售经营创新和差异化,具体朝 7 个方向发展:不同年龄段(特别是青年和儿童);不同收入阶层;不同居住社区;不同消费人群(亚裔、西班牙裔、黑人等);不同时间节奏的人群;零售服务组合;多渠道营销组合等。通过市场细分分析发现消费者的真实需求和潜在需求,努力提高消费者满意度。例如,美国著名女装品牌 Lane Bryant 经营商发现美国时装潮流对零售业起着误导作用,舆论要求女性"减肥、减肥、再减肥"。事实上美国女性身材一般较为丰腴,仅有 2% 女性的身材与时装模特儿相似,"骨质感"的时装导向,使得许多美国女性具有失落感。基于逆向思维,该公司专门设计生产较大尺寸的女性品牌时装,色彩鲜丽,形态飘逸,具有时代感,选择身材较胖的模特儿展示,并通过特设的品牌专业店销售,获得了极大的成功。

（四）增加对零售技术的投入

高科技的广泛应用，对于提升零售业生产率起着决定性的作用。目前，美国零售业是现代技术的最大买家之一。据美国 IBM 公司统计，2001 年美国零售业平均科技投资金额占销售收入的 1.8%，到 2004 年该项费用上升到 2.1%。美国零售业的科技投资主要用于改善财务信息系统、快速库存补货系统、重要客户有场库、商品扫描和货币结算设备等。通过改善零售技术和设施条件，有效提升市场需求的应变能力，能在最短时间把握消费流行、推出新的商品和服务。沃尔玛公司建立了专门的电脑管理系统、卫星定位系统和电视调度系统，拥有世界第一流的先进技术。数据的收集、存储和处理系统成为沃尔玛控制商品及其物流的强大武器。虽然沃尔玛电子商务网每年光顾的人数远远少于亚马逊网站的顾客，但沃尔玛现在已经认识到电子商务对其以后生存和发展的重要性，基于原有强大的市场，一旦意识到发展的方向，沃尔玛在这方面前景也是非常乐观的。至 2004 年 12 月中旬沃尔玛公司已经接受了 57 家供应商 7161 个托盘和 210 390 货箱的附有电子标签的商品，通过读取器和无线识别，得到 150 万条记录。该公司称，到 2005 年 10 月，有 600 家商店和 12 个配送中心全面应用 RFID 技术。

（五）推进企业兼并和收购

美国大型零售商在其成长发展过程中，为了迅速扩张经营规模，保持在市场竞争中的优势地位，大都采用了企业兼并和收购的方式。通过企业兼并和收购，充分挖掘现有企业的市场潜在价值，充分发挥企业间的协同效应，实现优势互补，强强联合。在企业纵向并购和横向并购两种类型选择中，近年来，美国零售业较多地采用横向并购的方式，而且这种零售企业间的并购还将持续下去。2004 年美国凯玛特公司与西尔斯公司的资产合并，交易额为 123 亿美元，是美国著名的零售企业购并案，合并后的公司取名为"西尔斯控股（Sears Holdings）"。合并后的新公司将成为零售业的领头羊，公司年销售收入将达到 550 亿美元，成为美国第三大零售商。凯玛特董事长兰伯特出任"西尔斯控股"公司的董事长，公司拥有原凯玛特与西尔斯公司旗下的共 3500 多家大型折扣店和百货公司、广泛的销售网络以及具有领先地位的家用品和服装品牌。新公司将拥有更大的经营规模和更高的运营效率。2004 年，美国零售业还有多项交易额巨大的企业并购案，如联邦百货（Federated）并购梅（May）公司，打造巨型连锁百货店等。

（六）推进商品的供应链管理

未来有效的商品供应链管理，将得益于 RFID 无线射频技术的应用。RFID 电子标签由微型芯片和螺旋天线组成，若在运货托盘或单件商品上附加电子标签，将快速和方便地识别和清点商品库存，有效提高商品物流效率。美国零售商正在研究采用新的标准商品信息形成企业间快捷的信息流和物流，探索商品供应链管理新模式。沃尔玛利用信息技术有效地整合物流及其资金流资源，是基于 CPFR（合作计划、预测与补给）供应链计划管理模式的理论和实践。1995 年，沃尔玛及其供应商 Warmer Lambert，以及他的管理软件开发商一起联合成立了零售供应和需求链工作组，进行 CPFR 研究和应用获得很大成功。在供应链运作的整个过程中，CPFR 应用一系列技术模型，对供应链不同客户、不同节点的执行效率进行信息交互式管理和监控。通过共同管理业务过程和共享信息来改善零售商和供应商的伙伴关系，提高采购订单的计划性，提高市场预测的准确度，提高全供应链运作的效率，控制存货周转率，并最终控制物流成本。

（七）增强社会责任和风险管理

进入 21 世纪后，美国政府逐渐推出了"重建社会公共信用"和"公司财务披露准则"等政策和规范，同时逐步推出反恐怖、禁止种族性别歧视、安全经营和健康消费购物等政策措施。这些政策旨在加强零售企业规范管理，提高企业社会责任、生态环境和管理道德的意识。这些政策的实施，对美国零售企业经营产生了重大影响。例如，根据新的"公司财务披露准则"，零售业将重新核算销售收入、供应商折扣和流通费用，甚至需要重新调整现有的公司财务管理软件。与此同时，美国市民和社会团体对零售业的呼吁和约束也日趋增强。例如，在全球经济一体化背景下，食品种类、食品来源、食品加工方式和流通渠道日益多样化，造成了食品安全种种问题。社会公众要求零售商保证商品流通安全，特别是食品流通的安全。又如某些社会团体出于全球生态保护考虑，呼吁停止从赤道国家进口木材，并要求零售商对当地和他国制造商在社会责任方面施加影响。还有，美国某些社会团体极力反对建设"大方盒式"商场设施。总之，当代美国社会要求零售商承担起更大的社会责任，换言之，零售经营将面对更多的制约、经营风险和不确定性。由此，美国零售商正在探索更加系统化的措施，加强与政府政策和公众呼声的互动，加强企业自身的风险管理。美国许多大型零售商新设"社会责任和风险管理"高层管理岗位，专职从事风险管理工作。加强社会责任和风险管理，已经成为零售企业核心战略的组成部分。开展风险管理可以帮助企业识别、防范和管理各类经营风险提升公众形象和品牌价值进而提升"股东投资价值"。

二、德国零售业发展新趋势

德国的商业在服务业中占有较大比重。德国大约有商业企业 51 万家，从业员 360 万人，占全部就业人口的 35%。近几十年中德国零售商业有了显著发展，在供应方式和经营形式的发展中零售商业经历了一场革命。商业在德国是仅次于工业和手工业的第三大经济部门。2000年，德国零售企业约有47.5万家，员工280万，年营业额3750亿欧元。按照德国的M+M企业咨询和信息系统有限公司的统计分类，德国零售市场分为食品零售、非食品零售、批发和专营商店四大类。按经营方针、商品种类和营业面积划分，德国零售商大体被分成大型自选商场、大型超市、平价超市、美容保健用品商店、百货商场、非食品平价超市、建材商场、现购自运商场和批发市场等。德国零售业发展新趋势主要表现在以下几点。

（一）零售市场集约化、专业化程度高

2000年，在全球30家最大的零售企业中，德国独占6家，其中麦德龙排名全球第5位。2001年，德国食品零售商营业总额达1940亿欧元，比上年增长4.3%，占零售总额的51.19%。其中食品营业额1320亿欧元，非食品营业额620亿欧元。麦德龙集团以320亿欧元营业额继续保持德国最大食品零售商的地位；Rewe以290亿欧元位居第二。如仅就食品销售额而言，则Edeka位居第一，Rewe位居第二。德国前10大食品零售商营业总额为1630亿欧元，占食品零售市场的84%，可见，其市场集约化、专业化程度非常高，竞争十分激烈。

（二）平价超市发展最快

平价超市的营业总额从1992年的80亿欧元增至2000年的近410亿欧元，市场份额升至29.3%。2001年，德国8大平价超市共经营约1.2万家连锁店。平价超市以经营食品为主，近年来，纺织成衣类和家用电器类等的销售比重明显上升，如Ad集团营业额2001年达216亿欧元，营业额增长9%。另外，2001年，美容保健品的市场营业总额为108亿欧元，如Schlecker、DM、Mueller和hrPlatz各占42%、15%、13%和11%的市场份额成为零售市场增长的又一亮点。

（三）大型现购自运商场麦德龙在亚太地区的扩张和发展加快

自选商场食品自选商场的营业总面积明显下降，超过1万平方米的大型自选商场已寥寥无几。与自选商场不同，现购自运商店只对公司和消费大户开放，普通消费者未经许可不能入店，因此现购自运商店被纳入批发类，大型现购自运商场主要有麦德龙、Intergast、Edeka等。目前麦德龙在全球大趋势的影响下已在亚太地区寻求扩张和发展，而其对中国市场的核心战略是"人战制胜"，即是否拥有高素质的综合型人才将决定零售企业战略的成败，为此，麦德龙很早就建有内部大学，让中国员工赴德培训，在中国建培训中心，设立中国青年学子赴德学习奖学金等。而建材商场呈现营业面积扩大、价格竞争加剧、营业总额下降的趋势。

三、法国零售业发展新趋势

商业是第二次世界大战后法国第三产业中发展最快的行业，目前有50多万家商业企业。据2000年统计，法国商业零售额3506亿欧元。20世纪50年代，法国还是以传统的商业零售形式为主，从60年代开始随着商业的竞争日趋激烈，营业面积2500平方米以上的特大型超市出现，经营的商品品种更加多样化。如1963年在巴黎首次开业的家乐福。此外还出现专营商店专门销售某种商品，著名的专营超市有达尔迪家用电器超市、芬纳克休闲用品超市、孔福拉马家具超市、卡斯托拉马修补业超市、弗洛拉利园艺超市、塞福拉香水超市、贝尔纳肉类超市。法国连锁店也以新的面貌出现，如专营娱乐业的卡西诺法国邮购业务等。法国邮购公司出版邮购商品目录，顾客可以在商品目录上选择所需要的商品并通过邮件、电话、电脑网络进行采购，由商家送货上门。邮购商品目录每年春秋季各推出一册，图文并茂有1000多页，总发行量约为1000万册。

2001年，法国拥有800家大型超市，1172家特大型超市，100多家邮购公司。家乐福、欧尚都在国外开设分公司经营超市。法国商业仍然在不断变化，超市和采购中心也正在兼并和集中，家乐福、欧尚和普罗莫代三家特大型超市共同建立了超大采购中心，与另外5家超大采购中心控制着零售商品营业额的40%，食品商品营业额的80%。传统的商业仍然是法国商业中一支不可忽视的力量。许多著名百货公司如拉雯特百货公司、春大百货公司等大多设在繁华地段形成了重要的商业中心。它们规模大、经营范围广、商品质量高、品种齐全、内部装潢讲究，吸引了中上层收入的顾客。法国每个城市中的商业城市化委员会具体负责对该城市的商业网点和商业布局的规划，对商业投资进行安排。法国的商业网点在欧洲大国中最为密集，法国被称为"商业社会"。巴黎是法国的商业中心，其商业营业额占全法营业总额的1/3，每35个巴黎市民中就有一个商业服务人员，其比例占世界首位，巴黎被称为"购物的天堂"。法国零售业以开设大型综合超市的形式加大了对东亚地区的投资力度，采取稳扎稳打的营销方式进行独特的地域扩展。1995年，法国零售大亨家乐福在北京开设了第一家大型综合超市，到2001年，在中国15个城市建立了27家连锁店。按照采购中心计划，2003年，家乐福在中国的采购达到30亿美元。在地域扩展时，家乐福为减少风险，每到一处投资，一般先进行小规模试探，再进行评估分析，最后决定取舍。这是家乐福得以在世界各地顺利扩展的过人之处。最近几年，法国零售业在商品结构方面有所变化。在德国，食品的零售总额很高，而法国的食品销售额不升反降，销售势头不妙；但鲜花的销售却势头很好，这可能与其民族的罗曼蒂克有关，鲜花受到普遍的欢迎。另外，法国政府规定在小巴黎内不可以开设300平方米以上的超市，很多大型超市都开到郊外去，出现了郊区化倾向。

四、英国零售业发展新趋势

目前,英国经济正处于缓慢而稳定的发展之中,国民生产总值稳步上升,通货膨胀率持续降低,就业状况良好,整个流通市场积极有序发展;同时由于社会医疗、福利制度的完善,消费观念的不断更新,大量资金由银行储蓄向消费市场转移。近几年来,英国零售业销售总额以年均12%的比例持续上升,占全国国民生产总值的25%左右。英国零售业的发展日益成为国民经济的重要增长点,并呈现出新的发展趋势。

(一) 业态发展多元化

英国19世纪以前还没有业态的区别,基本上都是小型零售店铺,经过几次流通革命,目前基本形成了以百货公司和连锁超市这两种业态为主体的多层次、多形式、多功能适合不同消费群体需求的多元化零售经营业态。目前,英国零售业态主要有以下六种类型:(1)以配送中心为基础的大型连锁超市。英国的连锁超市相当发达,主要是通过配送中心辐射一批超市,形成区域化经营网络,在全国零售业销售总额中占近20%,名列销售总额前5名的零售商中有3名是连锁超市,其中Tesco以年销售额近160亿英镑名列第一。(2)以市场导向为基础的大型百货商店。虽然近几年各种新型零售业态对英国传统的百货商店形成了巨大的冲击,但其仍衰而不落,其中以市场为导向不断创新和改革是其存活的重要因素。英国马莎百货店通过树立主力商品概念,明确市场定位,并及时调整营销策略,其在商品结构上采用别具一格战略,把重点由提供购物服务改为有选择地供应质优价廉的商品,而不是无所不包。因为他们发现顾客来百货商店购物并非单纯需要良好服务,对比之下,顾客更渴求的是优质价廉,并不是昂贵的商品。因此,马莎清除了那些不受欢迎或虽有市场但流转率甚低的商品,一共取消了17个商品部门,商品品种减少了70%,然而总销售量却出现了令人难以置信的上升。马莎的业态改良取得了辉煌的成功。(3)集购物、休闲、娱乐、商业观光、文化于一体的大型购物中心。大型购物中心主要通过购物中心的所有者、管理者经营者相分离,高效率、高质量、低成本地满足顾客购物、餐饮、娱乐、休闲等"一站终点"的购物需要。目前,英国20%以上的购物中心位于郊区,其数量呈不断上升趋势。(4)集商品销售与商品储存于一身的仓储式商场。仓储式商场于60年代起源于荷兰,70年代后迅速波及欧美,英国第一家仓储式商场Cargo Club,占地面积达10 000平方英尺以上,实行会员制。此经营方式的人均、地均效益都高于经营同类商品,以其薄利多销对英国大型综合性商场构成一定威胁。(5)以中小型超市、便民店、折扣店、专卖店等形成零售经营网络。中小型超市、便民店、折扣店、专卖店等通过连锁化经营,极大地满足了不断细分的消费者需求。如以经营医药、美容保健品为主的中型连锁超市Boos店,年销售额达50亿英镑,以经营电器为主的连锁专卖店Dixons,年销售额达30亿英镑，均名列英国零售业销售总额前10名，充分体现了专业化基础上的规模经营优势。

（6）以邮购、直销、电话订货、电视销售为主的无店铺经营。英国的邮购经营方式起源于1950年，自此迅速发展，至1997年已占英国零售业销售总额的35%，其成功典范是以经营综合性商品的邮购为主营业务的Littlewoods店，以年销售额上亿英镑名列零售业销售总额前10名。同时，英国许多大型零售企业均以开设各种形式的无店铺经营为"副业"，使其成为新的经济增长点。以英国第一大零售商Tesco为例，其主营业务为连锁超市，但专门设立了电话订购酒、花等小商品的Tesco Direct这一营销形式。

（二）经营连锁化、全球化

连锁经营是英国零售业发展的最重要方式之一，涵盖超市、百货商店、专卖店、便利店等各种不同业态，在整个零售业的市场份额中超过1/3。连锁类型主要分为正规连锁、自由连锁和特许连锁，其中正规连锁占主导性地位；按连锁经营层次又可分为形象连锁、服务连锁和经营管理连锁，英国的连锁经营模式已发育成熟，较为完善，目前呈全球化发展趋势。主要因为：一方面随着商品流通和生产的国际化，国际市场需求呈多样化趋势；另一方面，由于本国市场的局限性和饱和性，只有实行国际化经营，才能实现销售的持续增长。如Tesco的全球扩张战略，不仅使其有效地降低了经营成本，提升了规模效益，成为英国零售业的龙头老大，而且迅速地占领了法国、波兰等欧洲国家市场，充分实现了市场占有最大化、企业价值最大化和成本最低化。

（三）组织机构规模化

随着生产的社会化程度提高，整个社会的消费规模不断扩大，消费者需求不断上升，为提高自身竞争实力，实现低成本经营，高效益产出，从20世纪90年代开始，英国零售企业不断扩大规模，当前，英国前20名零售商销售总额占零售业销售总额的3/4。由于零售企业发展呈巨型化、规模化，中小型企业被迫进行兼并、重组或联盟，近几年来英国零售企业数量不断下降，年均下降幅度达17%。英国零售企业的规模化发展呈两大趋势：一是单一行业领域内的横向发展，如英国第二大服装零售商Arcadia Group，从1952年Sir Montague开创第一家专售Burton品牌的男装店至今，已先后收购、兼并十几家不同品牌的服装企业，通过服装行业内的品牌扩张，该企业已在英国本土内开设正规连锁店2000多家，在全球开设特许连锁店200多家，2000年销售总额达19亿英镑。Arcadia Group的扩张政策具有鲜明的针对性，按性别、年龄、体形等因素将服装市场进行再划分，针对不同的消费群体，分别实施不同的品牌营销策略。二是多个行业领域间的纵向发展，如英国十大零售商之一Kingfisher，从1907年成立以经营家庭娱乐用品为主的Woolworth以来，先后跨行业收购了B&Q（DY行业）、Comet（电器行业）、Super drug（医药、美容行业）和

Chartwell Land（房地产行业），其1999年销售总额达到60亿英镑，名列全国零售业销售总额第六。

（四）网点布局合理化

英国各商业网点之间综合商店与专业商店之间，以及大中小商店之间，在发展中注重合理配比与有效构成。如 Tesco 在英国各大城市的上下班人流量较大的地区专门开设了小型连锁超市 Metro Store，方便上班族购买食品和生活日用品。英国的网点布局经历了三个阶段：在城市建设初期，先在市中心集中建设商业设施；随着城市建设的发展，市区面积和人口扩大，开始建设区域性的商业次中心；城市化必然出现交通拥挤、地价昂贵等问题，设在郊外交通要道的购物中心和超级市场开始兴建；最后城市人口向郊区卫星城镇分流，新的社区性商业点开始发展。当前，英国的商业布局正由繁华地段向郊区渗透、延伸，据统计，威尔士的商店密集度最高，每千人均拥有商店52个，而人口密集度最高的城市伦敦，每千人均只拥有4.1个。

（五）营销观念的消费者本位化

随着卖方市场向买方市场的转向，英国以消费者为本位的市场营销理念逐步完美，主要体现在以下三个方面：(1) 围绕"满足顾客需要"，建立企业与顾客的稳固关系。英国马莎百货公司以为目标顾客提供他们有能力购买的高品质商品为服务宗旨，一方面建立起自己的设计队伍，与供应商密切配合，一起设计或重新设计各种产品，并严格实施品质监督管理；另一方面，实行以顾客能接受的价格来确定生产成本的方法；此外，采用"有问因由"的退款政策，提升消费者对马莎的产品信赖度，通过坚定不移地实施这些营销策略，马莎百货已成为"物超所值"的品牌象征。(2) 注重"单位面积效益"的产品品种规划策略。马莎百货采用"单位营业面积利润"这一标准，将每单位营业面积耗用租金、人力等成本纳入利润分析范畴，因此，只集中经营深为顾客所喜爱的畅销商品，而把那些不受欢迎虽有市场却流转量甚低的货品迅速清除掉，使全部货品同样迅速地流转，并对大众需求迅速做出反应。(3) 创建自有品牌。1997年英国自有品牌商品的销售额已占全国商品销售总额的28.6%，企业创立自有品牌减少了流转环节，降低了采购成本与交易费用，适应了消费者不同异质的需求。马莎百货通过与制造商紧密合作，创造了"圣米高"这一自有品牌，并且只零售这一品牌的商品，包括服装食品及酒类、鞋类、化妆品、书籍等，"圣米高"这一品牌已被公认为英国自有品牌商品的典范。

（六）商业管理自动化

商业自动化是商业购、销、调、存全过程的全面自动化，其精髓在于以电子信息技术为基础，使之合理化、制度化、规范化，通过商流物流、资金流、信息流的畅通无阻，确保供应商与零售商的高度配合与精密合作，方便快速地满足不同消费者的不同需求。目前英国的各种新型零售业态之所以发展迅速经营业绩不断上升，主要在于采用大量现代化的信息技术和科学化的管理系统，通过CRM、SCM和MIS等现代化的企业管理系统，建立企业内外部的动态联盟，实现经营的网络化、自动化管理。（1）客户关系管理系统（CRM）。它是联系企业与消费者信息的桥梁，通过获得最新消费者需求，在大规模生产的基础上实现单独设计某种产品以符合特定需求，同时通过直接与消费者接触，缩短中间过程，减少销售费用。（2）供应链管理系统（SCM）。主要通过整合整个供应链各个环节，对内利用内联网技术进行高效的经营管理，如库存管理、配送管理、销售管理、分店管理等；对外利用外联网技术进行电子采购，使商品的到货率更高，周转率更快，库存降低，成本压缩。（3）管理信息系统（MIS）。它是一个旨在改善信息收集与分析的系统，其产品是一系列计算机处理过的报告，旨在使商业企业总部立刻找到问题答案，包括确立季节、销售计划、测量业绩、订货管理、供应商分析、促销评价等。总结欧美国家零售业发展变化的特点，可以归纳出全球零售业发展变化的新趋势：①零售业已基本实现了电子网络化、营销技术专业化，其竞争已变得越来越激烈。②零售业经营理念已悄然发生变化，致力于零售商、生产商、消费者的"多赢"。③零售业出现国际化竞争态势，超市连锁集团将诞生，各种业态连锁经营方式呈现多样化，业态中产生一些新的亮点。④随着全球采购步伐的加快，对生产商加工生产水平的进一步提高起到促进作用。⑤零售业在全球的投资步伐特别是对中国的投资步伐明显加快。⑥商品种类集约化程度提高，食品、鲜活商品比重加大，零售店郊区化现象会越来越明显。

第二节 日本零售业发展前景

一、日本独有的大型综合超市（GMS）的发展高潮已跌入谷底

在20个世纪80年代，日本的一些商业集团如大荣、伊藤洋华堂、佳世客等都迅速地运用大型综合超市（食品超市加传统百货）这种业态向城市的郊区发展，伴随着日本经济的高速增长和城市人口大量地向郊区转移，大型综合超市获得了巨大的成功，以上这些公司也迅速地将传统的百货公司甩在了后面，成为日本零售业新的巨头。然而时过境迁，随着日本经济连续10年的衰退，日本大型综合超市的发展高潮已经过去，并可以说跌入了谷底。其衰退的原因主要有以下几个方面。

（一）发展规模失控

大型综合超市虽然在一定的时间阶段上适应了日本经济和消费者的需要，但高速增长使许多企业不冷静地盲目扩张，一旦经济衰退，消费者消费倾向改变，商品的周转、业态的转型和资金链就会发生问题，企业必然要吞下盲目扩张的苦果。最为典型的就是曾创造过日本流通神话的大荣公司，不得不申请破产保护。

（二）业态定位模糊

日本的大型综合超市是日本独有的一种商业形态，是食品超市和传统百货店的综合体，它前期的成功应归功于食品超市便利化和传统百货店郊区化的结合。但这种业态的致命弱点是业态定位模糊，既不像超市也不像百货店，也就是说，日本大型综合超市的百货超市化改革是不彻底的。首先，大型综合超市的主体部分的百货是非超市化的，没有在收银线后面把食品超市和百货店的经营内容整体地综合在一起；其次，它的百货的超市化不彻底是指传统百货的经营内容和方式没有得到彻底的改变，没有按超市的商品和价格形象予以定位，从而模糊了消费者对它的业态定位的认识。

（三）竞争和消费者的改变

日本大型综合超市前期的成功是顺应了日本经济高涨时期城市人口郊区化转移的潮流，当时的商业形态还没有出现能与大型综合超市进行细分化的竞争格局，消费者对其一次性购足的功能十分认同。但随着日本经济的退潮，日本国民消费日趋节俭，商业的竞争格局发生了变化。各种具有个性化、特色化和廉价化的专业商店如雨后春笋般涌现，从而形成了对大型综合超市的正面冲击。日本基本上是一个单一民族且又是一个以中产阶级为消费主体的国家，消费是非常理性的，追求个性化和特色化是主流，在经济低迷时期又具有追求廉价化的特征。显然，日本的大型综合超市没有能适应这一变化了的经济和消费潮流。导致目前日本大型综合超市在食品上输给了食品超市，在价格上输给了百元均一店，在服装上输给了 UNIQLO（日本的一家服装专卖店）。

二、连锁便利店的发展进入新的竞争时期

从单一商业公司销售业绩来看，日本的便利店中 7-11 公司在 2001 年就已摘取了零售第一的桂冠。目前在全日本有便利店 40 000 多家，光东京地区（1200 多万人口）就集中了 6121 家便利店，说日本是便利店的王国一点也不为过。日本便利店的发展在新的竞争形势下，出现了许多新的特点。

（一）便利店进一步向大型商社发展，以实现规模集中

日本前三位的便利店公司中 7-11、罗森和 Family Mart，后两家已经易主，分别归属于三菱商社和伊藤忠综合商社。这种变化除了有原有母公司的财务危机原因外，也说明小型连锁店铺的规模化需要大公司的介入，以便实现商业的规模集中。日本连锁便利店规模化的集中速度如此之快说明了两个趋势：第一，便利店的连锁化经营技术含量越来越高，投入也越来越大，如 7-11 的计算机系统已换到了第五代；第二，便利店公司之间的竞争越来越激烈，在大阪不到 100 米的距离里，就集中了 6 家便利店。日本商业的集中程度与工业的集中程度一样快，专家认为目前日本 70 多家便利店公司会很快整合到 15 家左右，主要由 4 家大公司来领导，即 7-11、罗森、Family Mart 和 sun，ks 公司。

（二）中小型商店以便利店为主要竞争目标

由于日本的便利店在经济低迷时期没有出现像大型综合超市、百货店等的较大衰退，又由于日本便利店在整个日本零售业中所占的比重很大且店铺数最多，因此，日本的便利店已成了中小型商店竞争的主要目标，各种类型的中小型商店都瞄准便利店的弱点进行着更细分化的竞争。如快餐店与便利店进行着快餐盒饭的价格竞争，日本的麦当劳已经连续两年以半价销售，日本本地的快餐连锁店除在价格上与便利店竞争，同时在创新菜肴、口味、便利性和环境上与便利店抢夺顾客。而连锁药店则在便利店的弱项洗化用品、纸制品和个人护理品上，与便利店进行着价格和品种类别的竞争。日本的百元均一店里任何东西都卖百元（相当于 5~6 元人民币），它瞄准便利店日用杂货和身边细物经营的弱项，利用其价格低、品种齐全（大的百元均一店品种可达 6 万多种）的优势与便利店进行着竞争。标准化的食品超市也加入与便利店竞争的行列，开始在超市中卖盒饭、自组式快餐，并且将营业时间延长到深夜 12 点以后。这些中小型商店对便利店的竞争给便利店造成了巨大的压力，如 7-11 的老店铺从 1998 到 2001 年连续 4 年销售额下降，并且在 2001 年关了 265 家销售额上不去的店铺。罗森公司也关了 500 家店铺，Family Mart 则关了 500 家店铺。但便利店在日本仍然处在上升的发展通道。便利店要生存发展下去，必须有新的竞争对策。

（三）便利店进入了全面创新时期

日本便利店的发展在激烈的市场竞争的条件下，开始了新一轮的发展内容，主要体现在以下几个方面：

（1）开设新型功能的便利店，以开发新的目标顾客。罗森便利店已启动了一种紫红色招牌的便利店系统，专卖健康商品，如绿色食品、健康食品等，商品中不使用防腐剂和合

成色素。另一家开在名古屋的便利店专门以女性为服务对象，改变了以往的便利店以男性为主要服务对象的做法，如专门出售妇女用的化妆品、袜子和现做的盒饭等。

（2）开发便利店新的市场发展空间。去年以来日本的便利店开始在宾馆、医院和大学中开设便利店，取得了成功。罗森公司准备在医院里开500家便利店。Family Mart 已与几家连锁型宾馆签了约，要在宾馆里开便利店。宾馆里开便利店一个重要的功能是能替代宾馆客房中冰箱功能等。

（3）强化商品的开发。日本的便利店在商品的开发上也开始注重低价商品的开发以应对其他连锁店的低价竞争，如开发低价的盒饭、面包、保健食品，设立百元专柜等。同时在廉价商品的销售上具有两个鲜明的特征：一是不同的连锁店公司联手，采购低价销售；二是同一个集团的不同业态的连锁店共同采购来销售同一种商品。日本便利店较清醒地认识到便利店光靠廉价销售是不行的，因此非常注重与品牌商来共同开发新商品，如与著名品牌商 Dole 共同开发软饮料，与著名连锁商星巴克共同开发在便利店中销售的咖啡等。这种共同开发的好处是，对生产商来说计划容易制订，销售变得简单且费用低，商品不可能被贱卖。一般来说，与品牌商共同开发的商品会提升毛利率10%。

（4）个性化和特色。便利店要生存和发展，在日本这样一个消费十分成熟和理性的国家，个性化和特色至关重要。商店是卖商品的，个性化和特色必须首先在商品上得到体现。如在 7-11 便利店里有这样一些指标非常有价值：一是独创商品要占到50%，才能达到30%的毛利率，才能使商店具有独特的个性；二是在 7-11 便利店里即食品基本是独创的，日配品80%是独创的，加工食品20%是独创的；三是只经营常规品牌商品的便利店，销售额和毛利率肯定要下降。

（5）改变便利店的陈列布局和购物环境。日本新开的便利店一般面积都较大，走道也更宽敞，改变了便利店狭小拥挤的印象。在商店的商品陈列布局中开始实行新的方法，将原先靠四壁的商品往中间放，而将中间的商品往四壁放，以突出即食品、日配品、饮料在便利店中的主力地位，也使顾客一进店后更直接和更便利地买到高频率周转的商品。

（6）服务项目的增加和服务方式的改变。为了能在激烈的竞争中发展，日本的便利店开始增加服务项目和改变服务方式。除了传统的服务项目外，现在又增加了网上购物、查询、下载音乐节目、明星照片下载旅馆预订报纸订购、搬场公司预约、大学考试资料查询预订、订票等服务。便利店的 ATM 还增加为顾客提供信贷的服务内容，便利店公司也发放自己公司创办的银行信用卡。这些服务之所以能大规模地开展，是因为提供这些服务项目是运用了一种叫作"电子便利点"的设备。便利店借助这些电子设施把连锁店塑造成一个社会化的服务网络。所以许多日本人也说："离开了便利店日本人怎么办？"便利店在日本的发展清楚地说明了传统的零售业与现代信息技术的必然联系。

三、连锁化的专业专卖店发展迅猛

日本的专业专卖店已创造了世界零售业之最,其细分程度没有一个国家能比,丰富多彩的专业专卖店是日本整个零售业的魅力。日本专业专卖店的发达与日本中产阶级为主的消费结构直接相关。在经济低迷的市场环境下,日本消费者既要追求个性化和特色化,又要关注在品质不降低前提下的低价格。日本一些成功的专业专卖店是在要同时满足挑剔的消费者个性、特色和低价三个条件下发展起来的。其中最为出色的是一家叫 UNIQLO 的服装专卖店,它以时尚的年轻人为目标顾客,专门供应休闲服装。为了使产品具有年轻人喜好的流行和个性化的特点,其款式的设计是在欧洲完成的;为了使产品具有价格竞争力,其生产是在中国的江苏南通完成的;为了使消费者在专卖店里有充分的挑选余地,UNIQLO 的店铺面积一般都在 200 平方米,使产品的深度在款式、色泽和规格型号上得到充分的展示。许许多多到访日本的中国人都一致认为在日本买东西最物有所值的是在 UNIQLO 买的服装。

四、大型超市的发展受到挑战,生鲜食品超市生命力旺盛

在日本除了独有的大型综合超市发展进入低潮,就连家乐福近一两年来在日本开设的大卖场和以大卖场为核心店的 Shopping Center,也受到了极为严峻的挑战。家乐福在全世界屡试不爽的本土化方法在日本不灵了,日本人认为在家乐福里能买到的大多是欧洲商品,家乐福的本土化商品无法与日本的商店相比。至于价格低对日本人也没有用,因为当缺乏对商品的认同感时,低价格的影响已失去了作用。与大型超市的境遇不同,以生鲜食品为主体经营内容的食品超市生命力极其旺盛,这种超市的营业面积一般在 1000~2000 平方米,生鲜食品部分占了一半以上,专门化经营的倾向十分明显,非食品部分的比重非常低。生鲜食品超市发展的另外一个趋势是,单体店和小规模的连锁店大量涌现,这种现象在商业连锁化时代几乎不可想象,但确实在日本发生着。究其原因主要有这几个方面:第一,生鲜食品的经营是个性化的,单体店只要锁定一定的顾客就能生存;第二,日本的连锁经营方式在自由合作连锁方面也很发达,单体店和小型连锁店一般都参加自由合作连锁,由总部为其实行统一的商品采购和配送,同时有总部专门的管理部门为其提供经营管理的指导。日本的 CGC 公司就是这样一家采取自由合作连锁方式的连锁公司,公司属下的物流部门的配送额在关东地区是第一家超过 1000 亿日元的。CGC 公司向自愿加盟者收取配送费,生鲜食品为 3%,日配品为 8%,常温品为 5%。CGC 公司这几年的自愿加盟者不断增加,一个主要的原因就是当大型综合超市在下滑时,许多适合地方特点的中小型超市发展起来了,对共同配送的需求增加了。CGC 公司利用自己的连锁网络积极地发展自有品牌商品,其定牌商品占到配送总量的 20%。CGC 公司向供应商付款的周期是 60 天,自

愿加盟者向其付款的周期是50天，CGC会有10天的款项存量。CGC除了代自愿加盟者进货外，自己的进货主要集中在两块：一是定牌商品，二是从海外进口的商品，这也是中小超市能够共享的一个大资源。

第三节 国外零售业发展前景对中国的启发

从20世纪以来，西方社会历时130多年的4次零售业革命，在我国仅用短短的5年时间就一一完成，再加上近年外资零售企业大举进军中国市场，我国零售企业竞争态势日趋激烈使得我国传统的以国有商业、百货商场为主导的零售格局受到巨大冲击。中国零售企业要想在激烈的市场竞争中步入良性运行轨道，并立于不败之地，必须加快自身的变革和创新进程，尽快形成新的零售格局和秩序。

一、改变零售业单一形态，实行多业态经营

近年来，我国政府对于连锁经营的大力支持，促进了百货企业纷纷进军连锁业，进行多业态发展，同时商业企业面临日益激烈的竞争压力也使得众多商业纷纷借助多业态经营来扩大规模，获取规模效益。国际零售企业经营活动范围已从流通领域扩展到生产领域，发挥着引导、组织生产，甚至具有创造消费需求的主导功能。近年来，随着政策环境及市场环境的变化，零售企业在经营中越来越倾向于采用多业态经营的方式。零售企业在保证"主业"持续稳定发展的同时，注重自身相关业态的发展，形成"多业态共生圈"。我国流通业目前已经形成多业态并存的现状，百货超市便利店、专业店折扣店、仓储式商店以及最近几年发展起来的Shopping mall等构成了流通业的网络格局。基本上形成了以百货公司和超市这两种业态为骨干的多层次、多形式、多功能的零售经营体系。除这两种主要业态外，目前还有以下几种类型可以促使多业态经营得以实现：一是以配送中心为基础的大型连锁超市，主要是通过配送中心辐射一批超市形成的区域化经营网络；二是以大型超市为核心，在城乡接合部或高速公路边、连接众多专卖店的规模化购物中心；三是以大型百货商店为主，包括餐饮、娱乐、住宿等为一体的综合性商场，这是大中城市主要的一种零售业态；四是以中小型超市、便民店、折扣店、专卖店等形成的零售经营网络。

2005年中国零售企业前30强中，有15家实行了多业态经营。2005年底，王府井百货收购首联集团持有的7-11北京公司25%股权，强势介入便利店行业，作为一直坚持百货经营的老百货公司，王府井此举出乎大家的意料。"今后除了全力推进百货业连锁发展战略外，公司还将寻求发展新兴零售业态。"董事长郑万河在王府井50周年新闻会上如此坦言。而在此前，王府井已经与株式会社伊藤洋华堂、株式会社约克红丸组建王府井洋华

堂食品加强型超市。

二、推进连锁化经营提高市场集中度

连锁经营作为现代流通方式和经营组织形式的重要内容，不仅克服了单个零售企业组织化程度低、经营方式单一、经济实力单薄、难以获得规模经济效益的缺点，而且对扩大内需、促进消费、拉动经济增长发挥着重要作用。零售企业的连锁化和大型化发展已成为世界零售业的发展趋势，而我国零售业市场集中度低，不利于零售业的发展。因此，通过加快连锁经营的发展，提高市场集中度已成为我国零售业的现实选择。针对我国零售业现状，从以下几个方面大力推进连锁经营：第一是重点发展大型连锁综合超市和连锁仓储式商场，向连锁专业店、连锁专卖店等多业态扩展；第二是大力发展连锁超市、连锁便利店和与居民生活密切相关的小型连锁商店；第三是注重农村市场，首先占领地县级城市，其次向农村集镇发展；第四是通过政策扶持，尽快培育几个规模大、实力强、可持续发展的跨地区、跨所有制的连锁集团；第五是以正规连锁为主导形式，在已形成较大规模且具备完善的连锁经营管理系统的企业发展特许经营；第六是在连锁经营中改变传统的单一柜台式售货方式，适时采取开架自选售货方式；第七是建立统一的采购中心和配送中心，降低连锁经营成本，并从源头上堵住假冒伪劣商品；第八是利用现代电子技术和信息技术，加快连锁企业的自动化建设。

三、实施信息化的网络营销提高零售业效率

网络营销是通过 Internet 技术，将企业、供应商、客户和合作伙伴连接起来，方便、快速地提供商品的宣传、销售以及服务的营销方式。网络营销在零售业的应用，能够突破传统零售经营的时间、空间限制，实现制造商、零售商和消费者的实时互动交流，同时在强大的信息处理技术和全面的顾客资料数据库的基础上，零售企业可以根据各个细分市场甚至是每一个顾客的独特需求，为他们量身定制产品。信息技术作为零售业发展网络营销的重要手段成为世界零售业的发展趋势，而我国零售业中信息化应用程度不高，即使实现信息化的零售企业也不能很好地发挥零售业直接面对市场、掌握大量信息、熟悉消费趋向的优势使得信息资源利用效率不高。为了推广网络营销，必须建设先进、完善的物流系统的，进行高效采购、分销、配送，建立高效快捷的物流配送中心，实施标准化运营。没有物流系统，特别是采购、配送体系的支撑，零售业的网络营销就无从谈起，更不用说零售业的高速拓展。而我国的零售环节配送物流机制已经成为零售业发展的"瓶颈"。加快我国物流业的发展，为零售业提供完善的物流服务已成为零售业发展战略的重要组成部分。构架现代化零售企业网络营销的蓝图是，实现高度信息化，成立全国性乃至全球性的信息网络中心和大的专业化配送中心以及电子交易平台，通过全国性或全球性的网络信息中心

迅速获得市场信息，由电子交易平台来完成，并由全国性的大型专业化配送机构为这些百货店配货。

四、组建大型商业集团实现规模化经营

目前，中国零售企业的规模与发达国家零售企业存在一定差距，而零售行业实现"低成本、高利润"运营的一个重要途径就是实施规模化经营。世界零售百强企业都是规模化发展的典范，位居前10位的企业店铺数都超过1000家。纵观世界零售百强企业，通过兼并和重组，走联合经营、连锁经营的道路，是实现企业规模化的一条捷径。随着我国生产的社会化程度越来越高，全社会流通、消费规模不断扩大，迫切需要有与之相适应的大市场、大流通格局，通过兼并、收购、连锁、股份制改造等形式，组建大型商业集团，实现规模效益，是我国零售业的一个重要发展战略。具体来说可以以名商场、名店为龙头组建控股公司或大型企业集团，对集团内各子公司实施统一店名、统一配送统一定价、统一管理，发挥大型零售业的优势与影响，形成以集团核心层为主体的经营管理体系；以母公司为主体，对各子公司实行优化组合，资产重组，形成企业集团的组织结构体系；通过兼并、收购联合等形式，根据参股、控股的份额大小，形成企业集团利益的共同体；以大中型企业通过参股、控股等形式，大胆向科技、生产、外贸、房地产、金融等领域拓展，形成科、工、贸一体化的流通产业，组成跨行业、跨地区甚至跨国度的大型商业集团。

五、加强特色化经营，提升零售业核心竞争力

中国零售业在经营环境日益严峻的条件下，实施特色化经营，创建企业的个性化品牌，是全面提升中国零售业企业核心竞争力的有效途径。零售业的商业活动是围绕人展开的，在创造特色过程中，如果忽略了人的购物需求，这种特色就是无源之水、无本之木。零售业的特色化可以体现在商品的特色化、购物环境的特色化和服务的特色化等几个方面。

（1）零售业要实现商品的特色化，首先，要有创新的产品。而只在现有供应商提供的商品中进行选择是不可能有创新产品的，要开发创新产品不但要有新思路、新创意，更要能理解和挖掘消费者需求的真实所在，要下功夫。目前中国零售业特别是连锁企业关注较多的是价格优惠、进场费、促销支持等，而注重与供应商共同开发商品的较少。要把主要精力放在与供应商共同开发商品上来，这样，企业才会有个性和特色，才能得到消费者的支持，才能与供应商真正地结成战略伙伴关系。其次，要根据市场消费特性和竞争态势，选择与居民消费结构相适应的商品经营结构。在零售业内，常常会有相互竞争的企业存在，各个企业都是以消费者为中心，努力地满足消费需求，在商品经营中容易产生趋同现象，从而导致零售企业之间发生激烈竞争。因此零售业仅靠商品经营结构适合消费需求仍

不够，还必须将商品经营结构构建在准确的市场定位基础上。

（2）零售业卖场购物环境的特色化是零售业企业经营不可分割的一部分，直接影响消费者购物的切身感受。零售企业的购物环境设计需要从研究消费者的心理特点出发，为消费者提供最适宜的环境条件和最便利的服务设施，使消费者乐意到卖场并能够舒适、方便地参观和选购商品。更进一步就是要以体验经济的理论为指导，从消费者的心理需求出发，创造出具有一定主题的体验式购物环境，把消费者的兴奋点激活，使他们把在卖场购物作为一大乐事，带着自我发现、自我实现的心情购物。中外闻名的琉璃厂文化街过去是商品特色化的典型例子，现在其古色古香的建筑形式又为它增添了购物环境的特色化。当初，琉璃厂是文人墨客会聚的地方，他们在这里吟诗作画、共同切磋，可以说琉璃厂不仅满足了他们购物的需要，也是同类人群沟通的场所。如今，琉璃厂又担负了古玩流通、旅游观光等多种功能，以适应人们不断发展变化的购物需要。

（3）零售业的服务特色化主要是指一种全面细致和以人为主的服务，例如送货、退换、安装、预订、协助、关爱等，可以大大节约顾客的精力和时间成本，增加附加价值。零售业从业人员向顾客提供顾问式、向导式服务，做顾客的帮手和参谋，帮助顾客挑选到真正满意的商品。在顾客服务方面，美国的诺德斯特罗姆（Nordstrom）百货商店可以说是以其售货人员与顾客长期的亲密关系和优质服务闻名于世，并在激烈的竞争中屹立生辉。可以说，诺德斯特罗姆代表了一种为顾客服务的标准。

六、重构我国零售商业网点布局的新模式

目前我国商业布局在一些大城市已开始向城乡接合部转移。虽然传统的商业中心客流量大大减少，但仍有许多城市还在商业中心建立商业网点，以求扎堆效应。在我国进行零售商业网点布局时，必须使经营理念伴随着消费观念的变化而变化，客观地分析我国经济发展的宏观与微观形势，充分了解消费者的消费愿望与消费能力，注重经营者的经济效应与消费者的消费效应，在尊重现代城市发展规律的前提下，使商业网点布局与城市的整体规划和生产力布局协调一致，既要尊重历史和现实，更要注重未来的需要突出前瞻性，努力探索和构建我国零售商业网点布局的新模式。根据现代城市的发展规律，应重视商业网点布局的城市边缘化趋势。随着城市化水平的提高，商业网点的布局将逐步离开城市中心点。人们居住环境的城市边缘化，要求购买商品和接受服务越来越多地能在城市的边缘地带实现，同时，四通八达的城市交通网、信贷消费、私车的普及等更使城市商业网点布局的边缘化和环形化具有必要性和可能性。在具体模式上，可用"以点带面"的商业网点布局形式取代"点点布局"的形式，由"以点带面"的辐射效应代替"点点布局"的聚集效应；由大中城市单一的同心圆式的布局网络向与"卫星"城市交叠的立体式布局网络发展；由注重"进货"的布局模式向注重"消费心理"的布局模式转变。

结 论

　　进入 90 年代以来，我国的零售业发展迅猛，新的零售形式不断诞生和扩展，竞争日趋激烈；同时，消费者也日趋成熟，对零售店商品和服务的要求也愈来愈高。面对这一现实，零售业者也都更加重视了改善经营观念、学习营销技巧的工作，并已在竞争中不断实践着各种各样的营销方法。但纵观几年来我国零售业的营销表现，较之我国的生产型行业而言，基本上还停留在较低层次的店堂环境改善、价格促销上，尚未能综合、专业地运用现代营销的基本思想和方法。鉴于此，本书从未来零售业发展趋势及零售市场营销管理两方面系统阐述了零售实践营销的各种方法，并举出大量中外同业案例以示佐证。

　　由于我们的水平和时间有限，书中自有不足之处，我们随时等待读者对我们的批评指正。

参考文献

[1] 马尔科姆·沙利文,丹尼斯·阿德科克. 零售营销精要 [M]. 电子工业出版社, 2004.

[2] 王耀. 2009中国零售业发展报告 [M]. 中国经济出版社, 2009.

[3] 胡祖光,伍争荣,孔庆江. 中国零售业竞争与发展的制度设计：加入WTO后的新视角 [M]. 经济管理出版社, 2006.

[4] 赵凡禹. 零售巨头沃尔玛：零售业连锁经营的成功奥秘 [M]. 民主与建设出版社, 2003.

[5] 亨德里克·迈耶·奥勒. 日本零售业的创新和动态：从技术到业态,再到系统 [M]. 知识产权出版社, 2010.

[6] 祝文欣. 零售业100个创意促销方案 [M]. 中国发展出版社, 2010.

[7] 朱瑞庭. 中国零售业"走出去"战略的支撑体系 [M]. 经济科学出版社, 2015.

[8] 后东升. 零售业卖场现场管理课程 [M]. 中华工商联合出版社, 2006.

[9] 王建国. 我国零售业中冲动性购买行为的实证研究 [M]. 上海交通大学出版社, 2014.

[10] IBMG国际商业管理集团. 零售业促销管理一线实战内参：读懂消费者走对促销路 [M]. 经济管理出版社, 2012.

[11] 王耀. 中国零售业发展报告 [M]. 中国经济出版社, 2008.

[12] 哈里森. 世界零售业第一帝国 [M]. 线装书局, 2003.

[13] 李飞. 中国零售业对外开放研究 [M]. 经济科学出版社, 2009.

[14] 迈尔·奥勒. 日本零售业的创新和动态 [M]. 知识产权出版社, 2010.

[15] 王强. 中国零售业监测与分析报告 [M]. 中国经济出版社, 2010.

[16] 吕一林. 美国现代商品零售业 [M]. 清华大学出版社, 2001.

[17] 胡祖光,伍争荣,孔庆江. 中国零售业竞争与发展的制度设计 [M]. 经济管理出版社, 2006.

[18] 王耀. 2010中国零售业发展报告：中国零售业白皮书 [M]. 中国经济出版社, 2010.

[19] 茹莉. 中国零售业发展战略研究 [M]. 郑州大学出版社, 2007.

[20] 本社, 中国统计出版社. 中国零售业发展研究报告 [M]. 中国统计出版社, 2011.

[21] 张强. 批发零售产业竞争力理论与实践 [M]. 重庆大学出版社, 2009.

[22] 雷蕾. 中国零售业增长效率研究 [M]. 经济管理出版社, 2014.

[23] 王淑翠. 零售业复合价值链和全面质量管理研究 [M]. 浙江大学出版社, 2015.

[24] 王强. 中国零售业发展监测与分析报告. 2015 [M]. 中国人民大学出版社, 2014.

[25] 朱桦. 创新与魅力：现代日本零售业发展概览 [M]. 上海科学技术文献出版社, 2008.

[26] 王淑翠. 零售业复合价值链和全面质量管理研究 [M]. 浙江大学出版社, 2015.

[27] 曹静. 零售企业规划与布局 [M]. 复旦大学出版社, 2015.

[28] 王强. 中国零售业发展监测与分析报告. 2015 [M]. 中国人民大学出版社, 2014.

[29] 梁佳. 中国农村零售业成长与创新 [M]. 经济科学出版社, 2014.